Holzschnitt aus den Culemannschen Reinaert-Bruchstücken Bl. 4ᵃ.

Holzschnitt aus Reinke Vos, Bl. 69ᵃ zu I, 18.

Reinke de vos.

Nach der Ausgabe von **Friedrich Prien**

neu herausgegeben

von

Albert Leitzmann.

Mit einer Einleitung

von

Karl Voretzsch.

———————

Halle / Saale

Max Niemeyer.

1925

Altdeutsche Textbibliothek, herausgegeben von G. Baesecke.
No. 8.

Johannes Hoops

zum sechzigsten geburtstag

20. juli 1925

in alter freundschaft

Vorwort.

Fast vier dezennien sind dahingegangen, seit im jahre 1887 Friedrich Priens ausgabe des Reinke de Vos im rahmen von Pauls Altdeutscher textbibliothek ans licht trat. Gegenüber den vorhergegangenen wissenschaftlichen ausgaben des gedichts von Friedrich Heinrich Hoffmann von Fallersleben (Breslau 1834), August Lübben (Oldenburg 1867) und Karl Schröder (Leipzig 1872) bedeutete sie, wie auch von der fachkritik ohne rückhalt anerkannt wurde (vgl. Brandes, Zeitschrift für deutsche philologie 21, 247; Sprenger, Literaturblatt für germanische und romanische philologie 1889 s. 46), einen wesentlichen fortschritt und hat das intensivere einzelstudium des werkes, das unmittelbar nach ihrem erscheinen einsetzte und seitdem in der frisch aufstrebenden niederdeutschen philologie niemals wieder ganz in den hintergrund getreten ist, recht eigentlich hervorgerufen und befruchtet.

Als nun an herausgeber und verleger der textbibliothek die notwendigkeit herantrat, das seit einiger zeit vergriffene buch neu erscheinen zu lassen, erwies sich eine tiefgreifende umgestaltung und eine teilung der arbeit als notwendig. Text, anmerkungen und glossar übernahm ich für die neue auflage herzurichten. Der text, der von Prien mit peinlicher genauigkeit nach dem ersten lübecker druck von 1498 mit ausmerzung nur der offenbaren druckfehler gestaltet war, habe ich in allen einzelheiten unverändert belassen und auch etwaigen zweifeln an der richtigkeit oder zweckmäßigkeit der interpunktion keinen einfluß auf ihn eingeräumt. Die anmerkungen dagegen habe ich durchgängig neu redigiert und dabei die wichtigste spezialliteratur zur erklärung einzelner stellen in form von verweisen eingearbeitet, das glossar hie und da gebessert und durch einige neue lemmata erweitert. Die einleitung über die entwicklung der tierfabel und des tierepos sowie über entstehung, quellen und literarhistorische stellung des gedichts ist von dem besten kenner und forscher auf diesem gebiete der mittelalterlichen literatur, von K a r l V o r e t z s c h, gänzlich umgearbeitet und auf den heutigen stand der forschung gebracht worden. Priens seinerzeit sehr verdienstlichen, umfänglichen „versuch einer Reinke-bibliographie" (s. XXIV — LXXIV der ersten ausgabe) glaubten wir in rücksicht auf die größere verbilligung und verbreitung des buches in der neuen auflage weglassen zu sollen, zumal nur ganz geringfügige berichtigungen und nachträge zu geben gewesen wären.

Möchte auch die neue auflage, wie seinerzeit die erste, befruchtend auf die weiterentwickelung der niederdeutschen studien wirken!

Jena, 6. juli 1925.

Albert Leitzmann.

Einleitung.

Der Reinke de vos ist zwar nicht das selbständigste und eigenartigste, wohl aber das erfolgreichste erzeugnis der mittelniederdeutschen literatur. Auf ihm beruht die verbreitung und die beliebtheit des tierepos in neuerer zeit. Neben die zahlreichen niederdeutschen ausgaben und bearbeitungen des Reinke stellen sich schon seit dem 16. jahrhundert die übersetzungen und bearbeitungen in hochdeutscher sprache, welche über Gottscheds prosa zu Goethes Reineke Fuchs führen. Auch das ausland übernimmt den stoff mittelbar oder unmittelbar oft aus dem Reinke de vos: Dänemark, Schweden, England aus dem niederdeutschen Reinke selbst, Frankreich, das mutterland des altfranzösischen Roman de Renart, aus dem Reineke Fuchs Goethes.

Das enge verhältnis, das den Niederdeutschen von jeher mit den tieren im hause wie in feld und wald verbindet, von den vorliterarischen zeiten bis auf Hermann Löns, war augenscheinlich der nährboden, auf welchem der nach niederländischer vorlage gedichtete und durch diese schließlich auf französischen ursprung zurückgehende Reinke de vos so rasch volkstümlich wurde. Die bezeichnung der tiere mit eigennamen, die ihren nachklang auch in der epischen dichtung des mittelalters in der benennung des heldenrosses als Scheming, Falke, Gramimund, Baiart u. a. findet, ist auf niederdeutschem boden besonders ausgeprägt[1]) und eine sichtbare verkörperung der menschlichen tierliebe. Den namen seines helden hat der Reinke de vos augenscheinlich aus seiner vorlage, dem niederländischen Reinaert, übernommen und zur koseform umgebildet. Aber da-

---

[1]) Vgl. August Lübben, Die Tiernamen im Reineke vos, Programm des Gymnasiums Oldenburg 1873. Glöde, ZdU 5, 741 ff., 7, 115 ff.

neben stehen andere tiernamen, die sicher nicht aus der
vorlage stammen, sondern einheimisch sind und schon v o r
dem Reinke in Niederdeutschland verbreitet waren.
Schon die vorrede zum Reinke sagt, dass der verfasser den
,adebar' Bartolt nenne: hier erscheint also der eigenname
Adebar (Adalbero?) für den storch, und zwar schon zum
gattungsnamen abgeschwächt. Der hase, in der vorlage
Cuwaert (franz. Couart) genannt, heißt im Reinke
Lampe (zu Lamprecht), und dieser name war, wie J.
Grimm schon festgestellt hat, bereits vor 1498 in Nieder-
deutschland bekannt und geläufig, da er zu einem ge-
schichtlichen ereignis von 1465, der belagerung des raub-
ritters Zacharias Hase durch den herzoglich pommerischen
obersten Claus Fuchs, erwähnt wird, wovon die reime
umliefen:]

Hase:	Fuchs:
Ik arme hase	Ach, La m p e, du bist doerd!
ligge nhu im grase;	Ik hebbe ny gehôrt
kame ik averst herût,	einen hasen ie so wredt,
vos, ik thorîte dîne hût.	dat he eim vos syne hût
	thorêt[1]).

Wie die tiereigennamen, sind auch die tiermärchen in
Niederdeutschland und angrenzendem Mitteldeutschland
zu hause, sowohl reine tiermärchen wie Hase und Swinegel,
Die Hochzeit der Frau Füchsin, Bremer Stadtmusikanten,
Fuchs und Gänse, als auch solche märchen, in welchen tiere
eine besondere rolle gegenüber dem menschen spielen wie
De Fischer un syn Fru, De drei Vügelkens, Die Gänsemagd.

Das tiermärchen teilt mit dem mittelalterlichen t i e r -
e p o s die eigenart ursprünglicher tierdichtung, nicht be-
lehren zu wollen wie die fabel, sondern unterhalten oder
erheitern zu wollen. Auch stofflich sind tiermärchen und

---

[1]) Vgl. Jacob Grimm, Reinhart Fuchs, 1834, s. CLXIX, und A. Lübben,
Tiernamen. Neuausgabe von Kantzow, Chronik von Pommern, durch Gaebe
(Quellen z. pomm. Gesch. IV), Erste Bearbeitung Stettin 1898, s. 183,
Letzte Bearbeitung 1897, s. 303 f. A. Leitzmann, Nd. Jb. 43, 57, bezweifelt
die ursprünglichkeit des namens. Vgl. jedoch Beilage z. Allg. Ztg. 1898
23. dec. s. 4.

tierepos durch eine reihe von einzelnen erzählungen mit-
einander verbunden, die hier wie dort erscheinen und in
der regel auf benutzung des tiermärchens durch die mit-
telalterlichen tierepen weisen. Daneben hat diesen die aus
der antike übernommene fabel einige stoffe geboten, die
nunmehr der morallehre entkleidet und episch ausge-
schmückt werden. Geistlichen ursprungs endlich ist die
gestalt des wolfmönchs, die sich zuerst in der lateinischen
dichtung ausbildet: in der *Ecbasis captivi* (erste hälfte des
10. jahrhunderts) erscheint der wolf zum erstenmal als
scheinheiliger geistlicher, neben dem allerdings auch an-
dere tiere mit geistlichen verrichtungen — als sänger oder
evangelienerzähler — auftreten[1]). Alle diese elemente
sind vereint in den lateinischen, französischen und deut-
schen tierepen des 12. jahrhunderts. Der mit ziemlicher
sicherheit auf die mitte des jahrhunderts — 1150/52 —
datierbare lateinische *Ysengrimus* ist zugleich das älteste
und das künstlerisch reifste dieser epen. Freilich werden
die ältesten französischen tierschwänke nicht viel jünger
gewesen sein, da schon um 1182 der elsässische dichter
Heinrich der Glichezare eine reihe solcher gedichte über-
setzt und zu seinem *Reinhart Fuchs* vereinigt hat. Die er-
haltenen französischen gedichte sind meist jünger als
das mittelhochdeutsche gedicht, müssen also, soweit sie
mit einzelnen stücken des Reinhart Fuchs in beziehung
stehen, überarbeitungen der von diesem benutzten dich-
tungen sein. Allmählich wurden die französischen einzel-
gedichte, die zum teil nur ein abenteuer (wie die wall-
fahrt der tiere oder fuchs und wolf im brunnen), zum teil
mehrere abenteuer (wie fischdiebstahl, wolfmönch, fisch-
fang) umfaßten, in den handschriften vereinigt. Das
ganze wird in diesen irreführender weise als *Roman de
Renart* bezeichnet, die einzelnen dichtungen heißen *bran-
ches*. Einige branchen sind nur in einzelhandschriften
überliefert. Zu verschiedenen zeiten — ende des 12.

---

[1]) Das genauere über die entstehung des mittelalterlichen tierepos siehe
in der einleitung zu Baeseckes neuer ausgabe des Reinhart Fuchs.

jahrhunderts bis mitte des 13. jahrhunderts — entstanden, aus verschiedenartigen quellen geschöpft, von verschiedenen verfassern gedichtet, sind diese Renartbranchen nach umfang und darstellung, nach auffassung der tierwelt und beziehung auf menschliche verhältnisse sehr ungleichartig. Neben kurzen, im wesentlichen die quelle wiedergebenden darstellungen finden wir durch einführung von nebenhandlungen und nebenpersonen, durch epische ausschmückung reich ausgestaltete dichtungen, neben natürlicher, dem wesen des tiermärchens entsprechender auffassung der tierhelden starke, zum teil übertriebene vermenschlichung und im zusammenhang damit ausgeprägte neigung zur satire auf menschliche zustände[1]).

Die branche vom hoftag des löwen, welche in den handschriften vorangestellt wird und später die vorlage des niederländischen Reinaert gebildet hat, ist keineswegs die älteste der überlieferten branchen, da sie eine reihe kleinerer branchen voraussetzt, auch keineswegs die altertümlichste, da die vorstellung von königtum, hoftag und hofgericht anlehnung an menschliche verhältnisse, vor allem auch an das heldenepos, nahelegt.

Trotzdem in dieser I. branche von krankheit und heilung des königs Löwe nicht die rede ist, muß sie doch irgendwie mit der X. branche zusammenhängen, welche ähnlichen aufbau wie die I. zeigt, in verbindung mit dem hoftag erkrankung und heilung des löwen durch den fuchs erzählt und irgendwie mit der äsopischen fabel vom kranken löwen (Halm 255) zusammenhängt. Da die lateinischen fabeldichter Phaedrus und Avian diese fabel nicht behandelt haben, bleibt der weg, auf welchem die fabel nach dem abendland gelangt ist, für uns im dunkeln.

---

[1]) Ältere ausgabe des Roman de Renart von Méon, Paris 1826, 4 bde., dazu Supplément p. Chabaille, Paris 1835; neuere von E. Martin, Le Roman de Renart, Straßburg 1882—1887, 3 bde., dazu Observations sur le R. d. R., ebenda 1887. Weitere literatur s. Voretzsch, Einführung in das Studium der altfranz. Lit., 3. auflage, Halle 1925.

Wir wissen nur, daß sie im 8. jahrhundert in Italien be-
kannt war, der bischof Benedictus Crispus von Mailand
(† 725) empfiehlt einem früheren schüler in seinem in hexa-
metern gedichteten arzneibüchlein die wolfshaut als mittel
gegen brustfellentzündung, und der Langobarde P a u l u s
D i a c o n u s hat, wohl am hofe Karls d. Gr., die fabel vom
kranken löwen in 34 wohlgebauten distichen behandelt.
Wie schon der umfang zeigt, hat er allerlei einzelheiten
hinzugefügt: die den kranken löwen besuchenden tiere
werden namentlich aufgeführt; statt des wolfs führt hier
der bär die klage gegen den fuchs; dieser erscheint mit
den zerrissenen schuhen, die er auf der suche nach einem
heilmittel für den kranken könig verbraucht und nun auf
seine schultern geladen hat; nur genötigt gibt der fuchs
sein heilmittel bekannt, und zum schluß fügt er für den
geschundenen bären auch noch den spott, wer ihm solche
handschuhe für seine hände gegeben und ihm beigebracht
habe, solche tyara auf dem haupte zu tragen. Es ist eine
mit anschaulichen einzelheiten ausgeschmückte fabel,
die ihren lehrhaften zweck nicht verleugnet, aber doch
auf eine förmliche lehre am schluß verzichtet[1]). Man
braucht nur die 68. fabel der Marie de France[2]) zu lesen,
um den unterschied zwischen reiner fabel und zu epischer
gestaltung neigender dichtung zu erkennen.

Zu epischer darstellung gereift erscheint die fabel vom
kranken löwen in der *Ecbasis captivi*, die um 940 von
einem mönch deutscher abkunft im kloster St. Aper zu
Toul gedichtet wurde[3]). Die sog. außenfabel des im gan-
zen 1175 hexameter umfassenden gedichts, welche die
flucht eines kalbes, seine gefangennahme durch den wolf
und seine befreiung durch fuchs, hirt und herde erzählt,
ist eine bloße, vom dichter erfundene allegorie, um seine

---

[1]) Hgg. von E. Dümmler, Poetae latini aevi Carolini I, 1, s. 62f.

[2]) Die Fabeln der Marie de France, hgg. von Karl Warnke Bibl. Norm. VI,
Halle 1898, s. 219—223.

[3]) Hgg. von J. Grimm und A. Schmeller, Lateinische Gedichte des X. und
XI. Jahrhunderts, Göttingen 1838, s. 241ff.; von Ernst Voigt, Straßburg
1875 (QF VIII).

flucht aus dem kloster und seine reuige rückkehr zu
schildern. Eingeschaltet ist aber die ausführliche erzäh-
lung des wolfes (392—1095) vom ursprung der feindschaft
zwischen ihm und dem fuchs: es ist die geschichte von der
heilung des löwen durch den fuchs mit der frischen wolfs-
haut. Der große umfang der eingeschalteten erzählung
— 700 verse — erklärt sich vor allem durch liebevolles
ausspinnen der handlung, die stark menschliche züge an=
nimmt, durch reichlich eingeschaltete wechselreden sowie
durch die einführung zahlreicher neuer personen. Nur
etwa 150 von 700 versen entsprechen der äsopischen
fabel. Der löwe hat einen ganzen hofstaat mit camerarius
und domus comes, mit truchseß und mundschenk, bett-
wart, leuchterwart usw. Papagei und schwan begrüßen
die tierversammlung mit osterlied und kyrie eleison;
amsel und nachtigall singen fromme lieder, um dem könig
die schlaflosigkeit zu vertreiben; die nachtigall singt die
leidensgeschichte des Herrn. Im einzelnen geht es zum
teil recht menschlich zu: der kranke löwe begehrt schweren
wein von jenseits des meers, muß sich aber auf anordnung
seines arztes, des fuchses, mit Trierer landwein begnügen,
der auch beredt mache; damit das bett gelüftet werden
kann, muß sich der löwe eine weile jm garten ergehen;
der mit seinem amt unzufriedene igel kommt zur strafe
in die küche und muß braten wenden und spülwasser
trinken. Der pardel, zunächst nur als geistlicher sänger
in aussicht genommen, wird vom könig zum tronfolger
ernannt und feierlich gekrönt. Zum schluß ist der kranke
könig gesund und geht in den Schwarzwald, der ge-
schundene wolf stirbt, der fuchs setzt ihm die grabschrift
und erhält des toten burg als lehen.

Diese ausgestaltung der fabel von der heilung des kran-
ken löwen ist die durchaus individuelle leistung eines
geistlichen, eines Benediktinermönchs, der dazu Bibel,
Isidor, Physiologus und andere geistliche schriften reich-
lich benutzt und auch antike quellen wie Horaz nicht
verschmäht. Manches, was uns hier zuerst begegnet oder

angedeutet wird, erscheint später in breiterer ausführung:
der fuchs nennt den wolf seinen *patrinus* — hier also die
später besonders in französischen dichtungen übliche ge-
vatterschaft von fuchs und wolf; für den in seiner ab-
wesenheit verleumdeten und verurteilten fuchs läßt der
wolf sogleich einen galgen bauen — später muß der
fuchs die leiter zum galgen wirklich ersteigen; der fuchs
hört die beschuldigungen nicht mehr selbst, sondern
wird von dem ihm wohlgesinnten pardel in kenntnis ge-
setzt und herbeigeholt — an des fremdländischen par-
dels stelle tritt später der einheimische dachs; am hofe
wirft der fuchs den tieren vor, daß sie die dreimalige la-
dung unterlassen haben — später wird diese dreimalige
ladung wirklich ausgeführt. Die vorstellung des wolf-
mönchs wird vor allem in der außenfabel zur darstellung
gebracht.

Der reichlich hundert jahre später, 1150—1152, ver-
faßte *Ysengrimus* des flämischen magisters Nivardus[1])
vereinigt zwölf einzelgeschichten in kunstvoller anord-
nung und steigerung von der ersten gemeinsamen, mit
entzweiung endenden unternehmung von fuchs und wolf bis
zum gewaltsamen tod des gefräßigen, gewalttätigen, aber
dummen und leicht zu überlistenden wolfs Ysengrim. In
sieben büchern mit insgesamt 6574 versen (in distichen)
behandelt der dichter seinen stoff mit hervorragendem
künstlerischem geschick, unter verwertung seiner gründ-
lichen kenntnis klassischer dichtkunst für die stilistische
darstellung: Horaz, Vergil und viele andere, vor allem
Ovids Heroiden und Metamorphosen müssen ihm bau-
steine für seine verse liefern. Die wechselreden nehmen

---

[1]) Unter dem titel Reinardus vulpes, carmen epicum seculis IX et XII
conscriptum, zuerst hgg. von Franz Joseph Mone, Stuttgart und Tübingen
1832; unter dem titel Ysengrimus hgg. und erklärt von Ernst Voigt, Halle
1884. Das von J. Grimm (Reinhart Fuchs s. LVIIff.) Isengrimus genannte
gedicht ist nach Voigts nachweis nur ein schlechter auszug aus dem großen
gedicht (Ysengrimus abbreviatus: text bei Grimm, Reinhart Fuchs s. 1 bis
24, vgl. Voigt s. CXXff.). — Zu Léonard Willems, Etude sur l'Ysengrimus,
Gent 1895, vgl. Voretzsch, ZrP 22 (1896), 413ff.

breiten raum ein und beleben die handlung, ebenso wie
sprichwörter, bilder und gleichnisse. Die erzählungsstoffe
entnimmt er nur zum teil schriftlichen vorlagen, zumeist
der mündlichen überlieferung. Aus dieser stammt offen-
sichtlich auch die benennung der tiere mit eigennamen,
die zum mindesten in Flandern üblich gewesen sein muß,
sich aber früh über die sprachgrenze hinüber verbreitet
hat und z. b. für das jahr 1112 durch die bezeichnung
eines menschen als *Isengrimus, propter lupinam speciem,*
für Laon in der nördlichen Isle de France bezeugt ist.

Innerhalb dieses umfassenden echten epos ist des löwen
krankheit und heilung eines der zwölf abenteuer, das
allerdings umfangreicher als die übrigen ist und mit
seinen 1198 versen allein das III. buch füllt. Die unmit-
telbare quelle des dichters ist nicht erkennbar, mit der
Ecbasis captivi zeigen sich keine berührungspunkte.
Ausgangspunkt ist die krankheit des löwen Rufanus. Er
beruft einen hoftag, um seine nachfolge zu regeln. Die
verleumdungen des wolfs Ysengrimus gegen den fuchs
Reinardus haben keinen erfolg. Der wolf, der sich als arzt
aufspielt, um rache an bock und widder zu nehmen, wird
gebührend zurechtgewiesen, Reinardus als arzt durch den
hasen Guthero herbeigeholt. Wie bei Paulus Diaconus
bringt der fuchs die auf der suche nach einem heilmittel
zerrissenen schuhe mit, empfiehlt dem fieberkranken
könig kräutertrank und schwitzen in der wolfshaut. Der
wolf wird enthäutet, stirbt aber nicht daran. Rufanus
genest, Reinardus wird zum ratgeber des königs ernannt.
Hier ist also von gericht und urteilsspruch über den fuchs
keine rede. Wolf und fuchs erscheinen bei dem vlämischen
dichter als oheim und neffe (nicht als gevattern).

Ganz anders wird die erzählung von der heilung des
löwen und dem damit verbundenen hoftag in den alt-
französischen Renartbranchen dargestellt. Branche I
weiß wohl von hoftag, klagen gegen Renart, dreimaliger
ladung, gericht, urteil, galgen und strafaufschub im letz-
ten augenblick, aber nicht von krankheit und heilung des

königs Noble. Branche X hat zwar die krankheit Nobles, aber diese ist nicht, wie in den lateinischen dichtungen, ursache für die einberufung des hoftags, sondern erst die folge des zorns, den Noble über die üble behandlung seines boten, des hirsches Brichemer, durch Renart empfindet. Im ersten teil stimmt die X. branche in den grundzügen mit branche I überein (drei ladungen mit streichen des fuchses gegen zwei boten), im zweiten teil ist sie ursprünglicher als jene. Es muß eine ältere form der branche X gegeben haben, die nicht durch branche I beeinflußt war, und ebenso eine ältere form der I. branche, welche noch die krankheit des königs, und zwar als veranlassung des hoftags kannte: d. h. die beiden branchen müssen sich aus einer und derselben vorlage herleiten, welche noch krankheit des königs und hofgericht miteinander verband. Die im mhd. Reinhart Fuchs vorliegende darstellung von hoftag und heilung gibt uns allem anschein nach ein ziemlich getreues abbild dieser verlorenen urbranche. Der löwe, könig Vrevel, ist durch eine ameise krank gemacht worden, glaubt sich von Gott gestraft und beruft einen hoftag ein. Brun, der bär, Isengrin der wolf, hahn Schantekler und sein weib Pinte erheben klage gegen den fuchs. Dieser soll erscheinen, aber der erste bote, Brun, kommt unverrichteter dinge, schwer beschunden, wieder zurück, ebenso der zweite bote, kater Diepreht, erst Krimel dem dachs gelingt es, den ihm befreundeten Reinhart in güte an den hof zu bringen. Das geschrei der geschädigten tiere gegen Reinhart wird durch den könig zum schweigen gebracht. Reinhart heilt den könig; jeder seiner feinde muß dazu ein stück von seinem körper oder gar das leben hergeben. Das ist eine geschlossene erzählung, welche über die bisherigen behandlungen desselben stoffs durch ausgestaltung der klagen gegen den fuchs, durch ausführung der dreimaligen ladung und durch deren verbrndung mit einzelabenteuern hinausgeht. Erst aus einer solchen darstellung konnte sich eine branche wie die I. entwickeln,

welche klagen, ladung, gerichtsverhandlung und urteils-
spruch in den vordergrund stellte und die krankheit des
löwen ganz unterdrückte[1]).

So ist in der I. branche aus der alten äsopischen fabel
etwas ganz neues geworden, und man kann sich in der
tat fragen, was denn in diesen 1620 versen noch an Äsop
erinnert: außer dem königtum des löwen und der feind-
schaft zwischen fuchs und wolf nicht viel. Die ganze
I. branche wäre gar nicht denkbar ohne die zahlreichen
kleinen abenteuer, welche in einer reihe anderer branchen
erzählt werden: Renarts buhlschaft mit Hersent (II.
branche), Isengrins fischfang (III), Renart und Isengrin
im brunnen (IV) und manche andere, die zum teil in
älterer fassung verlorengegangen und nur bei jüngeren
bearbeitungen erhalten sind, wie der vollgefressene wolf
oder sein mißlungener versuch, die fischhändler durch
sichtotstellen zu betrügen (branche XIV). Man sieht
leicht, daß gerade diese erzählungen nicht aus der antike
stammen, sondern ihre parallelen im volksmärchen fin-
den. Sie alle gaben den stoff für die ausgestaltung des
hoftags zum *plait* gegen Renart.

Diese gerichtsverhandlung am königshofe des löwen
hat, vermutlich wegen der hier naheliegenden gelegenheit
zu vermenschlichung und satire, in der folgezeit viel
nachahmung gefunden. Die formel findet sich natur-
gemäß in der heilungsgeschichte (X. branche) wieder,
wo sie durch die im RF erhaltene alte originalbranche
gegeben war. Aber sie wird auch auf stoffe übertragen,

---

[1]) Über die stellung der I. branche (hoftagsbranche) innerhalb der über-
lieferung und ihre nachahmungen siehe: Knorr, Die zwanzigste branche
des Roman de Renart und ihre Nachbildungen, Progr. Gymn. Eutin 1866.
Voretzsch, ZrP 16 (1892), 1ff., LgrP 16 (1895), 19ff. Léopold Sudre, Les
sources du Roman de Renart, Paris 1893 (Thèse), s. 75 ff. Lucien Foulet,
Le Roman de Renart, Paris 1914, s. 323ff. (vgl. dazu Walther Suchier,
Herrigs Archiv 143, 149ff., 223ff.). Ulrich Leo, Die erste Branche des R. d.
R. nach Stil, 'Aufbau, Quellen und Einfluß, Greifswald 1918. — Da in
älteren arbeiten meist noch nach Méons ausgabe zitiert wird, gebe ich hier
die bezeichnungen der öfter erwähnten branchen: Martins branche I = Méon
20, Va = 19, VI = 24, X = 26, XXIII fehlt Méon.

die damit gar nichts zu tun haben, wie auf den schwur auf des rüden zähne, wo Renart einen reinigungseid leisten soll, aber beizeiten die gefahr wittert (branche Va), oder es werden im anschluß an die gerichtstagsformel neue handlungen erfunden, wie der gottesgerichtliche zweikampf zwischen Renart und Isengrin (branche VI) oder die mit zauberkünsten vom fuchs bewirkte herstellung einer braut für den löwen (branche XXIII). Schließlich hat die branche I zwei fortsetzungen erhalten: Ia, belagerung Renarts in seiner festen burg Maupertuis, mit weitgehender vermenschlichung, und Ib, der gelbgefärbte Fuchs, mit starken anklängen an menschenschwank und menschenumwelt. Die I. branche selbst fand eine bearbeitung in francoitalienischer sprache (branche XXVII: Rainardo e Lesengrino).

Von diesen zum hoftagskreis gehörigen branchen sind vor allen zwei für den ndl. Reinaert und den ndd. Reinke und damit für die weitere geschichte des tierepos bedeutungsvoll geworden: branche I für den Reinaert des 13. jahrhunderts (auch Reinaert I genannt) und branche VI für die Reinaertshistorie des 14. jahrhunderts (auch Reinaert II genannt). Die Reinaertdichter haben dem so vielfach behandelten stoff die für die neuere zeit bis zur gegenwart maßgebende form verliehen.

Die ältere dichtung von Reinaert schließt sich im allgemeinen an die darstellung der I. branche an, mit kleinen änderungen, streichungen und zusätzen, die im folgenden in klammern hervorgehoben sind. Zu Pfingsten hält könig Nobel hof (Pfingsten statt vor Himmelfahrt hat der dichter einer handschrift der X. branche oder einem Artusroman entnommen). Alle tiere erscheinen außer Reinaert, der ein schlechtes gewissen hat. Isengrijn erhebt die erste anklage wegen beschimpfung seiner jungen, vergewaltigung seiner frau. Ihm folgen das hündchen Cortois wegen einer ihm vom fuchs abgejagten wurst, und der biber Pancer für den hasen Cuwaert, den Reinaert unter königsfrieden hatte töten wollen (beide anklagen neu). Grimbeert der dachs, Reinaerts neffe, verteidigt seinen oheim und häuft alle schuld auf den wolf. Aber neue schandtat Reinaerts wird kund, als der hahn Cantecleer mit den hähnen Cantaert und Craiant und den hennen Pinte und Sproete die leiche seiner vom fuchs gemordeten tochter Coppe auf einer bahre herbeibringt (im RdR klagt Pinte). Coppe wird bestattet. Nobel bittet seine dienstmannen um rat wegen Reinaerts. Es wird beschlossen, ihn durch Brun den bären zu hofe zu entbieten. Brun läßt sich durch aussicht auf honig vom fuchs dazu verlocken, kopf und pfoten in den spalt eines baumstumpfs zu stecken, und wird festgeklemmt, als der fuchs den keil herauszieht. Übel beschunden und von den bauern halbtot geschlagen, entrinnt er durch den fluß ans jenseitige ufer (im einzelnen manche neuerungen gegenüber dem RdR). Ähnlich ergeht es dem zweiten königsboten, kater Tibeert, den die gier nach mäusen in eine falle bringt. In seiner verzweiflung springt er den herbeieilenden pfarrer an, verletzt ihn schwer und entkommt. Die beiden abenteuer sind mit besonderer liebe ausgeführt (über 800 verse gegenüber 500 im RdR). Als dritter bote geht der dachs Grimbeert nach Maupertuus zu seinem ohm (im RdR mit einem versiegelten Brief). Reinaert nimmt abschied von seinem weib Ermeline und legt seinem neffen eine lange beichte ab. Aber gleich darauf vermag er kaum seine augen von den hühnern des klosterhofes abzuwenden, an dem sie vorübergehen, und macht sogar einen angriff auf den hahn. Bei hofe angekommen, wird er vom geschrei seiner ankläger empfangen. Er läßt sich's nicht anfechten, sondern schreitet einher, als ob er der königssohn wäre. Den vorwürfen des königs wegen der behandlung seiner boten begegnet er mit der erklärung, daß Brun und Tibeert ihre not selbst verschuldet haben. Hierauf drängen sich alle durch Reinaert geschädigten tiere vor, der widder Belijn mit seinem weib Hawi, Brun, Tibeert, Isengrijn, das eberschwein Forcondet, der hahn Cantecleer, das frettchen

Clenebejach und noch andere, um klage zu erheben (im
RdR antwortet vorher der löwe auf Reinaerts rede).
König Nobel macht kurzen prozeß: Reinaert wird zum
tod verurteilt, der galgen alsbald errichtet. (Von hier an —
etwa vers 1883 — geht die handlung des ndl. gedichts in
der hauptsache ihren eigenen weg.) Grimbeert mit Rei-
naerts nächsten magen verläßt den hof. Isengrijn, Brun
und Tibeert führen den fuchs zum galgen. Dieser will
beichten, gesteht auch eine anzahl missetaten ein, ist
aber bei gemeinsamen unternehmungen mit Isengrijn
stets übervorteilt worden. Aber glücklicherweise hat
er noch silber und gut in menge. Der könig wird auf-
merksam und fragt nach dem schatz, und nun enthüllt
der listenreiche dem gierig lauschenden königspaar die
mär von der verschwörung seines vaters, seines ihm so
getreuen neffen Grimbeert, Isengrijns und des katers
Tibeert, an stelle des löwen den bären Brun zum könig zu
machen. Die mittel dazu habe der von Reinaerts vater
aufgefundene schatz könig Hermelincs liefern sollen.
Aber er selbst, Reinaert, habe seinem vater den schatz
heimlich entwendet und dadurch den könig gerettet. So
erhält Reinaert von Nobel verzeihung für alles, soll ihm
aber könig Hermelincs schatz zeigen. Der fuchs gibt den
ort an, beim brunnen Kriekepit im walde Hulsterlo am
ostende von Flandern, der hase Cuwaert soll den könig
hinführen, da Reinaert, um ablaß zu erhalten, nach Rom
pilgern muß (in branche I, 1385 ff., rettet sich R. durch
die pilgerlist vor dem galgen). Nobel ist damit einver-
standen und gebietet öffentlich frieden für Reinaert.
Jetzt ist es zeit für Reinaert, an seinen feinden rache zu
nehmen: Brun muß ein großes stück rückenfell für eine
pilgertasche, Isengrijn und sein weib Haersint je ein paar
schuh für den bußfertigen pilger liefern (hier ist ver-
trautheit des dichters mit branche X erkennbar). Belijn
der kaplan und Cuwaert begleiten ihn. In Malpartuus
wird dieser vom fuchs getötet und jener an den hof mit
einer botschaft zurückgesandt, die ihn das leben kostet

(in branche I, 1460ff. nimmt Renart den hasen mit, aber
während er vom berg herab den könig verhöhnt, ent-
wischt der hase). Nun ist Reinaerts bosheit offenkundig.
Der leopard Firapeel befreit Isengrijn und Brun, der friede
zwischen ihnen und dem könig wird wiederhergestellt[1]).

Das ndl. gedicht ist im zweiten teil der handlung
durchaus selbständig, nur daß hie und da einzelheiten
an die I. Renartbranche, gelegentlich auch an die X.,
erinnern. Die lüge von Hermelincs schatz beruht auf
einer einheimischen sage, nach der könig Hermenricus die
königsburg von Gent gebaut habe (Grimm, Reinhart
Fuchs s. CLII). Aber auch im übrigen ist der ganze
schauplatz der handlung aus der unbestimmten gegend
des RdR nach Flandern verlegt. Die verschwörung
gegen Nobels herrschaft geht im lande Waes, zwischen
Gent und dem dorfe Hijfte, vor sich. Brun soll in Aachen
gekrönt werden. Im kloster Elmare, gegen Seeland hin,
hat Reinaert den wolf zum mönch gemacht. Auch durch
die personennamen bekommt die handlung einheimische
färbung: Ludmoer metter langher nese, Hughelijn

---

[1]) Ältere ausgaben des gedichts, nach der Comburger handschrift, von
Gräter 1812, J. Grimm 1834 (im Reinhart Fuchs s. 115ff.), J. F. Willems
1836, ²1850, Jonckbloet 1856, Ernst Martin (nebst Reinaerts Historie),
Paderborn 1874, dazu Neue Fragmente (Darmstädter hs.), Straßburg 1889,
W. L. van Helten, Groningen 1887, I. W. Muller en F. Buitenrust Hettema,
Zwolle 1903—1909, C. G. Kakebeen en Jan Ligthart, Groningen 1909.
Nach der neu entdeckten Dycker hs.: H. Degering, Van den vos Reynaerde,
nach einer hs. des fürsten Salm-Reifferscheidt auf Dyck hgg., Münster 1910.
Kritische ausgabe von J. W. Muller, Van den vos Reinaerde, Gent, Utrecht
1914, Critische commentaar op V. d. v. R., Utrecht 1917. — Vergleiche mit
der französischen quelle in den meisten ausgaben, dazu J. W. Muller, Het
samenstel van Willem's gedicht ‚V. d. v. R.', Taal 14 (1904), 481ff. Über-
einstimmungen zwischen Reinaert und mhd. Reinhart Fuchs hebt S. Singer,
AdA 1892, 246f., hervor. — Über die zwei dichter des Reinaert I: Léonard
Willems, Reinaerdiana, Tijdschrift v. nederl. taal- en letterk. 16 (1897),
258ff.; über die Dycker hs. und die zwei dichter: J. W. Muller, Verslagen
en mededeelingen der Kon. vla. acad. voor taal- en letterkunde 1908,
109ff., Tijdschrift v. ned. taal- en lk. 31 (1912), 177ff., L. Willems, Bulletin
de la société d'hist. et d'archéologie de Gand 16 (1908), 125ff., Tijdschrift
voor boek- en bibliotekswezen 8, 97ff., J. Franck, ZdA 52 (1920), 285ff.,
W. Braune, PBB 44 (1920) 100 ff.

metten crommen beenen, Abel Quac, Bave u. a. im bären-
abenteuer zeigen es. Die tiernamen werden meist bei-
behalten, gelegentlich wie Petitporchaz-Clenebejach über-
setzt. Aber die namen der hauptträger sind ja fast alle
von haus aus deutsch, und dazu kommen neue deutsche
namen wie Hawi (Hedwig) für das schaf, Dieweline für
das eichhornweibchen, auch aus der überlieferung ge-
schöpfte namen wie Sproete für die henne (vgl. den hahn
Sprotinus im Ysengrimus), Rijn[1]) für den hund. Schließlich
darf auch nicht unbemerkt bleiben, daß Isengrijn und Rei-
naert hier wieder wie im Ysengrimus, als ohm und neffe er-
scheinen (ebenso auch Reinaert und Grimbeert), nicht als
gevattern wie im RdR. So ist das werk einerseits durch die
fast ganz neue handlung des zweiten teils, andererseits
durch anpassung an vlämische gegend und vlämische namen
zu einem wesentlichen teile wieder eingedeutscht worden.

Die frage nach dem verfasser, der sich in der Comburger
handschrift *Willem* nennt, der vorher schon einen *Madoc*
verfaßt hatte, ist durch die auffindung der Dycker hand-
schrift in neue beleuchtung getreten. Schon vorher hatte
L. Willems vermutet, daß in den ersten zeilen des prologs der
name des dichters fehle, der ein abenteuer von Reinaert
in dietsche onghemaket gelassen hatte, daß also zwei dich-
ter an dem werke beteiligt seien. Diese vermutung wird
durch die lesart der Dycker handschrift vollauf bestätigt:

   1 Willam, die Madocke makede
     Daer hi dicke omme wakede,
     Hem vernoyde so harde
     Dat ene auenture van Reynaerde
   5 In dietsche was onvolmaket bleuen,
     Die Arnout niet en hadde bescreuen,
     Dat hi die vite dede soeken
     Ende hi se oten walschen boeken
     In dietsche heuet begonnen.
  10 God moete hem sire hulpen onnen!

---

[1]) Vgl. zur verbreitung dieses namens Martin, Reinaert s. XXXVIII,
Sprenger, ZdP 26 (1894), 285 f.

Durch die annahme zweier dichter erklären sich auch die mannigfachen verschiedenheiten der beiden teile nach wortschatz, mundart, ortsnamen, auffassung der tiere, die — trotz guter naturbeobachtung bei beiden dichtern – im zweiten teil stärker zur vermenschlichung neigt als im ersten. Es fragt sich nur, welcher von beiden dichtern den ersten, welcher den zweiten teil gedichtet habe. Alle forscher, mit ausnahme von Degering und Braune, schreiben dem älteren dichter, Arnout, den zweiten, dem jüngeren, Willam, den ersten teil zu, vor allem mit rücksicht auf vers 8—9, da nur der erste teil eine welsche vorlage fordert. Ich halte die frage noch nicht für völlig geklärt: die berufung auf französische quellen war für die mittelniederländischen dichter ungefähr dasselbe, wie für französische dichter berufung auf eine lateinische quelle. Auch kann man sich wohl den ersten teil, mit einem der französischen vorlage ähnlichen abschluß, als selbständige dichtung vorstellen, nicht aber den zweiten, der eine längere einleitung, hoftag, klagen gegen den fuchs, gerichtsverhandlung fordert.

Die vorlage des ersten teils war die I. branche in der vorliegenden oder ihr sehr ähnlichen gestalt. Léopold Sudre[1]) betrachtet den italienischen Rainardo e Lesengrino als wiedergabe einer ersten fassung des hoftags, den Reinaert als wiedergabe einer zweiten, die überlieferte französische branche als dritte und jüngste fassung. Die sachlichen unterschiede der drei fassungen zwingen nicht zu dieser annahme, zumal wenn der zweite teil des Reinaert als das werk eines anderen dichters bei der vergleichung ausscheidet. Merkwürdig jedoch sind die von S. Singer hervorgehobenen übereinstimmungen des Reinaert mit dem mhd. Reinhart in einzelnen punkten, die allerdings nicht alle gleichwertig sind[2]).

Die abfassungszeit des Reinaert wird nach unten bestimmt durch die vor dem jahre 1280, nach L. Willems

[1]) Sudre, Les sources du Roman de Renart, Paris 1893, s. 87 ff., 110 ff., vgl. dazu LgrP 16 (1895) 23 f.

[2]) Zu Singer (oben s. XX) vgl. LgrP 16 (1895) 23.

zwischen 1267 und 1273, entstandene übersetzung des
Reinaert in das lateinische durch den mönch Balduinus[1]).
Setzte man bisher das gedicht schätzungsweise in die
mitte des 13. jahrhunderts, so muß man jetzt den ersten
und zweiten teil, oder vielmehr das ältere teilgedicht und
das uns vorliegende gesamtgedicht zeitlich auseinander-
rücken. Bei der erfindung vom gegenkönigtum des
bären, für das Reinaerts vater gerade im eigentlichen
Deutschland, in Sachsen, geworben hat, kann man an
verschiedene begebnisse der deutschen geschichte dieser
zeit denken. Otto IV. von Braunschweig (1198—1215)
als gegenkönig gegen Philipp von Schwaben kommt
kaum in betracht, da er ja durch den tod Philipps alleini-
ger könig wurde. Aus demselben grunde wird man auch
Wilhelm von Holland außer acht lassen, der seit Kon-
rads IV. tod (1254) einziger könig war. Wohl aber kann
man an den jungen könig Heinrich denken, der sich 1235
gegen seinen vater Friedrich II. erhob: die vorbereitung
der offenen empörung durch ausgedehntes werben, die
völlige ergebnislosigkeit der erhebung, das alles findet seine
parallelen in der verschwörungsgeschichte des Reinaert.
So wird man den zweiten teil des Reinaert, gleichgültig,
ob man ihn als das ältere gedicht oder als fortsetzung
des ersten teils betrachtet, nicht vor 1235 ansetzen.
Dem Reinaert des 13. jahrhunderts entspricht im Reinke
vos nur das I. buch: der Reinaert hat um 1375 eine um-
arbeitung und fortsetzung erfahren, welche den umfang
des gedichts auf 7794 verse steigerte. Der dichter selbst
nennt sein werk Reinaerts Historie [Reinaert II[2])].
Er schließt das alte gedicht damit ab, daß er den könig

---

[1]) Hgg. von M. F. A. G. Campbell unter dem titel Reynardus vulpes,
Hagae comitis, 1859, von Knorr, Reinardus vulpes, Utini 1860. Vgl.
J. W. Muller, De oude en de jongere bewerking van den Reinaert, Amster-
dam 1884, s. 6 ff., L. Willems, Rainaerdiana. Tijdschrift v. ndl. taal- en
letterkunde 30 (1911) 193 ff.

[2]) Text bei Martin, Reinaert s. 107—341. — Über eine nachwirkung
Auberons in R. H. (Meester Abrioen van Trier) vgl. J. Teirlinck, Vers-
lagen en mededellingen d. Kon. vla. acad. 1907 s. 781—805.

die abhaltung des hoftags um zwölf tage verlängern läßt.
Dadurch, daß der dichter als hauptquelle wieder eine
hoftagsbranche, nämlich die VI. branche, benutzt, er-
geben sich von vornherein übereinstimmungen zwischen
altem und neuem teil, dazu kommen anlehnungen des
dichters an das alte gedicht, so daß die haupthandlung
des neuen wenig eigenartig erscheint. Die VI. branche
(1542 verse) schildert in nachahmung der I. branche
wieder einen hoftag, in dessen mittelpunkt der fuchs
steht. Als kläger treten auf: Isengrijn, Tibeert, Brun, die
meise, die henne Pinte, der rabe Tiecelijn, Roonel der rüde,
Couart, Pelé die ratte, ja selbst gegen könig und königin
hat sich Renart vergangen. Er selbst erbietet sich, seine
unschuld durch gottesurteil oder im zweikampf zu be-
weisen. Der hirsch Brichemer wird vom könig als un-
parteiischer eingesetzt, er zieht den leoparden, Baucent
den eber und Bruiant den stier als sachverständige helfer
hinzu. Jeder von beiden kämpfern muß beschwören, was
er behauptet. Isengrijn siegt. Reinaert, zum tod verurteilt,
greift wieder zur list mit der beichte. Ein des wegs daher
kommender mönch nimmt ihn mit in sein kloster, macht
ihn zum mönch, aber die vom kloster gekauften kapaunen
machen ihn wieder zum räuber. Hinausgeworfen, ist
er froh, wieder frei zu sein und seinen feinden neue streiche
spielen zu können. Wie die beobachtung der regeln für
den gottesgerichtlichen zweikampf, die bewaffnung der
kämpfer mit stock und schild zeigen, ist die vermensch-
lichung hier sehr weit getrieben.

Diese erzählung hat der verfasser von Reinaerts Hi-
storie dem umfang nach reichlich verdoppelt (3314 verse).
Er hat den inhalt durch heranziehung anderer französi-
scher branchen, vor allem der X. (heilung des kranken
löwen), der XVI. (beuteteilung) und der XIX. (wolf und
stute), des Physiologus (fuchs stellt sich tot, um vögel
zu fangen), und einer reihe Romulusfabeln (wohl nach
dem ndl. Esopet, sowie durch eigene erfindungen — affe
Martijn und sein weib Rukenauwe als beschützer Rei-

naerts — vermehrt. Die ganze handlung ist nicht unge-
schickt gegliedert: I. teil die klagen des kaninchens Lam-
preel und der krähe Merkenauwe (wegen tötung seiner
frau Scharpenebbe), darauf herbeiholen des fuchses durch
den dachs, beichte vor diesem, bei hofe widerlegung der
anklagen. II. teil: vorwurf der ermordung des hasen Cu-
waert, eingreifen der äffin (fabel von mann und schlange),
Reinaerts erfindung von den drei kleinodien, die er dem
widder mitgegeben habe (auf dem spiegelrahmen vier
fabeln dargestellt), verweis auf frühere verdienste. III.
teil: klage Isengrijns und seiner frau Haersint, verteidigung
Reinaerts. IV. teil: der zweikampf, Renart siegt und wird
hoch geehrt. So folgen dreimal aufeinander klage und ver-
teidigung, bis der unvermeidliche zweikampf stattfindet.

Gegenüber dem Reinaert I, seiner schöpferischen erfin-
dung im zweiten teil, seinem liebevollen versenken in die
tierwelt, steht der dichter des Reinaert II mit seinen nach-
ahmungen und entlehnungen, seiner neigung zur ver-
menschlichung des tierischen, zum lehrhaften und satiri-
schen zweifellos zurück. Aber daß man ihn nicht unter-
schätzen darf, hat schon J. W. Muller in seiner abhand-
lung[1]) zu zeigen versucht. Die wenn auch etwas schema-
tische, aber sich allmählich steigernde handlung habe
ich eben hervorgehoben. Aber auch in der poetischen
kleinarbeit — charakterschilderung, ausschmückung der
einzelheiten, verskunst — hat er beachtenswertes ge-
leistet. Erfindungsgabe zeigt er in der benennung neu
auftretender tiere, deren namen er selten aus französi-
schen bestandteilen — Oordegale, Corbout —, meist aus
deutschen bildet: so Slupecade für das dachsweibchen,
Scharpenebbe und Slindepier für das krähenweib und
seinen sohn, Rukenau für die äffin, Biteluus, Vuulromp,
Hatenet für die jungen affen, Lampreel für das kaninchen[2]);

---

[1]) J. W. Muller, De oude en de jongere bewerking van den Reinaert,
Amsterdam 1884.
[2]) Die deutung der tiernamen bei J. Grimm s. CCXXII, Martin,
Reinaert s. XXXVIII ff., Lübben, Tiernamen (s. o.).

der esel erhält seinen althergebrachten namen Boudewijn
wieder. So bedeutet auch diese dichtung einen fort-
schritt in der germanisierung des tierepos.

Reinaerts Historie, welche ja den alten Reinaert mit
einschloß,. ist diejenige form, in welcher das tierepos der
folgezeit überliefert wurde. Zunächst entstand daraus
die niederländische prosabearbeitung, Die hystorie
van Reynaert die vos, deren älteste erreichbare form
in dem zu Gouda erschienenen druck von 1479 vorliegt
(jüngerer druck 1485 zu Delft). Sie steht der dichterischen
vorlage noch sehr nahe. Sie wurde bald nach ihrem er-
scheinen durch Caxton ins englische übersetzt. Das
niederländische volksbuch Reynaert de vos, 1564 zu
Antwerpen gedruckt, geht gleichfalls auf die ältere prosa
zurück, hat aber für einteilung und moralische betrach-
tungen noch eine andere vorlage benutzt[1]).

Denn unterdes hatte Reinaerts Historie noch eine
zweite bearbeitung oder vielmehr eine erweiterung er-
fahren. Der verstext blieb bestehen, wurde aber in vier
bücher, innerhalb der bücher in kapitel eingeteilt, bücher
und kapitel mit überschriften versehen, nach mehreren
kapiteln immer eine belehrung in prosa hinzugefügt,
was der dichter damit meine, und das ganze reichlich mit
holzschnitten ausgestattet. Von dieser bearbeitung,
welche die unmittelbare vorlage für den ndd. Reinke
gebildet hat, sind uns nur wenige bruchstücke erhalten:
die Culemannschen bruchstücke, so genannt nach
dem senator Culemann in Hannover, der sie aufgefunden
und zum erstenmal neugedruckt hat[2]). Erhalten sind im

---

[1]) Prosa (von 1485) neugedruckt von L. Suhl, Lübeck, 1783, (von 1479)
von J. W. Muller en H. Logeman, D. h. v. R. d. v., Zwolle 1892 (vgl.
dazu Voretzsch, DL 1893, 426 ff.). Das ndl. volksbuch R. d. v. neu hgg.
von E. Martin, Paderborn 1876. Neudrucke von Caxton von W. J. Thoms
1844, Arber 1878, E. Goldschmid 1884, Morley 1889.

[2]) Die bruchstücke sind nach dem tode Culemanns gelegentlich der ver-
steigerung seiner sammlung auf die universitätsbibliothek von Cambridge
gekommen, mit ihnen das einzige erhaltene exemplar des Culemannschen
neudrucks. Nach diesem letzten hat Hoffmann von Fallersleben die bruch-

ganzen 222 verse (davon 24 verstümmelt) aus verschie-
denen stellen des ersten teils von Reinaerts Historie,
21 prosazeilen (einige verstümmelt) und 4 holzschnitte.
Im übrigen kann uns der ndd. Reinke, welcher nach dem
vergleich mit den erhaltenen stellen im ganzen seiner
vorlage treu gefolgt ist, eine ungefähre vorstellung von
dieser geben. Die äußere ausstattung des buches, dem
die bruchstücke entstammen, läßt schließen, daß es
um 1487 bei G. Leeu in Antwerpen gedruckt worden ist.
Den namen des verfassers überliefert uns der ndd. Reinke
in dem augenscheinlich wörtlich aus der niederländischen
vorlage übernommenen vorwort:

Ḣir vmme, dat man en moghe lefen vnde oꝉ vorſtaen,
iꝃ Ḣinreꝉ van Alꞓmer, ſcholemeſter vnde tuꝛtlerer
des ebbelen, vogentliꝉen vorſten vnde heren hertogen van
Lotꝛyngen, vmme bede wyllen mynes gnedyghen heren,
hebbe dyt yeghenwerdyge boeꝉ vth walſcher vnde franßöſe=
ſcher ſpraꝉe gheſocht vnde vmmegeſath in dudeſche ſpraꝉe to
dem loue vnde to der ere godes vnde to heylſamer lere der, de
hir ynne lefen, vnde hebbe dyt ſulue boeꝉ ghebeelet in veer
part vnde hebbe by yſlyꝉ capittel gheſath eyne korte vthleg-
ginge vnde meninge des ſulfften poeten, vmme to verſtaen
den rechten ſyn des capittels.

Auf grund dieses vorworts hat man seit 1498 Hinrek
van Alckmer irrtümlicher weise für den verfasser des
niederdeutschen Reinke gehalten. Schon J. Grimm
(Reinhart Fuchs c. CLXXV) erklärt diese annahme für
töricht und zieht den richtigen schluß, daß Hinrek, etwa
hundert volle jahre später (nach Reinaerts Historie), die
niederländischen gedichte einer gelinden umarbeitung
unterzogen habe. Diese vermutung ist durch die Cule-
mannschen bruchstücke aufs glänzendste bestätigt worden.

stücke in den Horae belgicae XII, 7ff. herausgegeben. Neudruck nach dem
original von Prien, PRB. 8 (1882), 10ff., darnach im anhang dieser ausgabe.
Vgl. Prien, a. a. o. s. 1 ff.

Auf diesem wege ist das tierepos nach Niederdeutschland gelangt, wo ihm, wie am anfang gezeigt worden, ein günstiger boden bereit war. Auch in der literatur war die tierdichtung unterdes wenigstens durch bearbeitung mittellateinischer fabelsammlungen (im wesentlichen phaedrianischer, unter dem namen Romulus gehender fabeln) zur darstellung gekommen: im 14. jahrhundert durch die (in der hauptsache nach dem Anonymus Neveleti gearbeiteten) fabeln Gerhards von Minden und 1402 durch den Magdeburger Äsop. Ein kurzes, aber mehr episches gedicht, in welchem der könig der tiere von vögeln mehr oder weniger gute ratschläge empfängt, ‚Die Ratsversammlung der Tiere‘ geht zwar allem anschein nach auf eine ältere vorlage zurück, steht aber in seiner äußeren einkleidung schon der hoftagsgeschichte des tierepos nahe[1]).

Der niederdeutsche Reinke de vos ist 1498 zu Lübeck erschienen, wahrscheinlich in der druckerei von Matthäus Brandis (A). Der verfasser ist unbekannt, es ist weder Nicolaus Baumann noch Hermann Barkhusen, vielleicht ist es ein lübeckischer ordensgeistlicher gewesen[2]). Die enge übereinstimmung zwischen den versen der Culemannschen bruchstücke und denen des Reinke, ebenso zwischen den beiderseitigen prosastücken und sogar zwischen den beiderseitigen holzschnitten, wie das dieser

---

[1]) Die Fabeln Gerhards von Minden, hgg. von Albert Leitzmann, Halle 1898. Der Magdeburger Aesop (unter dem Namen Gerhards von Minden), hgg. von W. Seelmann, Bremen 1878. Ratsversammlung der Tiere, hgg. von W. Seelmann, Jahrbuch f. ndd. Sprachforschung 14, 126ff.

[2]) Vgl. F. Zarncke, Zur Frage nach dem Verfasser des Reineke, ZdA 9 (1853), 374ff. Wiechmann, Mecklenburgs altniedersächsische Literatur I (1864), 44. Latendorf, Zur Kritik und Erklärung des Reineke vos, Gymn.-Progr. Schwerin 1865, s. 34. A. Bieling, Die Reinke-Fuchs-Glosse, Progr. Andreasrealgymm. Berlin 1884, s. 9. — Exemplare des Lübecker Reinke von 1498 in Wolfenbüttel und Bremen. Eine sorgfältige bibliographie der älteren drucke und übersetzungen des Reinke giebt Prien in der 1887 in der Altd. Textbibl. erschienenen ausgabe s. XXIVff. — Neuausgaben: von C. Schröder, Leipzig 1872, A. Lübben, Oldenburg 1878, F. Prien, Halle 1887. Vgl. F. Prien, Zur Vorgeschichte des RV, PBB 8 (1882) 1—53.

ausgabe vorgesetzte bild vom fuchs im hühnerhof er-
kennen läßt, beweist die abhängigkeit des ndd. Reinke
von der durch Culemanns bruchstücke dargestellten vor-
lage. Darnach stammen auch die einteilung in bücher
und kapitel, die überschriften, die angefügten erläute-
rungen und sittenbetrachtungen aus der niederländischen
vorlage. Der Reinkeverfasser ist im wesentlichen nur
übersetzer, nicht bearbeiter oder gar schöpfer.

Gleichwohl ist auch der niederdeutsche übersetzer
nicht ohne verdienste. Ein endgültiges urteil könnten wir
freilich erst fällen, wenn wir das werk Hinreks van Alck-
mer vollständig besäßen. Aber auch so schon können wir
feststellen, daß auch er dazu beigetragen hat, dem werk
deutsches aussehen zu verleihen. Den flandrischen
schauplatz, auch die meisten eigennamen läßt er be-
stehen, die ja ohnehin mit wenigen ausnahmen vlämisch,
nicht mehr französisch waren. Aber Isengrijn, Boude-
wijn, Grimbeert gibt er ihre deutsche oder niederdeutsche
form: Isegrim, Boldewyn, Grimbart. Die koseform
Reinke für Reinaert ist an sich kaum eine verbesserung,
aber doch eine weitere eindeutschung. Aber die fremd-
klingenden namen — außer Nobel, Rossel und den nur
halbromanischen Cantaert und Creyant — hat er sämt-
lich durch deutsche ersetzt: Canticleer-Hennink, Coppe-
Krassevoet, Cortois-Wackerlos, Cuwaerde-Lampe[1]), Cor-
bout-Merkenouwe. Einige andere namen französischen
ursprungs hat er weggelassen. Sogar einige deutsche na-
men hat er durch andere deutsche namen ersetzt: Tibeert
durch (oberdeutsch) Hintze, Eerswijn (Haersind) durch
Giremot, Tiecelijn durch Pluckebüdel. Dazu kommen
namen für neueingeführte tiere: Hermen der bock, Metke
die ziege, Bartold der storch, Lutke der kranich, Mark-
wart der häher, Tibbecke die ente, Alheil die gans —
augenscheinlich manche von ihnen, wie Lampe, aus volks-
tümlichen benennungen aufgegriffen. Wie groß der an-
teil des Reinkedichters an der benennung der tiere mit

---

[1]) Vgl. oben s. X.

deutschen namen ist, ergibt eine einfache berechnung:
von den 36 tiernamen des Reinke stammen nur noch 9
(darunter auch die ursprünglich deutschen, wie Isegrim,
Brun, Reinke) aus dem Roman de Renart, 4 sind im
Reinaert I, 6 in Reinaerts Historie dazu gekommen,
17 sind eigentum des Reinkedichters[1]).

So war die eindeutschung des stoffes nahezu vollendet,
gleichzeitig freilich auch die umformung der alten tier-
geschichten in ein moralisch-satirisches werk, dessen
psychologischer gegenstand nicht mehr die tiere, sondern
die menschen waren, so daß Luther den Reinke als eine
,,lebendige Kontrafaktur des Hoflebens'' pries. Aber
die geistige eigenart der zeit bewegt sich in dieser rich-
tung, und so hat der Reinke einen weitgehenden litera-
rischen erfolg erzielt. Als die älteste unmittelbare nach-
ahmung kann das bald nach 1500 in Jütland entstandene
gedicht ,De Vos unde de Hane' gelten (272 verse). Rollen-
hagens ,Froschmeuseler' steht unter seinem einfluß
ebenso wie Fischarts ,Flöhhatz' und einzelne fabeldichter.
Das gedicht K. Fr. Renners aus Münden, ,Hennynk de
Hahn' (1732) ist ein seitenstück zum Reinke vos in
vier büchern. In den der revolution von 1848 voran-
gehenden jahren hat Adolf Glaßbrenner den alten stoff
benutzt, um daraus seinen ,Neuen Reineke Fuchs',
eine satire auf die staatlichen, kirchlichen und allge-
meinen zustände seiner zeit, zu schmieden[2]).

Vor allem aber wirkte der Reinke durch sich selbst,
durch die beständig neu erscheinenden auflagen, durch
die neuen bearbeitungen und die übersetzungen in andere
sprachen. Die nächste ausgabe des Reinke erschien 1517

---

[1]) Über die allmähliche eindeutschung des fremden stoffs vgl. Voretzsch,
Zum Jubiläum des Reinke vos, Beilage zur Allgem. Ztg. (München 1898,
27. bis 28. dez., Nr. 293, 294).

[2]) De Vos unde de Hahne, hgg. ZdA 5, 406 ff. Hennynk de Han, Abdruck
des seltenen Originals, hgg. von Nicolas Meyer, Bremen 1814, dazu von
demselben, H. d. H., frei übersetzt, Bremen 1814, jüngere übersetzung von
Ernst Rommel, Henning der Hahn, Hannover 1846. Adolf Glaßbrenner,
Neuer Reineke Fuchs. Leipzig 1846, ²1854.

zu Rostock (B). Die tatsache, daß die prosaischen erläute-
rungen zum gedicht, die sog. Glosse, vom katholischen
standpunkt aus geschrieben waren, gab die veranlassung zu
einer umarbeitung der Glosse im protestantischen sinn,
die wir wohl dem Rostocker drucker Ludwig Dietz zu-
schreiben dürfen, in dessen druckerei sie 1539 erschien: das
ist die sog. Jüngere Glosse zum Reinke vos (C)[1]). Die
erste hochdeutsche übersetzung erschien 1544 in Frank-
furt a. M. Darnach hat H. Schopper seine häufig neu-
aufgelegte lateinische bearbeitung in vierfüßigen jam-
ben gedichtet: *De admirabili fallacia et astutia vulpeculae
Reinikes libros quatuor* (Frankfurt a. M. 1567). Gott-
scheds hochdeutsche prosabearbeitung von 1752[2]) bot
für Goethe die vorlage zu seiner hexametrischen neu-
bearbeitung des Reineke Fuchs (1793).

K. V.

Für den neudruck konnte nur der lübecker druck
von 1498 in betracht kommen. Das mit äußerst ge-
ringer sorgfalt hergestellte B berührt mit seinen än-
derungen in text und glosse nur an wenigen stellen
den inhalt (sie sind in den anmerkungen verzeichnet),
mehrfach die form, indem es durch veränderte schreibung
der aussprache und durch beseitigung veralteter wörter
und wortformen dem verständnis der zeit näherkommen
wollte. Demselben bestreben begegnen wir in C, das
fast in jeder zeile des textes die form, manchmal auch
satzbau und reim und nur sehr selten den inhalt ändert.
Beider lesarten sind daher, kritisch betrachtet, bedeu-
tungslos und bieten nur das relativ geringe interesse von
veränderungen der herausgeber. Die zahlreichen nach-
drucke von C geben ihre vorlage mit um so weniger
sorgfalt wieder, je weiter sie zeitlich von ihr entfernt sind.

[1]) Die jüngere Glosse zum Reinke de vos hgg. von Hermann Brandes,
Halle 1891.

[2]) Neudruck in Alex. Bielings Quellenschriften z. neu. d. Lit., Nr. 1,
Halle 1886.

Demgemäß wird A buchstäblich wieder abgedruckt, nur in folgenden punkten ist abgewichen. 1) Alle eigennamen, im originaldruck meist klein geschrieben, haben die majuskel erhalten; die wenigen male, wo sonst statt eines großen ein kleiner anfangsbuchstabe oder umgekehrt gesetzt ist, bieten kein besonderes interesse dar, weswegen ihre aufführung unterbleibt. 2) Die interpunktion des alten druckes, die meist nur den willkürlich gesetzten runden punkt, einige male das kolon in form eines eckigen punktes, einmal den schrägen langstrich und einmal die klammer verwendet, ist durch die moderne ersetzt. 3) Wirkliche komposita sind auch zusammengedruckt, nur adverbielle ausdrücke getrennt gelassen, so daß, wo sie ein wort bilden, das original sie schon so hat. 4) Worttrennungen sind vorgenommen 18 mal bei ḥer mit folgendem substantiv (z. B. ḥerloȝeḅunt), 7 mal bei to mit dem infinitiv, 10 mal bei der präposition to mit folgendem nomen und sonst noch einige male. 5) Die abkürzungen (ā, ē, ī, ō, ū für a usw. + folgendem m oder n, m̄ für mm oder me, ȝ für et, ḅ' für ḅer, 9 für uȝ) sind aufgelöst, soweit sie nicht zu bedenken anlaß geben. Beim dat. sing. des männlichen und sächlichen artikels und der stark flektierten adjektiva ist die abkürzung m̄ mit ḅeme uſw., ē mit ḅem uſw. wiedergegeben, zuweilen bietet auch der druck die kürzere form ausgeschrieben. Die meist in der form ḅn̄ erscheinende kopula ist stets mit ḅnḅe aufgelöst; wo also ḅnḅ steht, fehlt auch im original das e. Der name des fuchses kommt 12 mal in der abgekürzten form rēḥȝe vor. 6) Offensichtliche druckfehler sind verbessert:

a) buchstaben vertauscht: gḥetvn̄nē s. 4, 30. ſnluen s. 16, 25. ſtnc̄e s. 24, 1. ḅū s. 24, 8. ḅnuel s. 28, 1. ḅeḅregerḥe ḅū s. 37, 21. ḥḥuᵗᵗe überschrift I, 12. ḅū 1246. tverḅeu s. 50, 1. ḥnlpe s. 50, 36. tvulſḥnuē s. 51, 10. māuḥgeȝ s. 51, 28. ḅeſſeu s. 56, 1. begnnḅe 1883. Ḃruu 1917. blḥne 2186. ḅorſtnnt 2198. rntven 2342. uic̄ht 2843. nn 2880. gnḅ 2887. ḥⱷnet überschrift I, 38.

lönhuge 3897. uicht 3924. gnb 3960. hntweme 4181.
vorbernen 4224. bū 4743. beſtñben 4795. Ñũmer 4841.
uoet 4932. bū benne überſchrift III, 7. Wultn 5013.
wēte be uhb s. 179, 11. hntwen 5190. boñen 5737.
ouer ghenē s. 204, 13. ſulne 6186. ghhbunben 3065.
bhkümerhnge 4039. boron 4948. peciniã s. 63, 14. hetalen
3177. valſcbē 4366. gbeban 6662. hoeł ſeitenüberſchrift
blatt 181 . trebe 114. hēnith 1682. ſthat 3752. co begen
überſchrift III, 9. Heſt 2664. ſhn 3490. Eſte 3746. Bh
2679. Bhaet 6027. Bub 833. Bhebraben 1478. wor
3741. briſtlifen s. 52, 29. vprherb 194. ro merfenbe
s. 42, 2. bulf s. 16, 10. buſtmen 738. verpet s. 64, 31.
wmme ehneß leenß s. 102, 13. worworn 5781. b) um-
geſtellt: lönhcnł 301. gubbunđelhhet s. 42, 3. ełthfe 1812.
rhenłen überſchrift I, 30. balbe s. 234, 11. hir iß 1255.
3824. vnß 5085. c) überflüſſig: lönhncđ 4225. bołeeß
s. 5, 11. ſeggee 135. beeſſem s. 20, 1. Ałbeer 728. hee
s. 62, 18. beeſſem s. 76, 1. anbeerß s. 102, 19. ſeeß
3820. ämhen 3974. bñb s. 63, 18. Sprīđt 4018. ghſterren
284. enbrrhnge 492. prrelaten s. 141, 8. Eſteruen 2106.
rrrbiii überſchrift I, 28. d) ausgelassen: webbrſteht 3936.
hebbn 3974. łrehnnen s. 6, 31. haſtih 2767. ſlehte 3662.
lhchtſhnnihept s. 138, 6. tuchtih 5019. rehten 5296. habē
4927. boßeht s. 51, 19. arbehbeben beren s. 4, 24. hēnhđ
s. 6, 28. łónić 79. lönhđ 139. 1977. 4275. 5007. lhnber
141. hutwe 571. egene s. 64, 37. gube 1110. ſhne 1766.
ghewoben 1216. vorweff 2634. anberweff überſchrift
III, 5. nich 491. leeh 789. Dat r überſchrift III, 9.
ghēhlifen s. 52, 15. e) ergänzungen: Dat rri cap[ittel.]
überſchrift I, 21. Dat r [capittel.] überſchrift III, 9.
Dat r capit[el.] überſchrift III, 10. Dat iii [capittel.]
überſchrift IV, 3. [capittel] s. 211, 1. Dat v capit[tel.]
überſchrift IV, 5. Dat vi [capittel.] überſchrift IV, 6.
Dat rii [capittel.] überſchrift IV, 12. et ce[tera.] s. 151,
18. gehſtlh[łen] s. 53, 1.

7) Sonstige änderungen: vnſtraflifem] vnſtraflifen (B)
s. 52, 17. — ehnē hſlifem] hſlifen (B) s. 56, 16. — ſcholbe

ſeggen] ſch. ſe ſ. (B, N. dat ſch. C) 2193. — datmē beſſe (B) dat beſſe s. 42, 6. — cabit in famiā] cabet infamia; cabet ī infamiā (B) s. 197, 25. — aliquiꝫ] aliquob (B) s. 197, 28. — Eyne mereken (B)] Eyn (C) 248. — tall] talle (BC) 1608. — voluntatē (B)] voluptatem s. 63, 15. — vnvroudē] vnvroden (B; wyſen C) 608. — De (B)] Dar (nu C) 2108. — eme] ene (B) 2297. — Lathe] Lathet 3862. — hir] her (BC) 4754. — guldene (B)] guldenen (C) 5256. — ſcholde he] he ſcholde (dat ſcholde he B; dat ſch. h. laten vnuorworen Vnd ſpreken C) 6003. — borgē (BC)] borge 6162. — ende iꝫ vn] ende vnde (B) s. 228, 3.

[Holzschnitt: eine krone.]

Reynke de vos.

[Titelblatt rückseite = blatt 1ᵇ: ein die ganze seite einnehmender holzschnitt. In einem gewölbten, an der hinteren wand mit zwei fensteröffnungen versehenen zimmer mit zierlichem mosaikfußboden sitzt rechts ein mann in langem, faltenreichem gewande. Das lockige haupt wendet er halb dem zuschauer zu mit etwas nach oben gerichtetem blick, wie wenn er einen gedanken, der ihm bei seiner augenblicklichen beschäftigung, dem spitzen der feder, gekommen zu sein scheint, verfolgte. Vor ihm auf einem buchständer liegt ein buch, dessen aufgeschlagene seiten beschrieben sind.]

O, vulpis abulacio nu in ber werlbe blyđet;
Sic hominum eſt racio ghelik bem voſſe gheſchiđet.

[2ª.]   ¶ Eyne vorrede ouer dyt boek
van Reynken deme vosse.

¶ (1) Hir bevoren in den olden haren, eer der tyd, dat
god vorlozede dat mynschlyke geslechte, eer vnse here
Crixus, ware god vnde mynsche, leet in der mynscheyt
den bytteren doet vnde stunt wedder vp van deme dode
vnde stech vp bouen alle hemmele vnde wert wedder
komende to deme rechten gherychte, ¶ (2) vor desser tyd
der ghebord Cristi vyndetmen, dat dar syn ghewest vele
naturlyke wyse mans, de vthvorkören vnde leff habben
wyßheyt vnde kunste, de men nomede phylozophy, dat in
vnser sprake so vele is ghesecht alze leffhebbers der wyß=
heyt vnde der kunst. Men heeth ok etlyke van en poeten,
dat is dychters. efte tohopesetters hystoryen vnde gheschychte
efte ok bysproke efte fabelen. Etlyke van dessen lereden
deme volke dögede vnde wyßheyt vnde setteden ere lere
slycht in böke vnde in schrift. Etlyke andere syn ghewest,
de hebben ere lere vns naghelaten vnde de ghesath in
[2ᵇ.] verse vnde in bysproke vnde in fabelen, vp dat
men ere lere vnde ören vlyd des to beth dar by scholde
beholden. Manck dessen is eyn ghewest, de to nutte
vnde lere der mynschen gheschreuen heft eyne hystorye vnde
fabele van Reynken deme vosse, de seer ghenoechlik is to
lesen vnde to horen, vnde is ok vul van wyßheyt vnde
quder exempel vnde lere. Desses suluen poeten lere to
lesen vnde nicht to vorstaen enbrochte neen nutte efte
vromen. Hir vmme, dat men en moghe lesen vnde ok
vorstaen, ¶ (3) ick Hinrek van Alckmer, scholemester vnde
tuchtlerer oes ebbelen, dogent ken vorsten vnde heren her=
togen van Lotryngen, vmme bede wyllen mynes gnedyghen

1*

heren, hebbe dyt yeghenwerdyge boek vth walscher vnde fran=
ßösescher sprake ghesocht vnde vmmeghesath in dudesche
sprake to dem loue vnde to der ere godes vnde to heyl=
samer lere der, de hir ynne lesen, vnde hebbe dyt sulue
boek ghedeelet in veer part vnde hebbe by yslyk capittel
ghesath eyne korte vthlegginge vnde meninge des [3ᵃ.]
sulfften poeten, vmme to vorstaen den rechten syn des
capittels.

¶ Wo dyt boek wert ghedelet in iiii part.
De ander vorrede.

¶ (1) Vp dat eyn yslyk leser desses bokes van Reynken
deme vosse wol moghe vorstaen, so is to merken, dat der
mynschen state is ghedelet an veer state. ¶ (2) De erste
is de stad van den arbeyders, de syk neren eres swaren
arbeydes vnde bruken erer kunst myt arbeyde, alze bure,
amptlude vnde andere, de ere neringe vnde vödynge alzo
weruen; wente god almechtich vns in den stad heft ghe=
sath vnde heft vns heten arbeyden vnde so vnse broed
wynnen in der tyd, do Abam, vnser aller vader, ouertrad
dat gheboth, do god to eme sprak manct anderen worden
alsus: ‚In deme swete dynes anghesychtes schaltu eten
dyn broet’, dat is, du schalt dy gheneren myt arbeyde.
Vnde by dessem state so ghelikent de meyster in dessem boeke
de ar= [3ᵇ.] beydenden deren, alze perde, mulen, ezels,
ossen vnde der gheliken. ¶ (3) Vth dessem ersten state
van arbeide syn ghesproten noch dre state. De erste van
den dren is borgerye vnde koplude vnde alle, de syk er=
neren myt vmmeslach vnde leuen van deme ghewynne. By
dessen ghelykent de meyster de deren, bede leuen van deme
ghewunnen ghude, dat se wynnen vnde sammelen, alze
eyn deel in de erde, eyn deel in de boeme, eyn deel in de
steynrytzen, dar in se sammelen, dar se af leuen, eyn deel
korn, arfete, bonen vnde ander saed, eyn del nöthe, eckeren,
appel vnde sodane vrucht, alze dat ekerken, de hampster,
hazen, kanynen, de froyen, strypen, de so westwart werden
ghenomet, vnde andere der ghelyken. ¶ (4) De ander
state, ghesproten vth deme ersten, dat is de staed, bede

leuen van deſſen twen erſten ſtaten, vnde ſynt de gheyſt=
lyken. Deſſen ghelikent deſſe meyſter by deme greuynge,
de ok in etliken landen wert gheheten de baß. Men van
deſſeme ſtate enſpricht he nicht vele, doch ſtraffet he ſe
myt vordeckeden worden vmme twey [4ᵃ.] ſunde. alze
vmme de ghyricheyt vnde vnkuſcheyt, ſo hir na in etliken
ſteden wert gheroret. ¶ (5) De drydde ſtad, de vth deme
ſtate der arbeyder is gheſproten, vnde is de verde vnde
leſte ſtad, dat ſynt de vorſten vnde heren der werlt, de
ſyk ebbel holden; deſſe voeden ſyk ok vth den twen erſten
ſtaten. Deſſe ghelikent de meyſter deſſes bokes by deme
wulue vnde by deme baren, by deme loſſe vnde luperden
dē grypē. So ſyn etlike heren, bede mynre ſyn in grade,
wan alze de groetmechtighen vorſten, alze banreheren vnde
der ghelyken, vnde deſſe ghelykent de meyſter by deme
voſſe, by der apen, by deme hunde vnde der gheliken;
vnde ere byſtanders vnde benres, rutere vnde ſchyltknechte,
deſſe ghelikent he by den kleynen bytenden beren, alze
by der maerten, ylke, hermelken, weſſelken, ekerken vnde der
ghelyken. ¶ (6) Deſſe lerer bewyſet ok in deme erſten
boeke, dat yd van nöden is, dat dar ſy eyn houet, eyn
here, de bouen alle deſſe ſtate der lüde be macht der
herſchoppye hebbe, de alle de ſtaten der myn= [4ᵇ.] ſchen
vnder ſyk holden mach in rechte vnde in vrede; vnde deſſen
ouerſten heren eſte konnynck lykent he by deme lauwen.
He bewyſet ok, dat men nemande oueruallen ſchal buten
recht myt macht eſte anderer loßheyt, vnde dat men den
myßbadygen, de berochtet is, nochtant ſchal to worden
ſteden vnde en eſſchen, dat he ſyk vorantwerde, vp dat
men ſyne ſchult eſte vnſchult des to beth moghe prouen.
Ok bewyſet deſſe meyſter eſte deſſe poete, wo de vorſten
vaken werden vorleydet van den logeneren vth deme weghe
der rechtferdicheyt. Ok bewyſet he, dat mannych ſyk ſuluen
bedrucht, de dar na is, grote leene vnde prouene to vor=
krygen by den heren, vnde ſyne ghyrycheyt nenen vortgand
hebben kan. He bewyſet ok, dat den vorſten vnde heren
dat vele nutter is, to hebben den wyſen in ereme rade,
dan den ghyrygen; wente neynes vorſten hoff eſte ſtad
ſunder wyßheyt vnde klockheyt ſtande mach blyuen lange in

eren. ¶ (7) Alſus is dyt boek van eyneme vorſten vnde
ſyneme houe. Ok is yd van [5ᵃ.] deme ſtate der ghe=
menen ſympelen vnde is ok van den logeneren vnde be=
dregers, de myt loßheyt mannygen ſchenden, ſo hyr na
wert gheſecht van deme ſneydygen lyſtygen voſſe, de man=
nygen ſchendede vnde to plaſſe brachte vnde denne noch
myt ſyner loggen vnde valſcheit by macht bleff. ¶ (8)
Deſſeme heren vnde konnynge vnde ſynen byſytteren vnde
etliken van der menheyt werden ok ſunderliken etlike bynamen
efte tonamen gheuen in deſſeme boke vmme der ryme wyllen
vnde vmme dat des to nöchliker ſy deme leſer vnde tohorer.
Vnde den konnynck, den lauwen, nomet he Nobel, de negeſten
hertogen efte vorſten by deme konnynge, alze den baren,
nomet he Brune, den wulff het, he Yſegrym, de wulffynnen
heth he vrouwe Ghyremod, den voß alze eynen banreheren
heth he Reyneke, ok Reynart, de voſſynnen heth he vrow
Armelyne. Twey hunge voſſe ſynt hir ok, de he nomet,
den eynen Reynardyn, den anderen Roſſel. Den greuynck
heth he Grymbart, de wylde katte alze den kater nomet
he [5ᵇ.] Hyntzen, de aper heth he Marten, de apynnen
heth he vrow Rukenauwe, den zegenbock Hermen, de zegen
Metke, den rambock Bellyn, den hazen Lampe, den ezel
Boldewyn, den groten hunt nomet he Ryn, den klenen
Wackerloß, den beuer Bokert. ¶ (9) Alſus ſeth deſſe
meyſter nicht allene den lauwen eynen konnynck ouer de
deren, men ok ouer de vögele mede, den ok etliken tonamen
efte bynamen werden angheſath lyk den deren in deſſeme
boke. Alzo nomet he den hanen hane Hennynck, ock Kreyant,
de hennen Kraſſevoet, den kron Lütken, den adebar Bartolt,
den vntruwen rauen Pluckebüdel, de kreyen efte karoek
Merkenauwe, de kreyinnen Scharpenebbe, de goes Alheyt,
de and Tybbeke, den hegger Marquart. Vnde ſus na der
ſuluen wyſe nomet he etlyke meer, welkere worde men
horen vnde leſen mach, men den ſyn der worde, wat de
lerer mede menet, ſchalmen merken vnde beholden, dar
lycht de wyßheyt in. Dit is de menynge des meyſters, de
dyt boek beghynnt in ſolken worden, ſo hir na volget.

[6ᵃ.] **Hyr beghynt dat erſte boek van Reynken deme voſſe vnde van allen deren.**

[Holzschnitt: ein nach links gewandter, mit der rechten vordertatze schwörender löwe.]

Dyt is dat bylde des lauwen, eer he konnynck wart, wo he do vpholden moſte vnde ſweren myt eyneme ſwaren ede, deme ryke truwe vnde holt to weſen vnde allen deren.

[6ᵇ.] ¶ Wo de lauwe, konnynck aller deren, leeth vth-kreyeren vnde vaſten vrede vthropen vnde leet beden allen deren, to ſynem houe tho komen. Dat erſte capittel.

[Holzschnitt: in der mitte könig und königin; auf der linken seite pferd, hirsch und kater; rechts schwein, ochs und wolf (?); vor ihnen dachs, bär und esel. Im hintergrunde eine hügelige gegend.]

[7ᵃ.] D gheſchach vp eynen
pynxſtedach,
Datmen de wolde vnde
velde ſach
Grone ſtaen myt loff
vnde gras,
Vnde mannich fogel
vrolich was

5 Myt ſange in haghen vnde vp bomen;
De krude ſproten vnde de blomen,
De wol röken hir vnde dar;
De dach was ſchone, dat weder klar.
¶ Nobel, de konnynck van allen deren,

10 Held hoff vnde leet ben vthkreyeren
Syn lant dorch ouer al.
Dar quemen vele heren myt grotem ſchal,
Ok quemen to houe vele ſtolter gheſellen,
De men nicht alle konde tellen:

15 Lütke de kron vnde Marquart de hegger;
Ja, deſſe weren bar alder begger
(Wente de konnynck myt ſynen heren
Mende to holden hoff myt eren,

[7ᵇ.] Myt vrouben vnbe myt grotem loue
20   Vnbe habbe vorbobet bar to houe
        Alle be bere, groet vnbe kleyne)
        Sunber Reynken ben vos alleyne;
        He habbe in ben hoff so vele myßban,
        Dat he bar nicht enborste komen noch gan.
25   ¶ De quab beyt, be schuwet gern bat lycht;
        Alzo bebe ok Reynke, be bözewycht:
        He schuwebe sere bes konnynges hoff,
        Dar in he habbe seer kranken loff.
        ¶ Do be hoff alsus anghynck,
30   En was bar neen, an alleyne be greuynck,
        He habbe to klagen ouer Reynken ben voß,
        Den men helb seer valsch vnbe loß.

¶ Wo Reynke be vos van beme wulue onbe velen
anberen beren wert vorklaget vor beme konnynck. Dat
                anber capittel.

[8ᵃ.] ⁂Segrym be wulff beghunbe be klage;
            Sine vrunbe, sin slechte, syne negesten mage
35   De gingen al vor ben konnink stan.
            Isegrym be wulff sprack ersten an

        |Holzschnitt wie 6ᵇ.|

        Vnbe sebe: „hochgheboren konninck, gnebyge here,
        Dorch huwe ebbelicheyt vnbe borch huwe ere,
[8ᵇ.] Beybe borch recht vnbe borch gnaben
40   Entfermet yw bes groten schaben,
        Den my Reynke be vos heft ghebaen,
        Dar ik vaken van hebbe entfaen
        Grote schanbe vnbe swar vorlees.
        Vor alle sake entfermet yw bes,
45   Dat he myn gube wyff heft ghehönet
        Vnbe myner kynber ok nicht gheschonet;
        He bemeech vnbe beseychebe se, bar se legen,
        Dat ber bre ny sobber ensegen
        Vnbe worben bar aff al starblynt.
50   Nochtan hönbe he my noch synt;

Wente yd was eyns so vern ghekomen,
Dat eyn dach wart vpghenomen,
Men scholde desse sake rychten efte scheden.
Do both syk Reynke to den eden.

55 Do ik den eyd wolde hebben to lesten,
Entquam vnde entfor he vns in syne vesten.
Here, dat weten noch juwe besten man,
De hir nu synt vnde by my stan.
Here, ik en konde nicht in eyner weken

60 Alle dat quade vor jw vthspreken,
[9ᵃ.] Dat Reynke, de loze valsche kumpan,
My tho leyde heft ghedaen.
Ja, were al dat laken pergement,
Dat dar wert ghemaket tho Gent,

65 Men scholdet dar nicht in konen schryuen.
Dat lathe ik nochtans achter blyuen;
Men de laster mynes wyues, de gheyt my na,
Blyft nicht vnghewroken, wo yd gha".
¶ Alse Ysegrym syne klage sus habbe gedan,

70 Do quam dar eyn kleyn hundeken ghan
Vnde was gheheten Wackerloß.
De klagede deme konninck vp frantzöß,
Dat he so arm was eer,
Dat he alles gudes nicht habbe meer,

75 Dan alleyne eyne kleyne worst
In eynem wynter vp eyner horst,
Vnde em Reynke de sulue nam.
¶ Hyntze de kater do ock dar quam.
Al tornich he vor den konninck ghynck

80 Vnde sprack: „gnedyghe here, her konnynck,
Vp dat gy Reynken syn vnholt,
[9ᵇ.] So en is hir nemant, junck noch olt,
He vruchtet Reynken meer dan jw.
Dat Wackerloß hir klaget nu,

85 Des is vele jar, des syd berycht;
De worst was myn, (wol klage ik des nicht)
Wente ik was eyns in myner jacht
Vnde quam in eyne molen by nacht,
Eynen slapenden molenman vant ik dar,

90   Dem nam ik de worst, dat is war.
     Habbe Wackerloß ychtesweſ' an der,
     Dat quam al van mynen lyſten her".
     ¶ Do ſprack panther alzo vort,
     Do deſſe klaghe was ghehort:
95   „Hyntze, latet de klage blyuen,
     Gy konen dar nicht vele mede bedryuen. —
     In Reynken is altes nene ere,
     He is eyn deff vnde eyn mordenere.
     Dat dor ik ſeggen by mynen eren,
100   Ja, dat wetten wol al deſſe heren.
     He rouet, he ſtelet alze eyn deff,
     He en heft ock nemande alzo leff,

[10ᵃ.] Noch ſuluen den konnynck, bede is vnſe here,
     He wolde, dat he gud vnde ere
105   Vorlorre, mochte he dar an ghewynnen
     Eyn veth morſel van eyner hennen.
     Dat ik yw dyt bewyſen mach:
     He dede noch ghyſteren, den ſuluen dach,
     Eyn de grotſten ouerbaet·
110   An Lampen, deme hazen, de hir ſtaeb,
     De node hennych beer ſo bede;
     Wente he em bynnen des konnynges vrede
     Vnde bynnen des konnynges gud gheleyde
     Louede em to leren ſynen crede;
115   He louede en to maken to eynem cappelan
     Vnde leten vor ſyk ſytten ghan.
     Se beghunden beyde den credo to ſyngen,
     Men Reynke brukede van ſynen olden dyngen
     Vnde helt Lampen vaſte twyſſchen ſynen been
120   Vnde begunde em dar eyn vel to theen.
     It quam van vnſchicht den ſuluen ghanck
     Vnde horde dar erer beyder ſanck.
     De leccie, de erſt was beghunt,
     Dar ſwegen ſe van tor ſuluen ſtunt.

[10ᵇ.] Do ik dar hen quam gheghan,
     Dar vant ik meſter Reynken ſtan,
     Vnde brukede van ſynem olden ſpele:
     He habbe Lampen by der kele.

Ja, ghewyffe habbe he em dat lyf ghenomen,
130 Were ick em nicht to hulpe komen
Do suluest to den suluen stunden.
Hir moghe gy noch seen be versche wunden
An Lampen, dem seer bromen man,
De doch nemande quad bon en kan.
135 Jk segge yw, her konnynck vnde al gy heren,
Wylle gy dyt nicht wreken vnde keren,
Dat gy des konninges vrede, gheleyde vnde breue
Laten sus breken van sodanem beue,
Jd wert deme konnynck noch vaken vorwetten
140 Van velen, be yd nicht drabe vorgetten,
Of des konnynges kyndern ouer mannich yar".
¶ Do sprack Ysegrym: „yd is seker war,
Reynke doch nummer neen gud doet;
Were he doet, dat were sere guet
145 Vor vns allen, be gern in vreden leuen.
[11ᵃ.] Men wert em dyt nu vorgheuen,
He wert in kort noch etlyke schouen,
De em des nu nicht to en louen".

[Holzschnitt: auf dem throne links sitzt der könig mit szepter
und krone, vor ihm der hund und zwei andre zu ihm auf-
blickende tiere sowie Hinze, welcher, ihm den rücken zu-
kehrend, auf dem erdboden sitzt und zu fressen scheint.
Im hintergrunde ragen aus einem von spärlichen waldungen
   eingeschlossenen tal teile eines schlosses hervor.]

¶ Wo Grymbart be greuynck Reynken vorantwordet vor
deme konnynge vnde wo he den wulff wedder wroghet vnime
            etlyk quad.   Dat iii capittel.

[11ᵇ.] DE greuinck was Reynken brobers sone;
150   De sprack do vnde was seer kone,
         He vorantworde in dē houe den voß,
         De doch was valsch vnde loß.
He sprack to deme wulue do also vort:
„Her Ysegrym, yd is eyn oltsproken wort:
155 ,Des vyendes munt schaffet selden vrom';
So do gy ock vp Reynken, mynen om.

Were he so wol alze gy hir to houe
Vnde stunde he alzo in des konnynges loue,
Her Ysegrym, so alze gy doet,
160   Id scholde yw nicht duncken gud,
Dat gy en hir alsus vorspreken
Vnde de olden stucke hir vore reken.
Men dat quade, gy Reynken hebben gheban,
Dat lathe gy al achter stan.
165   Id is noch etlyken heren wol kunt,
Wo gy myt Reynken makeden vorbunt
Vnde wolden wesen twey lyke ghesellen.
Dat mod ick bessen heren vortellen.
Wente Reynke, myn om, in wynters noet
170   Vmme Ysegryms wyllen vyl na was doet.
[12ᵃ.] Wente yd gheschach, dat eyn quam ghevaren,
De habbe grote vyssche vp eyner karen.
Ysegrym habbe gerne der vyssche ghehalet.

[Holzschnitt: rechts treibt ein dem zuschauer den rücken zu-
kehrender knecht auf einem gaul diesen mit der peitsche
an; der gaul zieht einen zweirädrigen karren, auf dem zwei
fässer stehen. Links im vordergrunde ist der wolf mit dem
verspeisen eines fisches beschäftigt. Weiter dem hinter-
grunde zv steht auf der linken seite Reinke, nach dem karren
sehend. Im hintergrunde einige mit bäumen bestandene
hügel, hinter denen die türme einer stadt hervorragen.]

Men he habbe nicht, dar myt se worden betalet.
175   He brachte mynen om in de nod;
Vmme synen wyllen ghynck he lyggen vor dod
[12ᵇ.] Recht in den wech vnde stunt euentür,
Merket, worden em ok de vyssche sur?
Do ghenne myt der kaer ghevaren quam
180   Vnde mynen om dar suluest vornam,
Hastygen toch he syn swerd vnde snel
Vnde mende myneme ome to rucken eyn vel;
Men he roghede syk nicht kleyn noch groet.
Do mende he, dat he were doet;
185   He leyden vp de kaer vnde dachten to vyllen.
Dyt wagede he al dorch Ysegryms wyllen.
Do he do vordan begunde to varen,
Warp Reynke etlyke vyssche van der karen.

Isegrym van verne na quam
190 Vnde desse vyssche al to syk nam.
Reynke spranck wedder van der karen,
Em en luste do nicht lenck to varen;
He hadde ok gherne der vyssche begherd,
Men Ysegrym hadde se al vorterd,
195 He hadde getten, dat he wolde barsten,
Vnde moste dar vmme ghan tom arsten.
Do Ysegrym der graden nicht en mochte,
Der suluen he em eyn weynich brochte.

[13ᵃ.] ¶ Ik segget by der truwe myn:
200 Reynke wuste eyns eyn geslachtet veth swyn,
Wor dat hangede an eyneme wyme;
Dyt sede he vp louen Ysegryme.
Dar ghyngen se hen vp beyder euentur,
Men Reynken wart dat swyn gantz sur:
205 He moste krupen tom venster in
Vnde werp dat nedder vp beyder ghewyn.
Dar weren ok hunde grot vnde starck,
Myt den hadde Reynke syn vulle werk,
Se ruckeden em to degen syn gude vel;
210 De wyle ath Ysegrym vp dat swyn al heel.
Myt groter nod he nauwe wech quam
Vnde gynck, dar he Ysegryme vornam.
He klagede syne nod vnde esschede syn deel.
‚Ja‘, sprak Ysegrym, ‚eyn gud morsel
215 Hebbe ik dy vorwaret, holt vnde eth,
Begnage yd wol, yd is wol veth‘.
Dat morsel, dat he em do langede,
Was dat krumholt, dar dat swyn by hangede.
Reynke konde nicht spreken van smachte;
220 Merket, gy heren, wat he do dachte. —

[13ᵇ.] Ik segget yw, her konnynck, gnedyghe here,
Der ghelyck syn wol hundert stucke efte mere,
De Ysegrym by Reynken heft ghedan;
Dat lathe ik noch achter stan.
225 Kumpt Reynke to houe manck desse ghesellen,
He wert yd suluen wol beth vortellen.
¶ Merket, here her konnynck, eddele vorste,

      Wan ik yd nummer feggen dorſte,
      So ſprickt Yſegrym eyn gecklyt word,
230 Dat gy heren wol hebben ghehord.
      He ſprickt ſuluen vp ſyn egene wyff,
      De he ſcholde bedecken myt ſele vnde lyff
      Vnde alzo beſchutten de ere.
      Yb is wol ſeuen yar efte mere,
235 Eſt Reynke er gaff eyn deel ſyner truwen,
      Vrouwen Ghyremod, der ſchonen vruwen.
      Dat ſchach in eyneme auentdantz,
      Wente Yſegrym was do buten lantz.
      It ſegge yd ſo, alze it yd weyd:
240 Yd gheſchach in fruntlyker houeſcheyt
      Vaken Reynke ſynen wyllen — meer ſegge ik nicht.
      Wattan? ſe klaget yo ſuluen nicht;

[14ᵃ.] Se was des to hant ſcheer gheneſen —
      Wat worde ſcholen dar meer aff weſen?
245 Were Yſegrym vroed, he ſwege dar van.
      Dyt ſulue em doch klene ere bryngen kan.“

[Holzschnitt: links sitzt der könig mit szepter, krone und
mantel; das szepter hält er in der rechten hand, mit der
linken macht er eine bewegung nach dem vor ihm sitzen-
den hasen, der seine linke vorderpfote auf die erde stemmt
und die rechte emporhebt; ihn bellt von links her Grimbart
an. Hintergrund: bergige gegend, hier und da mit gebüsch.]

     ¶ Grymbart ſprack vort: „nu klaget de haze
      Eyn mereken vnde eyne vyſevaze.
[14ᵇ.] Eſt he ſyne leccie nicht wol en las,
250 Reynke, de ſyn meſter was,
      Moſte he ſynen ſcholer nicht ſlan?
      Dat were vnrecht vnde ouel ghedan,
      Scholdemen de ſcholrekens nicht kaſtyen
      Vnde wennen ſe van eren tüſſcheryen,
255 Nummer mer lereben ſe to begen.
     ¶ Nu klaget ok Wackerloß, he habbe gekregen
      In eyneme wynter eyne worſt,
      De he vorloß vp eyner horſt.
      De klage were beter bleuen vorholen.
260 Ja, hore gy dat wol, ſe was gheſtolen.
      Male queſite, male perdite:

Myt rechte wert men quatliken quyte,
Dat men duel heft ghewunnen.
We wyl Reynken des vorghunnen,
265 Dat he ghestolen dynck eme nam?
Eyn yslyk eddel van hoghem stam
Schal haten de deue vnde schal de vangen.
Ja, hadde he ok Wackerloß do ghehangen,
We scholde eme dat vorkeren?
270 Men he leed yd dem konnynck to eren,
[15ᵃ.] De lyffsake alleyne heft in straff,
Al heft myn om weynich danckes dar aff.
Reyneke is eyn rechtferdich man,
De neen vnrecht lyden kan.
275 Wente sodder dat de konnynck synen vrede
Kundygen vnde vthropen dede,
En sochte he vp nemande neen beyach.
He eth men eyns vp ysliken dach,
He leuet alse eyn klusener
280 Vnde kastyet synen lycham seer;
Negest syneme lyue drecht he har,
He ath neen vlesch in eyneme yar,
Wat vlesch yd sy, wylt edder tam;
Dat sede, de ghsteren van em quam.
285 Syn slot, dat dar heth Malepertus,
Heft he vorlaten vnde buwet eyne klus;
Bleck vnde mager is he van pynen,
Hunger, dorst vnde sware karynen
De lydet he nu vor syne sunde.
290 Wat schadet em, dat he in desser stunde
Hir is beklaget in synem affwesen?
Kumpt he to antworde, he mach noch ghenesen"
[15ᵇ.] ¶ Do desse worde sus weren ghesecht,
Quam hane Hennynck myt synem gheslecht
295 In des konnynges hoff ghevaren
Vnde brochten vp eyner dodenbaren
Eyne dode henne, de heeth Krassevoet,
De Reynke hadde ghebeten doet:
Hals vnde houet hadde he er affghebetten
300 Dyt moste nu de konnynck wetten.

¶ (1) In deffen iii vorghefechten capittelen werden funder=
lyken vii ftucke ghefath to vnfer lere. ¶ Int erfte, wo de
ghyryghen in der heren houe vaken fake vynden van hate
vnde klagen ouer andere, de vnder en fyn, vmme dat fe
grote leene vnde prouen hopen to vorkrygen van den
vorften, de fe anderen nicht en ghunnen, ghelyk alfe hir
de ghyryghe wulf klaget ouer Reynken. Ock fchüd yd
vaken, dat de grouen vnwyfen efte vngehelerden de wyfen
vnde kloken haten, vp dat fe allene in deme regymente
mogen bliuen by den vorften, ghelyk alfe de wulf hatet
den kloken voß. ¶ (2) To dem anderen male bewyfet
[16ª.] de. lerer, dat yd vaken fchüd, dat eyn ghyrych
efte eyn hatefch mynfche, vp dat he wynnen vnde fynen
nyd vullenbryngen moghe, fo fparet he nicht, to fpreken
fyn eghen lafter mede edder der fynen, ghelyk hir de wulf
fyn eghen wyff mede befede. ¶ (3) To deme drybben
wert hir gheroret de ebrekerye, de in etliker heren lande
fchüd manck welken ebbelyngen in afwefende des rechten
heren edder echten gaden, dat vllychte leyder wol fchüd
in Lomberbyen vnde in Wallant, dar dyt boek erften ghe=
bychtet is; men nicht en is dat des lerers meninge, dat
yd in deffen landen fchüd, god fy ghelouet. ¶ (4) To
dem verden fchüd yd vaken, fo man eyn groet gheachtet
man ouer yemande klaget, dat denne ok vaken de kleynen
begynnen to klagen ouer den fuluen, alfe hir de kater,
de hunt vnde haze. ¶ (5) To deme vyften, dat yd gud
is, dat eyn hebbe eynen vrunt by deme heren, de ene
vorantwordet in fyneme afwefende, fo alfe de greuind
Reynken vorantworde alfe eyn vrunt ¶ (6) To deme
feften wert hir bewyfet dat qua= [16ᵇ.] de vorbunt
(god beware yo deffe land darvor!), dat in Wallant efte
in Lomberbyen etlike quade heren efte ebbelynge vnder
fyk maken vp eren euenmynfchen, den to befchebyghen
vnde to fchaden myt roue eft ghewalt, wo fe yd men krygen,
fo alfe hir is ghefecht van deme wulue vnde voffe, wo
de vorbunt habben. ¶ (7) Dat feuede is de vntruwe, de
vnder en fuluen is, alfe hir myt den vyffchen vnde fwyne
wert bewyfet.

¶ Wo de hane myt groter droffenysse kumpt vnde klaget
vor dem konnynck ouer Reynken, bewysende syne mysse-
daet. Dat iiii capittel.

DE hane quam vor den konnynck stan
Vnde sach ene seer drofflyk an.
He hadde by syk twey hanen groet,
De drouych weren vmme dessen dot.

305 De eyne was gheheten Kreyant,
De beste hane, den men vant
Twysschen Hollant vnde Franckryk.
De anDer was em seer ghelik

[17ᵃ.] Vnde heth Cantart, seer kone vnde vprycht;
310 Se brogen malk en bernende lycht.
Der hennen broder weren desse twee.

[Holzschnitt: links sitzt der könig mit der krone, in der linken
hält er das szepter aufrecht; vor ihm steht eine mit der
längsseite dem zuschauer zugewandte bahre, auf der die tote
henne mit ausgebreiteten flügeln liegt. Jenseits der bahre
ein hahn, ein licht emporhaltend. Auf dem ende des linken
längsbalkens der bahre, am weitesten nach dem könige zu,
steht ein hahn, die flügel in die höhe schlagend; vor ihm,
etwas weiter nach links und mehr im vordergrunde auf einem
bein ein andrer hahn, der mit dem rechten ein licht empor-
hält. Hintergrund: hügel, über die ein turm und schlosserker
hervorragen.]

Se repen beyde wach vnde wee;
Vmme Krasseuoet erer suster doet
Dreuen se ruwe vnde droffenysse groet.

[17ᵇ.] Noch weren twey ander, de brogen de boren;
Men mochte ere droffenysse vern horen.
¶ Hane Hennynck vor den konnynck ghynck
Vnde sprack: „gnedyghe here, her konnynck,
Horet myne word dorch gnaden
320 Vnde entfermet yw des groten schaden,
Den my Reynke heft ghedan
Vnde mynen kynderen, de hir stan.
Wente do de wynter vorghangen was
Vnde men sach loff, blomen vnde gras
325 Schone bloyen vnde stan grone,
Do was ik seer vrolych vnde kone

2

Vmme myn grote flechte ghemeyne,
Wente icf habbe yunger fonen teyne
Vnde fchoner dochtere tweymal feuen,
330　(Och, den lufte fo wol to leuen!)
De al myn wyff, dat flofe hoen,
Vort brachte in eyneme fommer fchon.
Se weren ftarcf vnde wol tho vreden
Vnde ghyngen vmme vödynge in eyner fteden,
335　De was bemůret, ber monnyfe hoff,

[18ᵃ.] Dar in fes hunde, ftarcf vnde groff,
De bewarden myne fynder vnde habben fe leff.
Dyt hatede Reynfe, be quade beff,
Dat fe fo vafte weren dar bynnen,
340　Dat he ber nene fonde ghewynnen.
Wo vafen ghyncf he vmme de můren by nachte
Vnde leyde vns laghe myt groter achte!
Wan dyt de hunde treghen tho wetten,
So mofte he yd vp fyn lopent fetten.
345　Se habben en eyns twyffchen fregen
Vnde rucfeden em fyn vel tho begen;
Nauwe entquam he tor fuluen tyd.
Do worde my fyner eyne whyle quyd.
¶ Vorder horet my, gnedyghe here!
350　Synt quam he eyns alfe eyn flufenere,
Reynfe, de fulue olde beeff,
Vnde brachte my bo eynen breff,
Dar hangede huwe feggel nebben an;
Dar vant icf in ghefchreuen ftan,
355　Dat gy lethen fundyghen vaften vrede
Allen beren vnde vogelen mede.

[18ᵇ.] He fpraff, he were flufener gheworden
Vnde wo he helbe eynen harden orden,
Dat he fyne funde böten wolbe

[Holzschnitt: in einer hügeligen landschaft steht links im vor-
dergrunde hoch aufgerichtet Reinke in der mönchskutte, deren
halskragen zurückgeschlagen ist. In seiner rechten hand hält
er einen rosenkranz, in der linken einen brief mit daran
hängendem siegel, welchen er dem rechts vor ihm stehenden
hahn geben will. Im hintergrunde rechts auf einer anhöhe
würgt Reinke, mit einem halskragen versehen, ein huhn.]

360 Vnde ick vor em nicht mer vruchten scholde
Vnde mochte ane hobe vor em wol leuen.
He sprak ok: ,ik hebbe my gantz begeuen,
[19ᵃ.] Alle vlesch vorlouet myt eyn'.
He leet my kappen vnde schepeler seen
365 Vnde eynen breff van synem pryer,
Vp dat ick were des to vryer.
He wysede my ok bo suluest aldar
Vnder der kappen eyn kleed van har.
Do ghynck he wech vnde sprack to my:
370 ,Gode, deme heren, bevele ik dy;
It gha, dar ik hebbe to doen,
Ik hebbe noch to lesen sext vnde noen,
Of vesper dar to van bessem dage'.
Al lesende ghynck he wech vnde leyde vns lage.
375 Do was ik vrolich vnde vnververt
Vnde ghynck to mynen kynderen wert.
Ik sede en de tydynge, (do wart en leue)
De my was vorkundyget vth vuwem breue,
Vnde Reynke were worden klusener;
380 Wy dorsten vor em nicht vruchten mer.
Myt en allen ghynck ik bo buren de mure,
Dar vns ouerquam kranck euenture;
Wente Reynke habbe vns ghelacht syne lage
Vnde quam slykende vth eyner hage
[19ᵇ.] Vnde heft vns de porten vnberghan
Vnde grep myner besten kynder eyn an;
Dat ath he vp vnde quam wedder vaken.
Sodder he se ersten begunde to smaken,
Konde vns wer heger efte hunt
390 Vor em wachten to nener stunt.
He leyde vns alle tyd syne laghe
Beyde by nachte vnde ok by daghe
Vnde berouede my alzo myner kynder.
So vele is myn tal de mynder:
395 Twyntich vnde veer plach der to wesen,
De heft Reynke vpghelesen,
Dar van hebbe ik men vyue, nicht mere.
Dat latet yw entfermen, her konnynck, here!

Myne droffenysse klaghe ik to dessen stunden;
400   Noch gysteren wart em myt den hunden
Myn dochter affgheyaget, de he beth doet,
De ik hir brynge in myner noet.
Gy seen yd, wat he er heft ghedan;
Dat latet yw doch tho herten ghan!"

[20ᵃ.] ¶ (1) In dessem capittel is gheleret sunderlyken iii stucke. Int erste, dat de henne, de wol vorwaret is in eyner stede vnde nochtan vyende heft, dat be nicht licht=lyken vmme syn ghenöchte schal vthghan, alse hir de hane; de wuste Reynken synen vyent to wesen vnde de ne noch vmme syn ghenöchte ghynck vth syner nesten. ¶ (2) To dem anderen male, dat nemant syneme vyende löuen schal to grunde, al yffet ok so, dat he eme vele wyssenheyt wyset efte secht, ghelyck hir Reynke bede; ya, al yffet ok so, dat he kumpt vnder eyneme schyne vnde klede der gheystlicheyt efte hillicheyt. ¶ (3) To deme drybben male wert hir bewyset van den quaden, dat, so wanner eyn morder, eyn rouer, eyn vechter, de gerne blod vorgheten, so euere tene synt blodich gheworden, dat is, wanner se hebben ghenöchte efte en wol smeck quad to don, dat selben efte nummer men beterynge van den derff vor=moden, ghelyk hir is ghesecht van deme bedrechlyken val=schen vosse.

[20ᵇ.] ¶ Wo de konnynck ghynck tho rade myt synen vndersaten vnde wysen, wo vnde in wat wyse he richten mochte rechtferdygen de boßheyt des vosses, vnde wo de bode henne wart begrauen, dar de hanen stan alze be negesten vrunde, syck moyende myt ouertogen koggelen, so westwort de wyse is. ¶ Dat v capittel.

405   DE konninck sprak: „her greuind, komet her!
Hore gy wol, yuwe om, de klusener,
Wat karinen he vastet vnde wo he deit?
Leue ik eyn yar, yd wert eme leyt.
Wat scholen desser worde nu meer?
410   Hane Hennynck, nu horet heer!
Juwe bode dochter, dat gude höen.

Der wyl wy der boden rechtichent doen
Vnde laten er de vigilie fyngen
Vnde fe to der erden bryngen;
415   Dat fchal fcheen myt groten eren.
Denne wylle wy vns myt deffen heren
Vmme deffen mord wol befpreken,
Wo wy dat beft mogen wreken".

[21ᵃ.] Do gheboth he beyde yunck vnde olden,
420   Dat fe vigilie fyngen fcholden.
Do des konnynges both was gheghan

[Holzschnitt: im hintergrunde stehen auf einer anhöhe mit
dem altar zugewandten gesichtern der löwe und die löwin,
hinter ihnen kuh (?), hirsch und dachs (?); links ein mit
zwei leuchtern bestandener altar, vor welchem der widder
und das schaf aus einem auf einem lesepult ruhenden, auf-
geschlagenen buche singen; rechts liegt auf einer bahre,
neben welcher ein großer leuchter steht, das tote huhn, an
welches im vordergrunde von links her drei mit kappen ver-
hüllte hühner herantreten.]

Vnde domen beghunde to heuen an
Dat ,placebo domino'
Vnde de verfche, de dar horen tho, —

[21ᵇ.] Ift fede yd wol, men yd were to lanck,
We dat dar de leccien fanck
Vnde de responfen, fo fyk dat behord.
Dar vmme korte ick deffe word:
Se wart do int graff gheleyt,
430   Eyn fchon marmelfteyn wart dar bereyt,
Ghepollieret fo klar, alfe eyn glas,
De veerkant, groet vnde dycke was,
Myt groten boekftauen dar vp ghehauwen,
Datmen klarlyken mochte fchauwen,
435   We dar vnder lach begrauen.
Alfus fprack de fchrift der boekftauen:
¶ ,Kraffevoet, hanen Henninks dochter, de befte,
De vele eyer leyde in de nefte,
De wol myt ören voeten konde fchrauen,
440   De lycht vnder deffeme, fteyn begrauen.
De valfche Reynke was, de fe vorbeeth;
Se wyl, dat al de werlt dyt weeb.

Dyt dede he ane recht, myt valscher laghe,
Vp datmen se des to meer beklaghe'.
445 ¶ Alsus nam de schrift eynen ende.
De konnynck leet beden al, de he kende,
[22ᵃ.] De kloeksten van rade, syk wol to bespreken,
Wo he desse vndaet best mochte wreken
Vp Reynken, de nicht en was van den besten.
[Holzschnitt wie 6ᵇ.]

450 Do reden de heren eme to lesten,
(Wente se Reynken seer lystich kenden)
Hir vmme scholdemen eme boden senden,
[22ᵇ.] Dat he wer dorch schaden edder dorch vromen
Nicht enlethe, he scholde komen
455 To des konnynges houe tom herendage,
Vnde dat Brun de bare desse bodeschop drage.

¶ Wo Brun de bare myt eynē breue wart ghesant to
Reynken vnde wo he ene vant vnde ansprack. ¶ Dat
vi ghesette.

DE konnynck sprack to Brune, dē beer:
   „Brune, ik segge yw alze yuwe heer,
   Dat gi mit vlit desse bodeschop döt.
460   Men seet, dat gy syd wyß vnde vroet;
Wente Reynke is seer valsch vnde quad,
He wed so mannygen lozen rad;
He wert yw smeken vnde vore keghen,
Ja, kan he, he wert yw wysse bedreghen".
465 ¶ „Wanne neyn", sprack Brun, „swyget der rede!
Ik segget by myneme swaren eede:
So gheue my god vngheval,
Wo my Reynke ycht hönen schal.
[23ᵃ.] Ik wolde em dat so wedder inwryuen,
470 He scholde vor my nicht wetten to blyuen"
Alsus makede syk Brun vp de vart,
Stolt van mode, tho bergewert;
Dorch eyne wösteny, groet vnde lanck,
Dar dorch makede he synen ghanck.

475 Do quam he, dar twey berghe laghen;
Dar plach yo Reynke, syn om, to yagen
Vnde hadde den vordach dar ghewest.
So quam he vor Malepertus tho lest;
Wente Reynke hadde mannich schon huß,

480 Men dat castel to Malepertuß
Was de beste van synen borgen;
Dar lach he, alze he was in sorgen.
¶ Do Brun vor dat slot was ghekomen
Vnde de porten ghesloten vornomen,

485 Dar Reynke vth plach to ghan,
Do ghynck he vor de porten stan
Vnde dachte, wat he wolde begynnen.
He reep lude: „Reynke oem, synt gy dar bynnen?
Ik byn Brun, des konnynges bode;

[23ᵇ.] He heft ghesworen by syneme gode,
Kome gy nicht to houe, to deme ghedynge,
Vnde it yw nicht myt my enbrynge,

[Holzschnitt: in einer hügeligen, mit bäumen und gebüsch
spärlich bewachsenen gegend, die im hintergrunde in der
ferne ein schloß zeigt, bringt auf der linken seite der bär,
sich auf seine linke pfote stützend, mit der rechten dem
ihm gegenüber sitzenden Reinke einen brief, an welchem
ein siegel hängt.]

Dat gy dar recht nemen vnde gheuen,
Dat wert yw kosten yuwe leuen;

495 Kome gy nicht, gy stan buten gnade,
[24ᵃ.] Jw is ghedrauwet myt galgen vnde rade.
Dar vmme ghaet myt my, dat rade ik int best".
Reynke horde wol desse worde erst vnde lest;
He lach dar bynnen vnde lurde

500 Vnde dachte: „wan my dyt euentúrbe,
Dat ik deme baren betalde desse word,
De he so homodygen sprickt vorð!
Hir vth wyl ik dencken dat beste".
Dar myt ghynck he deper in syne veste;

505 Wente Malepertus was der wynckel vul,
Hir eyn ghath vnde gyndert eyn hol,
Hadde mannyghe krumme, enge vnde lanck,
Vnde hadde ock mannygen seltzen vthghanck,

De he tobede vnde tofloet,

510   Alze he vornam, dat he des habbe noet;
      Wan he dar hennygen roeff in brochte
      Edder wan he wufte, datmen ene fochte
      Vmme fync valfchen myffedaet,
      So vant he dar den nauweften rad.

515   Mannich beer in fympelheyt ok dar in leep,
      Dat he dar in vorretlyken greep.

[24ᵇ.] ¶ (1) Vyflehe ftucke leret de lerer in deffem vorghefechten capittel. ¶ Dat erfte is, al yffet fo, dat eyn vorfte, eyn here efte eyn ander rychter waraftige klage horet van fynen vnderfaten ouer eynen, de deme fuluen ghelyk is edder ok bouen deme edder benedden deme, dat he nochtans nene haftyghe wrake ouer em don fchal. ¶ (2) Dat ander is, dat he hebben fchal kloke wyfe radeflude, de wyßheyt wetten vnde fake, bede laftich is, de in rechtferdicheyt to vnderfcheden. ¶ (3) Dat drydde, datmen nemande fchal vorordelen vngheeffchet edder vnghevraget. ¶ (4) Dat verde, dat de grouen vnlympigen fyk vaken vormeten vnde vnderwynden groter dynge, men van den lyftygen fuptilen draben vorleydet konen werden. ¶ (5) Dat vyfte, dat nemant fchal annemen fodans, dar to he nicht bequeme is, alze hir wert bewyfet by deme grouen baren, de fyk groter dynge vormath; men wo he voer, dat volghet hir na.

[25ᵃ.] ¶ Wo Reynke vorfychtygen fyk bedachte vnde dar na vthghynd vnde Brunen myt vruntliken worden wylkome heth.   Dat vii capittel.

[Holzschnitt wie 23ᵇ.]

DO Reynke fus des baren worde
    Wol vornam vnde ok horde,
      He louede nicht gruntlik den worden ftolt,
[25ᵇ.] Em was lede vor eyn achterholt.
      Do he dat endede habbe vornomen,
      Dat Brun alleyne was ghekomen,
      [Holzschnitt wie 23ᵇ.]

Des to myn he do vorschrack;
He ghynck oth tho em vnde sprack:
525 „Dem Brun, wylkome mothe gy wesen!
[26ᵃ.] Ik hebbe recht nu de vesper ghelesen,
Dar vmme konde ik nicht eer komen;
Ick hope, yd schal my syn to vromen,
Dat gy tho my ghekomen syd.
530 Syd wylkomen, oem Brune, tho aller tyd.
Deme enweb ik des yo nenen danck,
De dat schaffede, dat gy dessen ganck
Scholden ouerghan, bede is seer swar:
Gy sweten, dat yw nath is dat haer.
535 En vant vnse here, de konnynck, nu
Nenen anderen boden to senden dan yw?
Wente gy synt de ebbelste vnde grotste van loue,
De nu is in des konnynges houe.
Yd wert my syn sunderlyk to vromen,
540 Dat gy syd her to my ghekomen:
Juwe vrode rad wert my helpen sere
By deme kunnynge, bede is vnse here.
Al hadde gy dessen wech nicht anghenomen,
Ik were doch morgen to houe komen.
545 Doch duncket my sere in myneme waen,
Ik schal nu nicht wol konen ghaen:
Ik hebbe my gheten alto sath,
[26ᵇ.] Yd was nye spyse, de ik ath;
Dat gantze lyff deyt my wee dar van“.
550 ¶ Do sprak Brun: „Reynke oem, wat ete gy dan?“
Do sprak Reynke: „leue dem, wat hulpe yw dat,
Wan ik yw sede, wat ik ath?
Yd was rynge spyse, dar ik nu by leue;
Eyn arm man en is yo neen greue.
555 Wan wy id nicht konen beteren myt vnsen wyuen,
So mote wy eten versche honnichschyue
Sodane kost ath ik dorch de noed,
Dar van is my de buek so groet;
Ik moet se eten an mynen danck,
560 Dar van byn ik wol half kranck;
Wan ik dat yummer beteren kan,

Wolde iď vmme honnich node vpſtan".

¶ Do ſpraď Brun alzo vort:

„Wanne wanne, wat hebbe iď nu ghehort!

565 Holde gy honnich ſo ſeer vnwerd,

Dat doch mannich myt vlite begerd?

Honnich is eyn ſo ſőthen ſpyſe,

De iď vor alle gheryďte pryſe.

[27ª.] Reynke, helpet my dar by to komen,

570 Iď wyl wedder ſchaffen yuwen vromen".

¶ Reynke ſpraď: „Brun oem, gy holden yuwen ſpot".

Brun ſpraď: „neyn, ſo helpe my god!

Scholde iď ſpotten, dat do iď node"

Do ſpraď wedder Reynke, de rode:

575 „Is dat yuwe ernſt, dat latet my wetten,

Moghe gy dat honnich ſo gherne eten?

Eyn bur wonet hir, de heth Ruſtevyle,

Dat is men eyne halue myle;

By em is ſo vele honnyges, vorſtat my reďt,

580 Gy ſegens ny meer myt al yuwem ſleďt"

¶ Brunen deme ſtaď ſeer dat ſmer,

Na honnige ſtunt al ſyn begher.

He ſpraď: „latet my komen dar by,

Iď denďe des wedder, louet des my.

585 Wan iď my honnyges ſath mochte eten,

So moſtenien my des vele tometen".

¶ Reynke ſpraď: „gha wy hen vp de vart!

Honnyges ſchal nicht werden gheſpart.

Al kan iď reďt nu nicht wol ghaen,

[27ᵇ.] Reďt truwe mod yummer ſchinen vor an,

De iď myt gunſt to yw drage.

Wente iď weed nenen manďt al mynen mage,

Den iď alſus wolde menen;

Wente gy my ſeer wol wedder konen benen

595 Jegen myne vyende vnde yegen ere klage

In des konnynges hoff tom herendage.

Iď make yw noch tauent honnyges ſath,

Dar to van deme beſten, merket dat,

So vele, alſe gy des yummer mogen bregen".]

600 Men Reynke mende van groten ſlegen.

Reynke loech feer vnde fwynde;

Brun volgede em na alfe eyn blynde.

Reynke dachte: „wylt my ghelyngen,

Jt wil di to degen vppet honnichmarket bringen"

605 Se quemen to hant by Ruftevyls thun.

Do vraude fyk feer de bare Brun,

Men des he fyk vroude, dar wart nicht van.

So gheyt yd noch mannygem vnvroden man.

¶ (1) Dre ftucke werden in deffem vorghefechten capittel gheleret. Dat erfte is, dat mannich dum [28ᵃ.] mynfche wert bedrogen van deme lyftyghen fneydygen to mannigen tyden twyerleye wys. Erft, dat de lyftyge bedreger den dummen pryfet vnde louet, ghelyk hir Reynke louet den grouen baren. Tom anderen male, wan men em vor= brynget dat, dar he meyft to gheneget is: alfe den houer= dygen doren myt tytliker ere, den vratygen myt fpyfe vnde drancke, den ghyrygen myt ghelde vnde ghauen, den vnkufchen myt vrouwen. Vnde hir vmme beghynnet Reyneke erft deffen grouen baren to pryfen vnde na der hant vorleydet he ene myt fpyfe, dar he meyft to ghe= neget was, alfe myt honnighe, dat em doch ouel bequam. ¶ (2) Dat ander, dat de poete hir leret, is, dat eyn dor mynfche draden is to plaffe bracht, fo wan he vort louet fchonen worden, der de werlt nu vul is. ¶ (3) Dat drydde, dat men hir fchal merken, is, fo we den quaden ghelouet vnde volget, dat de ynt lefte vnde ok gantz draden wert bedrogen vnde fchendet, fo hir na wert ghe= fecht. ¶ (4) Ot is gheyftliken hir betekent by deme voffe de duuel, de boze gheyft; [28ᵇ.] wente he feer lyftych vnde behende is, vnde eme god to ghelaten heft, dat he den mynfchen bekoren mach, vp dat de mynfche in der bekoringe ouerwynne vnde alfo vmme des wedderftandes wyllen des to grotter lon moghe entfangen in der falicheyt. Vnde de deme bedreger, deme duuel, volget vnde vul= bordet den bekoryngen vnde deyt, alfe eme de fynne to= dreghen, de wert vorloren vnde dar to van deme voffe, deme duuel, befpottet vnde belachet in den pynen der vordomenyffe, gelyk hir Reynke voß den baren to fyneme fchaden befpottede vnde belachede, fo gy horen fcholen.

Alſus gyft vns de duuel vor yſliken, alze he in ſyner
klockheyt merket dat, dar eyn alder meyſt to gheneget is.
De denne wedderſteyt vnde bruket der ghaue des hilgen
geyſtes, dede is de geyſtlike ſtarkheyt, vnde blyft in deme
wedderſtande vulherdich wente in den ende, deſſe wert
ſalich; wente vnſe leuent is hir eyn vechtent vnde eyn
wedderſtant, eyne rybberſchop, alze Job ſecht; de hir nicht
vechtet wedder vndoget, en derff [29ᵃ.] ſyk nener krone
vormoden, vnde volget he der ſynlycheyt, ſo volget he
deme voſſe, de bōzen geyſte, ghelik hir na wert gheſecht
van deme baren.

[Holzschnitt: im hintergrunde ein mit stroh gedecktes bauern-
haus; vorn rechts der bär mit nach dem hause erhobenem
kopfe; links neben ihm Reinke, der ihm zusieht.]

    Wo Reynke myt Brunen, deme baren, ghynck vnde en
leydede, dar he honnich eten ſcholde, dat em ouel bequam.
Wo en Reynke bedroch vnde leet en ſtan beklemmet in
dem bome eſt blocke myt deme houede vnde beyden voeten.
¶ Dat viii capittel.

[29ᵇ.]   DO de auent was ghekomen
610   Vnde Reynke dat habbe vornomen,
    Dat Ruſtevyl, de vorgheſechte bur,
    To bedde was in ſynem ſchur
  Ruſtevyl was van groteme loue
  Eyn tymmerman vnde habbe in ſynem houe
615   Lyggende eyne eke, de he wolde klouen,
  Vnde habbe dar in gheſlagen bouen
  Twey grote kyle, de weren ſeer glat;
  Reynke de voß merkede dat.
  Dat ſulue holt was an eyner ſyd
620   Vpgheklouet eyner elen wyd.
  He ſprak: „horet my, Brun oem!
  Recht hir in deſſem ſuluen boem
  Is honnyges meer, wan gy lōuet;
  Steket dar in wol beepe yuwe hōuet.
625   Nemet nicht to vele, dat is myn rad,

Jw mochte dar anders aff komen quad
Jn huweme lhue, syd des bericht".
¶ Brun sprack: „Reynke, sorget nicht!
Mene gy, dat ick sy vnvrod?
630 Mathe is tho allen byngen gud".
[30ᵃ.] Alsus leet syck de bare beboren
Vnde stack dat houet in ouer de oren
Vnde ock de vorderften voete mede.
Reynke do groet arbeyt bede:
635 He brack vth be kyle myt der haft.
Dar lach de bare ghevangen vaft
Myt houet vnde voeten in der eken;
Em halp wer schelden edder smeken.
He plach to wesen kone vnde starck,
640 Men hir habbe he syn vulle werck.
¶ Sus brachte de neue synen oem
Myt loßheyt ghevangen in den boem.
He beghunde tho hulen vnde to braschen,
Myt den echterften voeten to kraschen
645 Vnde makede alzo groten lud,
Dat Rustevyl myt der haft quam vth;
He dachte, wat dar wesen mochte.
[30ᵇ.] Ja, eyn scharp byl he myt syk brochte
Vp euentur, eft des were noed.
650 Brun lach do in anrfte groed:

[Holzschnitt: im hintergrunde ein bauernhaus, weiter vorn
links ein baumstamm mit einem keil; auf der rechten seite
steht Reinke, ihm gegenüber auf der andern seite des baum-
stammes der begierige bär. Im vordergrunde rechts der
baumstamm, in welchem der bär mit haupt und füssen ein-
geklemmt sitzt, hinter ihm steht Reinke.]

De kloue, dar he in lach, ene kneep,
He brack syk vnde toch, dat he peep.
Men dat was pyn vmme nicht ghedaen,
[31ᵃ.] He vormode syck nummer van dar to ghan.
655 Dat meende ok Reynke vnde sach Rustevyle
Van verne komen myt deme byle.
He reep tho Brune: „wo steyt yd nu?
Eteth nicht to vele, dat rade ik yw,
Des honniges; segget my, yffet ock gud?

660 Jk see, dat ·Rustevyle kumpt hir vth;
    Byllichte wyl he yw bedencken
    Vnde wyl yw vp de maltyd schencken".
    Dar mede ghynck Reynke webber na huß.
    Na syneme slote to Malepertuß.

            ¶ Dat ix capittel.

665 DO quam Rustevyle altohant;
    Den baren he sus ghevangen vant.
    He leep hastygen myt eyneme lope,
    Dar he de bure wuste to hope,
    Dar se helden gestery.
670 He sprack: „komet hastygen myt my!
    Jn myneme houe is eyn bare
    Ghevangen, dat segge' ick yw vorware".
[31ᵇ.] Se volgheden em alle vnde lepen sere;
    Jslyk nam myt syk syne were,
675 Wat he erst krech vth synem werke:
[Holzschnitt: Reinke liegt jenseits eines flusses auf einer
anhöhe im hintergrunde und sieht triumphierend nach dem
im flusse schwimmenden bären, auf welchen vom diesseitigen
ufer ein bauer losschlagen zu wollen scheint. Rechts im
mittelgrunde ein bauernhaus. Vorn wird der im baumstamme
eingeklemmte bär von drei bauern mit heugabel und knütteln
zerbleut.]
    De eyne eyne forke, de ander eyne harke,
    De brydbe eyn speet, de verde eyne rake,
    De vyfte eynen groten tunenstake;
[32ᵃ.] De kerkhere vnde de koster beyde,
680 De quemen dar ok myt ereme gherede.
    De papemeyersche, de heeth vrow Jutte,
    (Dat was de, de de besten grutte
    Konde bereyden vnde koken)
    De quam ghelopen myt ereme wocken,
685 Dar se des dages habbe by gheseten.
    Den armen Brune mede to meten.
    Do Brun horde dat rochte so gruet,
    Dar he lach vp synen voet,

He toch myt pynen dat hôuet vth,
690　Men dar bynnen bleff bekleuen de hud
Bŷ beŷden oren vmme dat hôuet heer.
Ik mene, men sach nů letlyker deer.
Dat bloet em ouer de oren ran;
Al brochte he dat hôuet vth, nochtan
695　Bleuen beŷde voete dar in al vast,
Doch ruckede he se vth myt der hast
Al rasende, eft he were van den synnen
Men nochtan bleuen de klawen dar bynnen.
Dar to dat sel van beŷden voeten.
700　Dat honnich was nicht van deme soeten,
[32ᵇ.] Dar em Reynke, syn oem, van sede.
Eyne quade reyse Brun do dede;
Ja, yd was em eyne sorchlyke vardb:
Dat bloet leep vaste ouer synen bard,
705　De voethe deden em wee so seer,
He konde nicht ghan wer na ebber ver.
¶ Rustevyl quam vnde beghunde to slan:
Se ghyngen en altomalen an,
Al be myt em quemen heer;
710　Brunen tho slande was al er begher.
De pape habbe eynen langen staff;
Wo mannygen slach he eme gaff!
He konde nergen ghan efte krupen.
Se quemen vp en in eyneme hupen,
715　Eyn deel myt speten, eyn deel myt bylen;
De smyt brachte beyde hamer vnde vylen,
Etlyke hadden schuffele, etlyke spaden,
Se slogen en ane alle gnaden;
Alle geuen se em mannygen slach,
720　Dat he syk bebede, dar he lach.
Al slogen se; ja, dar en was neen so klene:
[33ᵃ.] Slobbe myt deme krummen bene
Vnde Ludolff myt der breden nese,
Alber wrebest weren eme bese.
　　　　[Holzschnitt wie 31ᵇ.]
725　He sloch myt syner holten slyngeren,
Gerolt myt den krummen vyngeren

Vnde ſyn ſwager Kuckelrey,
[33ᵇ.] Alber meyſt ſlogen deſſe twey;
Abel Quack vnde dar 10 vrouw Jutte,
730 Vnde Talke Lorden Quacks (de ſloch myt der butte)
Nicht deſſe alleyne, men al de wyue,
De ſtunden al na Brunen lyue;
He moſte nemen al watmen eme brochte.
Kuckelrey makede dat meyſte gherochte,
735 Wente he was de eddelſte van gheborthen:
Vrow Wyllyghetrud vor der kaffporthen,
De was ſyn moder, dat wuſte yderman,
We auer ſyn vader was, dar wuſtmen nicht van;
Doch ſeden de bur vnder malckander,
740 Jd were de ſtoppelmeter, de ſwarte Sander,
Eyn ſtolt man, dar he was alleyn.
Brun moſte ok van mannygem ſteyn
Den worp entfangen vp ſyn lyff:
Se worpen na em, beyde mans vnde wyff.
745 Jnt leſte Ruſtevyls broder her ſpranck,
De hadde eynen knuppel, dycke vnde lanck,
Vnde gaff em int höuet eynen ſlach,
Dat he wer horde edder ſach.
Van deme ſlage entſpranck he myt ſyneme lyff;
[34ᵃ.] Al raſende quam he manck de wyff
Vnde vel manck ſe alſo ſeer,
Dat der vyue quemen int reuer,
Dat dar by was vnde ok ſeer deep.
Haſtygen do de pape reep
755 Vnde was ſcheer half vortzaget:
„Seet, gyndert vlüd vrum Jutte, myn maget,
Beyde myt pelze vnde myt rocke!
Seet, hir lycht ock noch er wocke!
Helpet er alto malen nu;
760 Twey tunne beers, de gheue ik yw,
Dar to afflat vnde gnade groet“.
Sus leten ſe Brunen lyggen vor doet
Vnde lepen haſtygen hen manck de wyue
Vnde hulpen en vth deme water, al vyue.
765 De wyle ſe hir myt weren vorworn,

Kröp Brun int water van grotem torn
Vnde beghunde van grotem we to brummen.
He mende nicht, dat he konde swummen;
Syn andacht was vnde beghunde to dencken,
770 Dat he syk suluen wolde vordrencken,
Vp dat en nicht meer slogen de bure.
[34ᵇ.] Do weddervoer em noch dyt euenture:
He konde noch swommen vnde swam to begen.
Ja, do dyt de bure alle segen,
775 Myt grotem gherochte vnde myt gremen
Spreken se: „wanne, wy mogen vns wol schemen!"
Se hadden dar vmme grote vndult
Vnde spreken: „dyt is besser whue schult;
In vntyd quemen se hir to mate.
780 Seet, he swommet wech syne strate!"
Se segen den block vnde worden des enwar,
Dat dar noch in sath beyde hud vnde har
Van voeten vnde oren; dat was en leeff.
Se repen: „kum wedder, orloze beeff!
785 Hir synt dyne oren vnde hantschen to vande!"
Sus volgede em to deme schaden schande
Doch was he vro, dat he entghynck.
He blökede deme bome, de ene vynck,
Dar he van vöten vnde oren wes leeth,
790 He blökede Reynken, de ene vorreeth.
Dyt was dat ghebeth, dat he do las,
De whyle he in deme water was.
De strom leep snelle vnde vast;
[35ᵃ.] Den dreff he nedder myt der hast
795 Vnde quam in eyner korten whyle
Wyl na bykant eyne myle.
He krop to lande by dat sulffte reuer;
Nymerlde sach yemant bedroueder beer.
He meende synen geyst dar vp to geuen
800 Vnde troste do nicht lenger to leuen.
He sprack: „o Reynke, du valsche creatur!"
Ok dachte he vp de quaden bur,
Dat se en sus hadden slagen tor stupen,
Vnde dat Reynke en heeth so deep in krupen.

¶ Dat x capittel.

805 DO Reynke vos seer wol bedacht
　　Synen om alsus habbe ghebracht
　　Vppet honnichmarket mit quader liste,
　　He leep, dar he welke honre wyste;
　　Der nam he eyn vnde leep ok seer
810 Al nedderwert by deme suluen reuer.
　　He dede syne maeltyd myt deme sulften hoen
　　Vnde ghynck vort, dar he des habbe to don,
[35ᵃ.] Na deme reuer vnde brandt ok tho.
　　He sprack yo vaken: „nu byn ik vro,
815 Dat ik den baren hebbe alsus

　　　　　　[Holzschnitt wie 18ᵇ.]

　　Ghebracht to des Rustevylen hus.
　　It wed, dat desse Rustevyle
　　Heft ok vele der scharpen byle.
[36ᵃ.] Brun was eyn der vyende myn,
820 Nu hebbe ik em dat ghebreuen in.
　　Ik helt en, dat is war, vor mynen oem,
　　Men nu lycht he doet in deme boem.
　　Des byn ik vro in alle mynen dagen;
　　He wert yo nicht mer ouer my klagen.“
825 ¶ De wyle he sus ghynck, de loze wycht,
　　Quam he, der Brun lach, van vnschycht.
　　Do he en sach lyggen alzo,
　　He wart wedder seer vnvro
　　Dar omme, Brun noch leuendich was,
830 Vnde sprack: „o Rustevyl, du slymme dwas,
　　Du arme slumpe groue wycht,
　　Machstu solke spyse nicht,
　　Gud van smake vnde ok wol veth,
　　De mannich gud man doch gerne eth,
835 Vnde was dy so wol ghekomen tor hant?
　　Doch dunket my, he heft dy laten eyn pant.“
　　Sus sprack Reynke, do he sach,
　　Dat Brun sus drouich vnde blodich lach.
　　He wart des vro vtermaten seer
840 Vnde sprack: „Brun om, wo queme gy hir her?

[**36ᵇ.**] Hebbe gy by Rustevyle wes vorgetten?
Ik wylt em gherne laten wetten,
Dat gy hir syd, vnvorholen.
Ik gysse, gy hebben em syn honnich ghestolen;
845 Edder is em dat ock betalet?
We heft yw sus rod vormalet?
Dyt is yw eyne leetlyke sake;
Was dat honnich ock van gudeme smake?
Ik weed des noch meer tome suluen kope.
850 Leue oem, segget yd my, eer ik lope,
In wat orden hebbe gy yw ghelouet,
Dat gy dregen vp yuweme houet
Eyn rod bereyt? efte sy gy abbet?
He heft yw seker na den oren ghesnabbet,
855 De yw de platten heft gheschoren.
Gy hebben seker yuwen top vorloren,
Dar tho dat sel van yuwen wangen;
Ok hebbe gy yuwe hantschen laten hangen".
¶ Do Brun al desse speyen worde
860 To syneme schaden van Reynken horde,
Nicht konde he van pynen spreken;
[**37ᵃ.**] Ock enkonde he dat do nicht wreken.
Vp dat he der worde nicht horde meer,
Krop he wedder in dat reuer.
865 He dreff al myt deme strome nedder.
Sus quam he tor anderen syden wedder
Vnde lach dar krank vnde seer vnvro
Vnde sprack do to syk suluen also:
„Al slogemen my doet, ik kan nicht ghan;
870 Doch moet ik de reyse bestan
Al hen na des konnynges hoff,
Wodoch ik byn gheschendet groff
Van Reynken, dem seer quaden ketyff,
Wente ik nauwe beholden hebbe dat lyff.
875 Dat sulue is em dar to noch leeth,
Desseme quaden deue, de my vorreeth."
He ruckede, he krop myt groter plaghe
Vnde quam to houe in deme verden daghe.

¶ Wo Brun de bare wedder vmme quam to houe seer öuel ghehandelt, klagende ouer Reynken. ¶ Dat xi capittel.

[37ᵇ.]   DO de konnynck dat vornam,
880   Dat Brun sus to houe quam:
     „Is dyt nicht Brun?" sprack he do,
     „Here god gnade, wo kumpt he so?
       [Holzschnitt wie 6ᵇ.]
    Brun vort to deme konnynge sprack:
    „Here, ik klage yw dyt vnghemack.

[38ᵃ.] Ik byn gheuaren, so gy hir seed,
    Wente Reynke my schentlyken vorreeth".
    ¶ De konnynck sprack myt snelleme rade:
    „Dyt horet my to wreken ane gnade.
    Dorste Reynke schenden alsolk eynen heren
890   Alze Brun is, ya, by mynen eren,
    Dar to swere ik by myner krone,
    Dat Reynken dyt schal werden to lone,
    Al dat Brun to rechte begherd.
    So mothe ik nummer dragen swerd,
895   Wo ik dyt sus nicht enholde."
    Do gheboet he beyde yunck vnde olde,
    De in den rad des konnynges horden,
    Syk to bespreken myt korten worden,
    Wo men mochte wreken desse ouerdaet.
900   Do droch ouer eyn de sulueste rad,
    Eft dyt de konnynck sus hebben wolde,
    Datmen anderwerf dagen scholde,
    Vnde dat Reynke queme dar
    Vnde synes rechtes neme war
905   Van aller tosprake vnde klaghe,
[38ᵇ.] Vnde dat Hyntze desse bodeschop drage
    To Reynken, wente he was vrod.
    Desse rad duchte deme konnynck gud.

¶ (1) In dessen iiii vorghesechten capittelen is mannyghe gude lere, sunderlyken sesse. Int erste menet hir de poete, dat eyn vnvorvaren mynsche draben is ghebracht to schaden, so wanner he vort louet schonen worden, dar vaken valscheyt vnder is behuth. ¶ (2) Dat ander, dat desse lere

menet, is, datmen schal schuwen quade selschop; so we den
volget vnde myt den quaden vmme gheit, en is nicht
moghelik, dat de ane schaden efte ane schande efte sunde
van en kumpt, alze Dauyd secht: „Myt den hylghen werstu
hyllych, myt den vorkerden werstu vorkeret"   So ghynck
yd hir Brunen, deme baren. ¶ (3) Dat drydde is, dat
eyn yslyk schal kloek vnde vorsychtich wesen vnde syk vlyt=
lyken höden vor de quaden lyst der bözen, ebber he kumpt
in last, er he syk vormodet, dar he nicht luchtlyken ebber
ane grote vorderffnysse is vth to bryngen. [39ᵃ.] ¶ (4)
Dat verde, dat hir de lerer bewyset, is de spot vnde
hoen, den mannich moed lyden to syneme schaden, nicht
allene hir, men ock hir na, alze hir vor etlyker wegen is
ghesecht: so welk geckaftich mynsche dat honnich, alze desser
werlde ghenöchte, socht vnde der volget, (dat doch men
bedregerye is, wente he nicht en vyndet, dat he socht) desse
wert hir na bespottet in den pynen in der vordomenysse
to syneme schaden van deme vosse, dat is van deme duuele;
wente Dauid heth ok de bözen gheyste vosse vmme des
standes wyllen, wente eyn vos styncket, dat is syne ard,
vnde is vul bedregerye vnde valscheyt vnde anderer velen
vnard; dar vmme sprikt de sulue profete in deme lxii sal=
men manck anderen worden alsus: „De bözen ghan dorch
ere bößheyt in de grunt der erden der vordomenisse, vnde
alle bedregers werden ghegeuen in de ghewalt des swer=
des, alze des scharpen ordels des lesten gherichtes, vnde
entfangen deel vor ere valscheyt in den pynen myt den
vossen, den bözen gheysten". Alsus moste de arme Brun
van [39ᵇ.] synem bedreger vnde vorreder in synen
pynen vnde ok to synem schaden spot lyden van Reynken.
¶ (5) Dat vyfte, dat desse meyster menet, is, dat he
leret dult der yennen, de schaden vnde spot lyden, vnde
syk nicht scholen vorantworden, men swygen, alze hir Brun
dede; he antworde Reynken nicht, do he en bespottede,
men he gaff syk van em, so he best konde. ¶ (6) Dat
seste, dat hir wert gheleret, is, dat eyn here efte eyn
richter nicht schal eynen vorordelen ebber vorrichten, de
vorklaget is, ya ok van velen, er der tyd, dat he nicht
to antworde is, men anderwerff eisschen laten vnde nicht
in hastygem torne ouervallen, alze hir na wert bewyset.

¶ Wo Hyntze de katei wart ghesant van deme konnynge
to Reynken, en anderwerf esschen to daghe vnde en myt
syck to bryngen, vnde wo he voer. ¶ Dat xii capittel.

[40ᵃ.]   Lse de konninck myt synen ghenoten
910   Dessen rad so hadde ghesloten,
       Dat Hyntze de reyse scholde wagen
       Vnde to Reynken de bodeschop dragen,

[Holzschnitt wie 11ᵃ.]

      He sprack to Hyntzen: „merket dyt recht,
      Wai desse heren hebben ghesecht.

[40ᵇ.] Ghaet vnde segget Reynken also,
      Desse heren beden eme to:
      Schalmen em daghen biyddewerff
      Dat schal em syn eyn ewych vorderff,
      Em vnde ok al syneme slechte.
920   Wyl he, he mach dyt merken rechte.
      Al deyt he anderen deren quad,
      Jodoch horet he gherne yuwen rad".
      ¶ Hyntze sprack: „yd ſy schade efte vrome,
      Wat schal ik dnen, alze ik dar kome?
925   Vmme mynen wyllen men doet efte laet.
      Sendet eynen anderen, dat is myn rad,
      Wente ik byn van personen kleyn.
      Brun, de doch groet is gheseen,
      De konde Reynken nicht vorwynnen;
930   In welker wyß schal ik des beghynnen?"
      ¶ De konnynck sprack: „dar lycht nicht an.
      Men vyndet mannygen kleynen man,
      Dar in is wyßheyt vnde lyst,
      De mannygem groten vromde ist.

[41ᵃ.] Al synt gy van personen nicht groet,
      Gy synt doch wol gheleret, wyß vnde vrod"
      ¶ Hyntze sprack: „yuwe wylle de schee!
      Isset, dat ik eyn teken see,
      Is dat to der rechteren hant,
940   So wert myn reyse wol bewant".
      Do he eynen wech van dannen quam
      Vnde to hant sunte Mertens fogel vornam,

He reep: „gud heyl, eddel vogel!
Kere hir her dynen flogel
945 Vnde vlech to myner rechten syde!"
De vogel vloch vnde gaff syne lyde
Vp eynen boem, den he dar vant,
Vnde vloch Hyntzen to der lochteren hant.
Hir wart he seer bedrouet van,
950 He meende, syn ghelucke lege dar an.
Doch dede he, alze mannich doet,
Vnde makede syk suluen beteren moet
Vnde reysede hen to Malepertuß
Vnde vant Reynken vor syneme huß.
955 Sus sprack he to em myt vryeme mod:
[41ᵇ.] „God, dede is ryke vnde gud,
De mothe yw guden auent gheuen.
De konnynck drauwet yw an yuwe leuen,
Kome gy nicht to houe myt my.
960 Of heeth he my seggen hir by,
En kome gy nu nicht to rechte,
He wyl yd wreken in alle yuwem slechte".
¶ Reynke sprack: „syd my wylkomen!
God gheue yw gheluke vnde vromen,
965 Hyntze neue, des gan ik yw wol".
Reynke, dede is der loßheyt vul,
Meende dyt nicht vth hertens grunt,
Men he dachte eynen nyen vunt,
Wo he Hyntzen ok mochte schenden
970 Vnde en so wedder to houe senden.
Reynke heeth den kater synen neuen;
He sprack: „neue, wat wyl ik yw gheuen
To ethen, dat gy hir vorterd?
Dar van wyl ik syn yuwe werd
975 Dessen auent, er wy vns scheyden.
So gha wy denne vnder vns veyden
[42ᵃ.] To houe morgen myt deme daghe,
Wente ik en hebbe manck al mynen mage,
Hyntze, nemant, dar ik my nu
980 Beth to vorlathe, dan to yw.
De vratzyge Brun quam hir seer quad

Vnde tôghede my ſo valſchen rad;
He dúchte my ſyk ſyn to ſtark,
Dat ik nicht vmme duſent mark

985 Den wech myt eme habbe beſtan.
Men, neue, ik wyl wol myt yw ghan
Morgen in dem baghelchyn;
Deſſe rad dunket my de beſte ſyn".

¶ Hyntze antworde vp de word:

990 „Neen, gha wy nu rechte vord
To houewert vnder vns beyden.
De maen ſchynet lychte an der heyden,
De wech is gud, de lucht is klar"

¶ Reynke ſprak: „by nacht to wanken bringet var!

995 Sodanen mochte vns by daghe môthen,
He ſcholde vns ſeer vruntlyk grôten;
Queme he by nachte in vnſe ghemob,

[42ᵇ] He dede vns quad vnde nummer gud".

¶ Hyntze ſprak: „Reynke neue, latet my wetten,

1000 Blyue ik hir, wat ſchole wy ethen?"
Dar vp antworde Reynke alzo:
„Spyſe gheyt hir gantz rynge to:
Jk wyl yw gheuen, nu gy hir blyuen,
Gude verſche honnichſchyuen,

1005 Soethe vnde gud, des ſyd bericht".
¶ „Der ath ik al myn daghe nicht",
Sprak Hyntze, „hebbe gi nicht anders in dem huß?
Gheuet my doch eyne vette muß,
Dar mede byn ik beſt vorwart;

1010 Men honnich wert wol vor my gheſpart".
¶ Reynke ſprak: „latet my weten,
Moghe gy ſo gerne múſe ethen?
Is dat yuwe ernſt, dat ſegget my.
Hir wonet eyn pape negeſt hir by;

1015 Dar ſteyt eyn ſchune by ſyneme huſe,
Dar ſyn ynne ſo vele múſe,
Men vorede ſe nicht vp eyneme wagen.

[43ª] Wo vaken hore ik den papen klagen,
Se doen em ſchaden dach vnde nacht".

1020 ¶ Hyntze ſprak gantz ombedacht:

„Wylle gy don den wyllen myn,
Brynget my, dar de müse syn;
Wente bouen alle wyltbreth
Pryse ik müse, de smecken beth".

1025 ¶ Reynke sprack: „by der truwe myn,
Ik brynge yw, dar so vele müse syn,
Nu ik dat hore vnde merke yd wyß,
Dat dyt vast yuwe ernst is;
Gha wy hen, latet vns nicht töuen!"

1030 Hyntze volgede vp rechten louen.
Se quemen to des papen schune to hant;
De was al vmme van lemen, de want.
De pape hadde de nacht dar beuoren
Eyn van synen hanen vorloren,

1035 Wente Reynke eyn gath hadde broken
Dorch de want; dyt hadde gherne wroken
Des papen sone, de heth Martinet,
Vnde hadde vor dat gath gheseth
Eyn stryck, dar mede he meende vast

[43ᵇ.] Synen hanen to wreken myt der hast.
¶ Reynke wuste vnde merkede dat;
He sprack: „Hyntze neue, recht in dyt gath
Krupet dar in; ik holde de wacht
De wyle gy musen, wente yd is nacht.

1045 Gy werden dar müse by hopen grypen.
Hore gy, wo se van welicheyt pypen?
Komet wedder vth, wan gy syn sath;
Ik beyde yuwer hir vor dessem ghath.
Van auende moghe wy vns nicht scheyden;

1050 Morgen gha wy dan vnder vns beyden
Hen to houe vnse rechten varb".
¶ Hyntze sprak: „mene gy, dat ik sy vorward,
Eft ik hir in krupe? is yd rad?
De papen weten ok vele quad".

1055 ¶ Do sprack Reynke, de loze wycht:
„Synt gy so blöde? dat wuste ik nicht.
Komet, latet vns wedder keren
To myneme wyue, de vns myt eren
Wert entfangen vnde vns ok gheuen

1060   Gude ſpyſe, dar wy wol by leuen
[44ª.] Mogen, al ſynt yd nene múſe".
    Do ſpranck Hyntze int deme huſe
    Vnde ſchemede ſyk, do he deſſe worde

[Holzschnitt: links im vordergrunde Reinke; auf die rechte
vorderpfote stützt er sich, die linke hebt er belehrend empor
zu dem vor ihm kauernden Hinze; neben diesem, mehr nach
vorn rechts, ein steinerner trog (?). Im hintergrunde in
einer talsenkung links eine seite des pfaffenhauses, rechts
die mit stroh gedeckte scheune, in deren schmalseite gegen-
über dem pfaffenhause ein loch mit einer schlinge.]

    Van Reynken in ſpotte alſus horde.
1065   Tohant quam Hyntze ghevangen in be veſte.
    Sus ſchendede Reynke ſyne geſte.

44ᵇ.] ¶ (1) In deſſem vorgheſechten capittel ſynt viii
ſtucke to merkende. Dat erſte is ypocryſerye efte gud=
dunckelheyt manniger, de gherne wyllen ghepryſet weſen
efte louet, vnde benne noch ſyk ſynſen, wo ſe ſyk ent=
ſchuldygen, des ſe doch nicht en menen. ¶ (2) Dat ander,
dat deſſe, de ſyck ſuluen wyß vnde kloek holden, ſynt ot
lychtliken mit pryſen in laſt to bryngen; ghelyk hir is
gheſecht van Hyntzen. ¶ (3) Dat bryddbe, dat dyt capittel
roret, is vnloue efte wyckerye efte touerye, dar neen criſten=
mynſche an louen ſchal; wente myt ghelyke mach be nicht
ſeggen, dat he criſten ſy, bede deyt yegen den hylgen
louen, bede vorbuth alſodanes, alze be heyben plegen to
donde. Wente mannich is, be menet, dat eyn dach meer
ſy vorworpen, wan alze be ander: etlyke lóuen an be
guden holden, etlike an be ſwarten, dúuelſchen kunſt, et=
lyke an ber vogel ſchrey, etlyke an gud ghemóthe, alze
efte em to móte kumpt eyn beer efte eyn vogel efte anber
ſodanes, dar he ſynen louen hen ſtelt; ghelyk hir Hyntze
ſynen louen ſatte tor [45ª.] vorberen hant. ¶ Dar
ſteyt gheſchreuen in ber byblyen in dem erſten boke ber
konnynge van Saul, be vorleeth ben louen der warheyt
vnde leeth ſyk toueren vnde wycken; wo he voer, bat ſteyt
bar ſulueſt. ¶ (4) Dat verde, bat ſyk eyn ſchal beth
holden in webbermob, wan em bat herte van bynnen to
ſecht. ¶ (5) Dat vyſte is, nicht to lóuen allen ſchonen
worden, ſo ock hir vor is geſecht etliker wegen. ¶ (6) Dat

vi, nicht to wanderen efte reyſen des nachtes. ¶ (7) Dat
ſeuede, dat dyt capittel roret, is, dat nicht allene de
groue efte dumme van vorſtande, men ok be dunckelgude,
de ſyk wyß duncket to ſyn, deſſe machmen ynde werden
ok vorleybet vaken dar myt, wannen en vorghyft dat, dar
ſe meyſt to gheneget ſyn, alſe deſſe wylbe kater Hyntze
myt den muſen. ¶ (8) Dat achte is vorrederye; alze
wan eyn vorreber erſt weet den ſyn des, den he wyl
vorraden, vnde en vth heft ghehoret, denne kan he ſyne
vorrederye vullenbryngen des to beth, alze hir Reynke
bede: he vragede erſten vth be grunt ben kater van den
muſen. [45ᵇ.] ¶ (9) Hir machmen ok wol byſetten dat
negede ſtucke, vnde is vnkunde, alzo bat beſſe is geck vnde
vnkloek, de ſyk leth leyden in vmbekande ſtebe, dar be
leydeſman nicht vorghan wyl, alze hir is gheſecht van
Reynken, wo he Hyntzen brachte int ſtryck.

¶ Wo Hyntze de kater vorraden wart van Reynken vnde,
int ſtryck ghebracht, ghevangen myt lozen valſchen worden,
vnde wat em weddervoer. ¶ Dat xiii capittel.

[46ᵃ.] **A**Lze Hyntze quam in dat gath,
    Dar dat ſtryck was gheſath,
    Vnde he des ſtryckes wart gheware,
1070   Do was he in groter vare
        [Holzschnitt wie 44ᵃ.]
    Vnde was do rede ghevangen vaſt.
    He vorſchreckede ſyk ſere myt der haſt
[46ᵇ.] Vnde ſpranck vort, — dat ſtryck leep to.
    Hyntze beghunde to ropen do
1075   Wemodygen, myt eynem drouygen ghelate,
    Dat Reynke dat horde buten dem gate.
    He vroude ſyk vnde ſprack int ſulue hol:
    „Hyntze, moge gy de muſe wol?
    Synt ſe ock ghud vnde vet?

1080 Wuste dat de pape efte Martinet,
      Dat gy syn wyltbret ethen alzo,
      He brochte yw feker fenp dar to;
      Se houeschen knape is Martinet.
      Syngetmen fo to houe, wan men eth,
1085 Alze gy nu doen? fo wolde it dat,
      Dat Yfegrym were int fulue gath
      In fodaner wyfe, alze gy nu fyn,
      So mochte it em dat dryuen in.
      He heft my vaken leyt gheban".
1090 Myt deffen worden ghynck he van dan
      Vnde ghynck nicht alleyne vp deuerye,
      Men ock vp ebrock vnde vorreberye;
      Rouen, morden helt he nicht vor funde.
      He vpfatte ok to der fuluen ftunde,
[47ᵃ.] Vrouwen Ghyremod wolde he foeken do.
      Dar habbe he twey fake to:
      Erft, eft he er ycht konde afffragen,
      Wat Yfegrym meyft vp en wolde klagen;
      Dat ander, he ghynck vp ebrekerye.
1100 Sus makede he olde funde nye.
      Reynke wufte encket vp dat pas,
      Dat Yfegrym to houe was.
      De meyfte hath twyffchen voß vnde wulue,
      So it merke, was yd dyt fulue,
1105 Dat Reynke, de fulue loze beeff,
      Myt der wulfynnen bolerye dreeff.
      ¶ Do Reynke vor ere wonynge quam
      Vnde he fe dar nicht vornam,
      He vant ere kynder vnde fprack in fpot:
1110 „Guden morgen gheue yw god,
      Myne alder leuesten fteffkynder!"
      Dyt weren fyne worde, wer meer ebder mynder.
      Hir myt ghynck he wech na fynem ghewyn.
      To hant quam vrouwe Ghyremod in
1115 In der morgentyd, do yd dagede.
[47ᵇ.] Se fprack: „was hir yemant, de na my vragede?"
      Se fpreken: „ya, hir was recht nu
      Vnfe pabe Reynke; he vragede na yw.

He ſprack, wꜳ weren ſyne ſtefkynder al,
1120 Wo vele vnſer ok is in deme tal".
Do ſprack de wulfynne alzo vorb:
„Dar vor ſchal en ſlan de morb!"
Dꜳt wolde ſe wreken, eſt ſe konde.
Se volgede em in der ſuluen ſtunde,
1125 Se wuſte, wor he plach to ghan,
Se quam bꜳ en vnde ſprack en an:
¶ „Reynke, wat ſynt dꜳt vor worde,
De ik van mynen kynberen horde,
De gꜳ en ſeden openbar?
1130 Dar vor kryge gꜳ eyn quad ꜳar!"
Se was tornich vnde ſeer quad
Vnde tögede em eyn byſter ghelaeb
Vnde taſtede eme vort na beme barbe,
Dat he dat völebe vnder der ſwarbe.
1135 He leep vnde wolde beme torne entwꜳken;
Se begunde em dat na to ſtryken.
Nicht verne lach eyne woeſte borch,
[48ᵃ] Dar lepen ſe beyde haſtygen borch.
Nu machmen horen euentüre:
1140 Dar was eyne tobrokene müre
An eyneme torne der ſuluen borch,
Dar leep Reynke haſtygen borch.
De ſulue broke was ſeer enge,
Dat Reynke bar borch quam mꜳt dwenge.
1145 Ghyremob was eyn ſtarck groet wyff
Vnde habbe eyn groet bycke lyff;
Do ſe er höuet ok in ſtack,
Se toch, ſe ſchoff vnde ſe brack,
Se wolde volgen, men dar wart nicht van;
1150 Se konde wer vorwert ebber to rugge gan.
Do Reynke bꜳt ſach, he nam be krumme
Vnde leep tor anderen ſyben vmme.
Do he ſach, dat ſe ſath ſo vaſt,
He ghꜳnck ſe an mꜳt der haſt.
1155 Se ſprack, he bebe alze eyn broch.
He ſprack: „wat nicht gheſchen is, dat ſche noch."
De heft ſyne ere nicht wol vorwart,

De sus syn wyff myt eyner anderen spart,
Alze Reynke bede, de loze beeff.

[48ᵇ.] Jd was em lyke vele, wat he bedreff.
Do se do loß quam vth deme ghate,
Do was Reynke al wech syne sirate.
Se meende to vorbedyngen er ere,
Men se leet dar der blyuen noch mere.

1165   Van Reynken wyl wy yd nu laten blyuen
Vnde vordan van Hyntzen schryuen.

¶ Wo Hyntze, alze he ghevangen was, wart gheslagen,
gheschendet vnde so loß quam. ¶ Dat xiiii capittel.

D O Hyntze int stryck ghevangen wart,
He reep barmychlyk na syner ard.
Dit horde de vorghesechte Martinet,
1170   De dar dat stryck habbe gheseth.
Hastygen he vth beme bedde spranck;
He reep lude: „gob hebbe banck!
To guder tyd so heft ghestaen
Myn stryck, wente dar is ghevaen
1175   De honredeeff, na myneme wane
Nu wert betalet vnse hane".

[49ᵃ.] He entfengede eyn lycht myt der hast;
Alle dat volk slep gantz vast,
He weckede moder vnde vader

              [Holzschnitt wie 44ᵃ.]

1180   Dar to bat ghesynde alle gader:
„Stat vp, de voß is ghevangen,
Wy wyllen ene wol entfangen".

[49ᵇ.] Se quemen al spryngen, kleyn vnde groet.
De pape suluen ok vpstod,
1185   Eyne loze mantel he vmmehengede;
De papemeyersche vele lychte entfengede.
Dar stunt eyn peekstaff by der want,
Den krech Martinet in be hant;
Hir myt ghynck he ben kater an,
1190   Myt groten slegen wol to slan
Vp syn houet vnde op syne hub,

Vnde sloch ok Hyntzen eyn oghe vth.
Van allen krech he sleghe vel.
De pape habde eynen forkenstel,

1195 Dar myt he Hyntzen vellen wolde.
Do Hyntze sach, dat he steruen scholde,
He was tornich vnde gram.
Dem papen he twysschen de bene quam.
He beeth, he kleyede myt grotem nyd,

1200 He schendede den papen vnde makede em quyd
Nicht al, men dat drydde pard,
Dar van he eyn man gheheten ward;
Dyt spleet he eme vth der hud.
De pape reep seer ouerlud.

[50ᵃ.] He vel tor erden in grote vmmacht.
De meygersche sprack do vmbedacht:
„De duuel heft angherycht dyt spyl!"
Se swor do hastygen vnde vyl,
Al er gud dar vmme to geuen,

1210 Dat dyt vngheual were na ghebleuen;
Ja, se swor, habbe se eynen schath van golde,
Den suluen se dar al vmme gheuen wolde,
Dat sus nicht were gheschendet er here,
Wente se sach ene vorwundet sere;

1215 Ok sach se dar lyggen by der want,
Des he quyd gheworden was to hant.
In des duuels namen weret stryck dar gheset,
Sprack se, vnde sede ok to Martyneth:
„Sych, leue sone, is dyt nicht groet schade?

1220 Dyt is van dynes vaders ghewade!"
Er schade was de grotste, meende se.
In desser klaghe vnde in desseme wee
Wart de pape to bedde ghedreghen.
¶ Hyntze sach, dat se syner vorteghen.

1225 Wo wol he was in groter nod
[50ᵇ.] Vnde wuste nicht anders men den doet,
(Ok was he vorwundet vnde toslagen)
Doch betengede he to byten vnde to gnagen
Dat sulue stryck, dar he lach in;

1230 Eft he syck konde lozen, dyt was syn syn.

Sus ghynck dat stryck in twey stucke.
Dat duchte em wesen groet ghelucke.
He sprack in syck: „hir ysset seer quad.
Bleue ik hir lenger, dat is neen rad"

1235 Vnde spranck hastygen webber vth deme ghathe.
He makede syck webber vp de strate,
De na des konnynges houe hen lach;
Eer he dar quam, was yd lycht dach.
He sprack: „heft my de duuel desse nacht

1240 By Reynken, den bözen vorreder, ghebracht?!"
He quam to houe sere gheschendet,
Dar to myt eynem oghe gheblendet.
To des papen hus habde he entfangen
Vele harde slege an syne thene vnde wangen

1245 Vnde was eynes ogen gheworden quyd.
De konnynck sprack myt torne vnde nyd,
He brauwede Reynken ane alle gnade

[51ᵃ.] Vnde leet vorb vorboben to syneme rade
Syne wysen vnde syne besten baron.

1250 He vragede, wat em best stunde to doen,
     [Holzschnitt wie 6ᵇ.]

Datmen Reynken to rechte mochte bryngen,
De sus besecht ward myt velen byngen.

[51ᵇ.] ¶ Alze alzus vele klage bar ghynck,
Sprack vorb Grymbart de greuynck:

1255 „Gy heren, yd is war, hir is mannich rad.
Al were myn oem noch so quad,
So schalmen doch vrhrecht braghen;
Men schal en drybbewerff vordagen,
Alzemen eynen vryen manne plecht.

1260 Kumpt he dan nicht, so gha dat recht,
So is he schuldich alle der bynck,
De men hir klaget vor deme konnynck".
¶ De konnynck sprack: „we is so soth,
De Reynken bor bryngen dat brybbe both

1265 Vnde eyn oghe heft to vele ebber eyn lyff,
Dat sulue wagen vmme den bözen ketyff,
Ebber sus syne suntheyt hengen in be wage,
Denne noch Reynken nicht konen bryngen to dage?

Nemant is hir, mene ick vorware".

1270 ¶ Do sprack Grymbart openbare:
„Here her konnynck, beghere gy yd van my,
Desse bodesschop drege ick, wo yd ok sy.

[52ᵃ.] Ja, yd sy luetbar effte stylle,
Id gha my dar na, wo yd wylle".

1275 ¶ De konnynck sprack: „so ghaed alzo vorb!
Gy hebben desse klage al wol ghehord;
Nemet myt wyßheyt yuwe berad.
Reynke is loß vnde quad".

¶ Grymbart sprack: „dat sette ick to waghe;
1280 Ick hope en to bryngen myt my to daghe".
Alzus ghynck he na Malepertuß
Vnde vant Reynken in syneme huß,
Syn wyff vnde ock syne kyndere mede.
Dyt weren de worde, de he en sede:

1285 „Reynke oem, ick bede yw mynen groet!
Gy syn yo gheleret, wyß vnde vroet,
My wundert, dat gy dat holden vor spot
Vnde achten nicht des konnynges both.
Duchte yd yw, yd were wol tyd,

1290 (Achtet nicht des gherochtes, dar gy in syd)
Ick rabet, gy myt my to houe komen:
Vortogherent schaffet yw nenen vromen.

[52ᵇ.] Id is war, ouer iw synt vele klaghe.
Gy synt nu drybbewerf esschet to daghe;

1295 Kome gy nicht, gy werden bekacht,
Wente de konninck wert komen myt macht
Vnde vmme beleggen yuwe huß,
Dyt sulue kastel Malepertuß;
Iw, yuwe kynder vnde yuwe wyff

1300 Wert yd alle kosten gud vnde lyff.
Sus moghe gy deme konninge nicht entghan.
Dar vmme so yffet best ghedaen,
Dat gy to houe myt my ghaet;
Wente gy konet noch so mannich quad,

1305 Dat yw lychte wol baten mach.
Iw is wol eer scheen vp eynen dach
So groet euentur, alze dyt mach syn,

Vnde quemen noch wech ane schaden vnde pyn,
Dat gy so lystygen dorch hebben breuen,
1310   Dar huwe webberpart in schanden bleuen".

¶ (1) In deffen ii vorghesechten capittelen werden ghe=
merket negenleye stucke. Dat erste is [53ª.] de hoen
vnde spot, den mannych lyden mod to syneme schaden, be
to plaffe kumpt vnde leth syt vorleyden vnde myt quaber
selschop vmme gheyt, der men nicht ghebetert wert, men
gheschendet; dar ok van is ghesecht hir beuoren vp deme
blade, dar soban tal steyt xxxix; wente Hynze de kater
van Reynken spotworde leeth, do he was to plaffe bracht.
¶ (2) Dat ander is de boßheyt eynes vorreders; wente
de eyns vorreth, de vorreth wol meer, de eynen vorreth,
ya, konde he, he vorrede mere in der suluen vorreberie;
alze hir Reynke sprack, bat he wolde, bat Ysegrym alzo
were by eme. ¶ (3) Dat drydde is de vnedbelheyt vnde
boßheyt eyner funde; wente eyne boetfunde is so böze,
so vro alze se wert ghedaen, so wyl se nicht alleyne wesen,
men se teleth vnde thuet eyne efte vele andere to syk;
alzus hanget de eyne funde by der anderen, ghelyck so
eyne keebe is to hope hangen van velen leben; vnde so
mannyge boetfunde de mynsche beyt, so mannych lnth
maket he be leben lenger vnde vaster, myt welkerer [53ᵇ.]
leben en de buuel int leste bynbet in be ewyghen pyne;
wente nichtes is in der helle, bat be sele pynyget, men
allene be funde. Wente were id sake, bat eyn sele were
in ber hellen vnde bat vp er leghe alle yseren vnde alle
leben, be be werlt heft, efte alle, bat swar wesen mach,
byt alle, were id ok bat gantze ertrike, en konde be sele
nicht beholden in der helle, be ane botfunde were. Were
yb ok mogelyck, bat eyn sele were in deme hemmele myt
eyner botfunde, so is be eyne funde so vnedbel vnde so
swar, bat be sele in eyneme oghenblycke nedbervelle in
be vordomenyffe. Salich is be man, be syk vor bot=
funde höden kan; wente vallet he in eyne, so vorkoft he
syne sele beme buuel, be er benne mechtich wert, vnde
vorplychtyget syk eme vnde vorleth synen heren vnde
synen gob vnde kan der funde nicht quib werden ane
swarheyt vnde ane be hulpe godes vnde is vort gheneget,

mer ſunde to donde, dar mit de duuel de keden vaſt
maket, dar he ene mede dencket to holden ewichliken. Dat
dyt ſus is, wert hir bewhſet van de⸗ [54ᵃ.] me voſſe;
wente do he habbe vorraden, do ghynk he ok up deuerhe
vnde ebrekerhe. ¶ (4) Dat veerde, dat hir de lerer menet,
is beroem; wente nicht allene was Reynke to freden in
velen ſunden, men he makede de keden ſyner boßheyt
lenger vnde vaſter dar mht, dat he ſyk ſyner ſunde be⸗
gunde to beromen, ſunderlyken der ebrekerhe mht der
wulfynnen, in deme dat he ere kyndere heeth ſyne ſteff⸗
kynder. Deſſe ghelyk is mannych, de leth ſyk nicht nogen,
dat he ſchande efte ſunde deyt, men he beromet ſyk der,
dat to malen eyne ſware ſunde is. Vnde ſodane ſundere
ſynt des duuels monnyke, wente ſe ſpreken, dar ſe nycht
ſpreken ſcholen, vnde ſwygen, dar ſe ſpreken ſcholen; wente
id kumpt vaken, dat god ſodanen ſunders nicht draden
edder ſelden de gnade ghft, dat ſe waraftyge bycht ſpreken.
Wente in der bycht kan ſodanen ſunder nicht vele worde
maken vnde dar behoret em to ſpreken ſyne boßheyt. Jd
kumpt ok vaken, dat god alſodanen leth ſtum werden in
ſyneme leſten, alße dat he denne ſyne ſunde [54ᵇ.] nicht
bychten kan darumme, dat he ſyk der beromede vnde de
to vntyden vthſprack vnde beleuede ſe, dar he ſe ſcholde
beſuchten vnde beruwen. ¶ (5) Dat vhfte ſtucke is vns
eyne lere, alzo dat wy dem torne efte deme tornygen
mynſchen ſcholen entwyken vnde nycht eme vnder ogen
kyuen efte ſlan; wan dyt ſchege, ſo bleue vaken dotſlach
vnde mannyges ewych vorderff nà. Dyt wert vns hir
gheleret, dat Reynke de vlucht nam, do he de wulfynnen
tornich ſach. ¶ (6) Dat ſeſte is beſſem vhften wes ghe⸗
lyk; wente mannich is, de mht kyuen, mht ſchelden efte
mht wrekender hant whl ſyne ere beſchermen efte vor
gherychte, wo dat is, vnde hodoch denne ſyk ſuluen meer
berochtyget, dat ſus nableue, wan he buldich were vnde
gheue gode dat gherychte, alze de here in deme ewangelio
vns leret. Wente do de wulffynne mht kyue vnde mit
wrake ere ere wolde beſchermen, der ſe doch nicht vele en
habbe, do erſten wart yd luetbar vnde openbar ere vn⸗
edbelheyt vnde krech dar to eyne ſchande to der anderen;

4*

wo wol yd ere [55ᵃ.] menynge nicht en was, dat se
myt ghewalt vnde myt lyst deß voſſes meer wart ghe=
ſchendet. ¶ (7) Dat ſeuede, dat de poete hir menet, is
andrepende den gheyſtlyken, de buten der rechten gheyſt=
lyken regulen leuen; wente he ſecht hyr van deme papen,
bede habbe eyne meyerſchen vnde kyndere, dat vntemelyk
is in der kriſtene ee, wodoch in der olden ee yd plach to
weſen, dat de preſters hadden echte vrouwen, vnde ok yd
noch is eyne wyſe in der yodeſchen ee, ock mancht den
Greken vnde Rußen, dar ere preſter hebben echte vrouwen
vnde kyndere; dat ſo to louende is, dat deſſe pape ok is
gheweſt eyn van eyner anderen ee vnde nicht van der
kryſtene ee. Des gheliken ſteyt hir beuoren ok van eynem
papen myt ſyner meyerſchen vp deme blade, dar ſodanen
tal ſteyt xxxii, welkere gheyſtliken in der hylghen kryſten=
heyt ſcholen weſen vorgengers der leyen in eyneme vp=
rychtyghen, vnſtrafliken leuende, alze en de here gheleret
heft in deme hylghen ewangelio, dar he ſecht: [55ᵇ.]
„Sic luceat lux veſtra coram hominibus, vt videant
opera veſtra bona et glorificent patrem veſtrum, qui
in celis eſt." Alzus leret de here de gheyſtliken in dem
ewangelio Mathei in dem v capittel vnde ſpricht mancht
anderen worden alſus: „Alzo ſchal luchten yuwe licht vor
den mynſchen, dat ſe ſeen yuwe guden werke vnde erwer=
byghen yuwen vader, de in deme hemmel is". O, wo
quatlyken wyllen de gheyſtlyken ſtaen, bede voren eyn
ſundich, boze leuent, dar ſyk de wertliken vnghelerden
ynne argeren, wan ſe ere quaden werke ſeen vnde denne
ok des to driſtliker ſundigen vnde ſpreken etlike: „ya,
were yd ſo grote ſunde, ſo deden yd de papen nicht".
Wo wol eyn yslyk ſyne egene ſchult mod dregen, ſo en
wyl nemande dat lychtlyck weſen in der vorbomenyſſe, dat
he anderen volget in den ſunden, wowol de gheyſtlyken
meer ſundygen, wan de leyen in ener lyken ſunde; wente
yo hogher grad, ſo deper ghevallen, wan ſe ſundygen,
vnde mothen mer rede gheuen vor andere, de ſyk an ſe
argeren, wan eyn leye. Eyn leye ſchal navolgen den
guden gheyſtlyken mynſchen vnde ok der ghuden [56ᵃ.]
lere der geyſtliken vnde nicht oren bozen werken; ot is

neen leye fo fere plichtich, de geyftlyken to ftraffen, alze
de gheyftliken plichtich fyn, to leren vnde to ftraffen de
leyen vnde en vor to gan in eyneme guden leuenbe, fo
vor is ghefecht. ¶ (8) Dat achte is plage vnde pyne
vor de funde; wente neen gud blyft vmbelont, wo kleyn
yd ot is, fo enblyft ot neyn quad vnghepyniget, wo kleyn
yd is. Ot fchub yd vaken, dat god dat fo vorhenget,
dat eyn wert ghepynighet hir in den lebematen, dar he
mede heft ghefundiget; alze hir wert ghefecht, wo de pape
wart vorwundet vnde fchendet. Ot fcholen de vordomeden
in der helle ewich in den lebematen pynyget werden, dar
in fe hebben ghefundighet. ¶ (9) Dat negede artikel, dat
hir de poete menet, is anbrependе den heren vnde den
richteren, dat fe nemande fcholen ouervallen, wo vele klage
dar ot kumpt, yd en fy dan, dat he fy brewerff gheeffchet
tho rechte; fo hyr is ghefecht van Reynken, den de greuink
to dem dridden male to rechte effchede; dem Reynke ant=
worde, fo hir na volget.

[56ᵇ.] ¶ Wo Reynke deme greuinge antworde, de en
vorbobede vnde eme reeth, dat he myt eme to houe
ghynge. Dat rv capittel.

[Holzschnitt: rechts im hintergrunde sitzt der dachs vor
zwei füchsen links, von denen der eine ihm den kopf zu-,
der andre abwendet. Im vordergrunde rechts liegt demütig
Reinke mit eingezogenen vorderpfoten; auf sein haupt hat
der ihm links gegenüber stehende dachs seine linke vorder-
pfote gelegt.]

[57ᵃ.] DO Grymbart to Reynken dit habbe gefecht,
Sprack Reynke: „om, gy fegget recht.
Id is beft, dat ik kome dar
Vnde mynes rechtes neme war.
1315 Ik hope, de konnink wert my boen gnade:
Ik byn em nutte in fyneme rade;
Dat wed he wol vnde is des wys.
Dyt hatet mannich, de by em is,
Wente de hoff mach ane my nicht ftaen.
1320 Al habbe ik noch meer myßghedaen,
Is, dat my dyt mach befcheen,
Dat ik en vnder de oghen mach feen,

Den konninck, vnde so myt em spreken,
He wert synen torn myt sachtmode breken.
1325 Wo wol de konnynck by syck hab,
De mede ghaen in synen rad,
Dat gheyt em nicht to deme herten in;
Wente se wetten wer rad efte syn.
Alle de rad slut meyst an my.
1330 In wat houe' dat yd ock sy,
Dar konnynge efte heren syck vorsamen,
Darmen subtilen raed schal ramen,

[57ᵇ.] Dar mod Reynke vynden den vunt,
Wo wol my dat wert vorghunt
1335 Van mannigen, den ik des hebbe tovoren.
Des hebben vele van en ghesworen
Myn argeste van den, de dar nu syn.
Dyt sulue bedrucket dat herte myn,
Wente erer is dar mere wan teyne,
1340 Se synt mechtyger dan ik alleyne.
Dyt sulue wyl my meyst vorveren.
Nochtan is beter, dat ik myt eren
My suluen myt yw to houewert make
Vnde suluen ock spreken vor myne sake,
1345 Dan dat ik wyff vnde kynder sus lethe
In angste vnde in vordrete;
So were alle dynck vorloren ghewyß,
Wente my de konninck to mechtich is.
Wan yd ymmer wesen scholde,
1350 So moste ik doen al dat he wolde;
Vnde wan ik dan nicht beth enmach,
So en is nicht beter, dan gud vordrach.

[58ᵃ.] ¶ Wo Reynke orloff nam van syneme wyue vnde
myt deme greuynge to houe ghynck, vnde wo he vp deme
weghe bychtede. Dat xvi ghesette.

[Holzschnitt wie 56ᵇ.]

[58ᵇ.] Reynke sprack: „vrouwe Ermelyn,
Ik beuele yw de kynder myn,
1355 Dat gy der wol war nemen nu.
Bouen alle dynck beuele ik yw

Mynen yungesten sonen Reynardyn;
Em staen syne granken alzo fyn
Vmme syn mületen ouer al,
1360 Jk hope, dat he na my slachten schal.
Hir is Rossel, eyn schone deeff,
Den hebbe ik werlich alzo leeff.
Doet dessen kynderen gud to samen,
Wylle gy mynes wyllen ramen.
1365 Jk dencke des wedder, mach ik entghan".
Myt sodan worden scheyde he van dan
Vnde leet vrouw Ermelyn blyuen to huß
Myt synen tween sones to Malepertuß.
Vmberaden leet he syn huß alzo,
1370 Des was de vossynne gantz vnvro.
¶ Do se so ghyngen eyne kleyne stunt,
Sprack Reynke: „horet my, om vnde vrunt
Grymbart, alder leueste neue,
Van angste vnde sorgen ik beue;
1375 Jk vruchte, ik gha nu in den doet,
[59ᵃ.] Vnde myn berumwynge is so groet
Vmme de sunde, de ik hebbe ghedaen.
Dar vmme wyl ik tor bychte ghaen,
Leue om, hir suluest to dy;
1380 Hir en is anders neen pape by.
So wan ik myne sunde hebbe ghebycht,
Myne sake wert des to arger nicht"
¶ Grymbart sprack: „gy mothen vorlouen,
Dat gy nicht mere wyllen rouen;
1385 Vorrederye vnde alle beffte stellet aff,
Juwe bychte helpet anders nicht eyn kaff'
„Dat wed ik wol", sprack Reynke do,
„Alzus begynne ik, horet wol to:
¶ Confiteor tibi, pater et mater,
1390 Dat ik den otter vnde den kater
Vnde mannyghem hebbe mysßghedaen.
Des wyl ik gherne by bote staen".
¶ De greuynck sprack: „ik vorsto des nicht.
Spreket vp dudesch juwe rechten lacht,
[59ᵛ.] So mach ik dat recht vorstan".

¶ Reynke sprack: „it hebbe myßgheban
Jegen alle beren, be nu leuen,
Vnde byhbde gern, se yb my wyllen vorgeuen.
Wente it ben baren, mynen oem,

1400   Ghevangen brachte in ben boem,
Dar em al blobich wart syn hóuet,
Vnde meer slege krech, wan yennich louet.
¶ Hyntzen leerde it múse vangen,
Vnde bleff so in beme strycke behangen;

1405   Se slogen en bar myt alleme vlyt.
Dar ouer wart he synes ogen quyt.
Dat was myn schult, wo yb ot sy.
¶ Van rechte klaget be hane ouer my:
Jt hebbe em ghenomen syne kynder.

1410   Weren se groter eft weren se mynber,
Jt makebe em ber hummer loß;
Van rechte klaget he ouer ben voß".

[60ᵃ.] ¶ (1) Jn beffen ii vorghesechten capittelen is
to merkende veer stucke. Dat erste be subtyle lystyghe
raeb bes voffes, bar Reynke suluen van secht, bat be
konninck syner nicht kan entberen; efte he wolbe seggen,
yb is nutte ben heren, bat Reynke mebe sy in ereme
rabe; ot eft he wyl seggen, yb sy nutte efte nicht ber
meenheit, Reynke is boch mebe in beme rabe ber heren,
wente be voß wancket nu to begen. ¶ (2) Dat anber
is, batmen sik suluen schal trosten, so men is in sorgen,
be men nicht kan vmmeghaen; so Reynke hir bebe vnde
gaff syt vp be vart. ¶ (3) Dat brybbe is, bat be gerne
vruchtet, be schulbich is. ¶ (4) Dat verbe is vns eyne
lere, bat eyn yslyk, be in vruchten is, bat be schal bichten
vnde beruwen syne sunde vnde be vullenkomen vthspreken
myt aller vmmestanbicheit, so be syn ghescheen, wobboch
ib van noben is allen vnde eynem ysliken cristenen myn=
schen, be to synen vorstentliken yaren komen is, alle tyb,
bat is to velen tyben, lutter bicht spreken schal. Men
wan sus vorsumynge efte vortogeringe schege, [60ᵇ.]
so schalmen boch meyst benne lutter bicht bon, so wan
eyn is in vruchten.

¶ Wo Reynke vorban bychtet etlike syne myssedaet,
sunberliken, wo he ben wulff vaken heft bebroghen.   Dat
                    xvii ghesette.

DE konnynck en is my nicht entghaen,
  Ik hebbe em vaken schande gheban",
1415 Sprack Reynke, „vnde ok ber konnyginnen,
   Dat se spabe myl vorwynnen;
Se synt beybe gheschendet by my.
Noch hebbe ik bar to, bat segge ik by,
Isegrym ben wulff gheschendet myt vlyt,
1420 Dat al to seggen neme vele tyb.
He is nicht myn om, wol heet ik en so,
He horet my altes nichtes to.
Jb gheschach eyns, bes is wol ses yar,
He quam to my to ber Elemar
1425 In bat kloster, bar ik was
Begheuen vp bat sulue pas.
He bath, bat ik em helpen scholbe,
[61ᵃ.]Wente he bar ok monnyck werben wolde.
  He meende, bat were van synen byngen,
1430 Vnbe beghunbe myt ber kloken to klyngen;
Dat lübent buchte em wesen so soethe.
Ik leet em bynben beybe vöthe
An ben klockreep na syneme wyllen,
Vp bat he synen lusten mochte styllen
1435 Vnbe bat lübent wol mochte leren.
Men byt quam em to klenen eren;
Wente he lubbe so sere vtermaten,
Dat alle bat volk by ber straten
Weren alle in groter vare.
1440 Se meneben, be buuel were bare,
Vnbe lepen, bar se bat lübent horben;
Vnbe eer he konbe in korten worben
Seggen: ‚ik wyl my hir begheuen',
Habben se em vyl na ghenomen syn leuen.
1445 He bath my, bat ik en scholbe·eren
Vnbe bat ik em lethe eyne platten scheren;
Dar suluest to ber Elemar

Leet it em affbernen bouen dat haer
So seer, dat em de swarde kramp.
[61ᵇ.]Baten krech he van my ben ramp.
¶ Jt lerde em vhssche vangen vp eynen dach,
Dar he ok entfenck mannygen slach.
Jt leydede en eyns in Gåleker lant
To eynes papen hus seer wol bekant;
1455 Dar suluest en was neen pape ryker.
Desse habbe eynen langen spyker,
Dar mannych specksyde ynne lach,
Dar he entfenck mannygen slach;
Dar to was in deme spyker noch
1460 Versch sles ghesolten in eynen troch.
Jsegrym brack dorch de want eyn gath,
Vp dat he flesches mochte ethen sath.
Jt heeth en vry krupen dar in,
Jk wolde en schenden, dat was myn syn.
1465 He ath so vele vthermathe,
Dat he vth deme suluen ghathe
Nicht komen konde, dar he in quam,
Dat em syn grote buek benam.
Do moste he klagen solk ghewyn;
1470 Wente dar he hungerich sus quam in,
[62ᵃ.]En mochte he sath nicht komen vth.
Jk ghynck vnde makede groet gheluth
Jn dat dorp vnde groet gherochte,
Vp dat ik en to plaffe brochte.
1475 Jk leep, dar de pape sath
Ouer tafelen vnde ath,
Vnde vor em stunt eyn kappon
Ghebraden, eyn so vetten hon.
Jk sprank to myt ber hast
1480 Vnde nam dat hoen vnde leep do vast.
De pape makede groet gherochte,
He leep my na, al dat he mochte;
Vnvorwarynges he vmmetoch
De tafel, dat se henne vloch.
1485 Dyt schach al an synen banck;
Dar lach spyse vnde branck.

He reep: ‚fla, warp, vange vnde fteck!'
Do vel de pape in den dreck.
Al de dar quemen, de repen: ‚fla!'
1490 It leep vor vnde fe my dat na.
Des volkes wart vele in deme tal,
De myn argefte meenden al.

[62ᵇ.] De pape dat grotfte rochte dreff,
He reep: ‚we fach he konre deeff?
1495 He nam my dat hoen, dar ick fath
Quer tafelen vnde ath.'
So lange leep ick vp dat pas
Wente vor den fpyker, dar Yfegrym was;
Dat hoen leet ick vallen dar,
1500 Wente yd was my alto fwar;
An mynen banck mofte ick yd laten
Vnde leep do hen myne ftraten.
Id was noth, dat ick wech quam.
Vnde do de pape dat hoen vpnam,
1505 Heft he Yfegryme vornomen
Vnde al, de myt em weren ghekomen.
Do reep he lude: ‚vrunde, flaet!
Hir is eyn wulff, noch eyn deeff quad.
Lathe wy 'en lopen, des hebbe wy fchande
1510 In alle deffeme Güleker lande.'
Yfegrym dachte, wat he konde;
Ja, dar entfenck he mannyghe wunde.
Se makeden alzo groten lub,
Dat alle de buren quemen vth;
[63ᵃ.] Se flogen en, dat he lach vor doet.
Nemerlde quam he in folke noet.
De dyt vp eyn laken malede,
Wo he des papen fpeck betalede,
Noch fcholde dat gantz felfen laten.
1520 Do worpen fe Yfegrym vp de ftraten;
Se flepeden en dorch ftruck, dorch fteen,
Neen leuent wart in em ghefeen.
Se worpen en in eyne vnreyne kule,
Wente he ftanck grefeliken vule;
1525 He habbe fyk van groten fleghen

Beschetten vnde bevulet alderweghen.
Se meneden alle, he were doet.
In sodanen slegen vnde noed
Vnde in alsodaner vmmacht

1530 Lach he dar de gantzen nacht
Alze eyn recht armer wycht.
Wo he wech quam, des weed ik nicht
Vnde weed des neen encket bescheed.

¶ Dar na swor he my eynen eyd,

1535 Syne hulde eyn yar vmmen trent;
[63ᵇ.] Men dat enwas nicht vele bewent.
Dar vmme he my swor, was dat:
Jk scholde em honre maken sath.
Vp dat ik en echt mochte beschalken,

1540 Sprack ik van eyneme hanenbalken,
Dar seuen honre vp to sytten plegen
Vnde eyn hane, wol veth tho begen.
Do ik en dar habbe ghebracht,
Do was yd eyne stunde na mytnacht.

1545 Dar was eyn venster vpghestuth;
Jk dachte, dat scholde my komen to nuth.
Jk dede, wo ik wolde krepen dar dore,
Men Ysegrym moste krepen vore.
Jk sprak: ,krupet men vry dar in,

1550 Wente dede wyl hebben ycht ghewyn,
De mod dar yo wes vmme doen;
Sus kryghe gy braden eyn vetten hoen.'
He krop in wol halff in vare
Vnde ghynck tasten hir vnde dare.

1555 Do swor he dure by syner ere:
,Wy syn vormeldet, dat vruchte ik sere.
Hir vynde ik van honren nicht eynen bytten.'
[64ᵃ.] Jk sprak: ,de hir vore plegen to sytten,
De hebbe ik vuste wech ghenomen.

1560 Men wylle wy schaffen vnsen vromen,
Wy moghen nicht vorbroten syn
Vnde mothen deper krepen in.'
De balke was smal bouen der dore,
Dar wy vp kropen; men he was vore.

1565   De wyle he sus de honre sochte,
       Sach ik, dat ik en hönen mochte:
       Ick krop to rugge wedder vth,
       Dat venster vel to ouerlud,
       Do ick de stutteklyncken loßbrack.

1570   Dar van Ysegrym so sere vorschrack,
       Dat he vel eynen swaren val
       Van deme balken, wente he was smal.
       Se worden vorveret, de dar slepen;
       De by deme vúre legen, se repen;

1575   Dat dorch des hogen vensters gath
       Ghevallen were, se wusten nicht wat.
       ¶ Se stunden vp vnde entfengeden lecht.
       Do se en segen, dar wart he echt

[64ᵇ.] Gheslagen, vorwunt wente in den doet.

1580   Ik hebbe en ghebracht in mannyge noet,
       Meer wan ik nu kan nomen;
       My wundert, dat he noch is entkomen.
       ¶ Noch hebbe ik ok' dat bedreuen
       (Ik wolde, dat yd were na ghebleuen)

1585   Myt syneme wyue, vrouwen Ghyremod,
       Dar er vnere van entstod,
       Vnde lancksem dat schal vorwynnen.
       See, dyt ysset, dat ik van al mynen synnen
       Vnde vp desse tyd kan bedencken,

1590   Dat myne sele mochte krencken.
       Vp dat myn sele kryge quyteren,
       So bydde ik seer vmme absolueren,
       Vnde settet my, dat yw duncket gud."
       ¶ Grymbart was lystych vnde vroet.

1595   He brack eyn rys by deme weghe
       Vnde sprack: „om, nu slaet yw dre sleghe
       Vp yuwe hud myt desseme ryse
       Vnde legget yd dan, dar ik yw wyse,

[65ᵃ.] Vnde sprynget dar drewerf ouer her

1600   Sunder strumpelen ouer dwer.
       Denne kusset dat ryß sunder nyd
              [Holzschnitt wie 56ᵇ.]
       In eyn teken, dat gy ghehorsam syd.

Deſſe penitencie ick yw ſette;
Hir myt ſy gy van alre ſmette

[65ᵇ.] Quyd vnde van allen ſunden,
De gy ye deden vor deſſen ſtunden;
Wente ik vorgheue ſe yw alle,
Wo vele der ok is in deme talle".
¶ Dyt bede Reynke an alle vorbreet.

1610   Do ſprack Grymbart: „om, nu ſeet,
Dat gy yw beteren myt guben werken;
Leſet yuwe ſalmen vnde ghaet tor kerken,
Vaſtet be rechten ſetteben tyd,
Vyret be hylgen baghe myt vlyt,

1615   Troſtet be krancken in alle yuwen bagen,
Wyſet be to weghe, be bar na vragen.
Juwe almyſſe ſchole gy gerne geuen
Vnde vorſweren yuwe boze leuen,
Alze rouen, ſtelen vnde vorraben;

1620   So kome gy ane twyfel to gnaden".
¶ Reynke ſprack: „ik wyl myt vlyt
Dyt wyllygen boen al myne tyd".

¶ (1) In beſſem vorgheſechten langen capyttel [66ᵃ.]
ghyfft vns be poete vor achteleye ſtucke. Dat erſte is an=
brepende ben vntruwen benſtluben, alle be in benſt is
efte in truwer hulbynge eynes heren, he ſy vnber wat
heren ebber in wat benſte, he ſy ryke efte arm. Vnbe
byt menet he bar, bar Reynke ſecht, bat he heft ghebaen
vntruwe vnbe ſchanbe ſynem heren, beme konnynge, vnbe
ber konnyngynnen. ¶ (2) Dat anber, bat hir wert ghe=
roret, is eyne lere, bat nemant vulbon ſchal ſyner ſyn=
lyken luſt; wente be ſo wyl leuen, alze em be ſynlyke
luſt toſecht, be is eyn anbeber ber affgobbe, in beme bat
he ſyn lyff holt leckerlyken na allem ſynlyken wyllen, alze
eyn beeſt, be heft ſynen lycham vor ſynen gob vnbe leuer
wan gob vnbe voebet ſynen vyent vnbe mob ſyk vor=
moeben groter ſleghe hyr na, ghelyck beme wulue, be van
luſten lübbe be klocken. ¶ (3) Dat brybbe, bat hyr be
poete menet, bar he van beme wulue ſecht, bat he ſo
vele ath, bat he vth beme ghathe nycht webber konbe
tomen ſath, bar he hungerych in quam, [66ᵇ.] barby

ſyn to vorſtande alle de, dede komen by eyn leen eſte
prouene, voghedye, eſte wat yd ſy, dar rente eſte vordeel
to boren is, edder ok eyn ander ghyryger, de wes to
hope ſleyt, vnnochſam edder ane nôghe, vnde alleyne ſyn
ghewyn ſocht vnd⸗ ſyne bathe, vnde nycht der meenheyt.
Deſſe vmbarmhertigen alle werden hir vorſtan by dem
gyrigen wulue, wente ſe komen in eyn gath hungerich,
dat is in einen ſtad, id ſy gheiſtlik eſte wertlik, vnde den
hunger eſte de begherlycheyt des leens eſte prouen en
keren ſe nicht to der begherynge vul to don vor de
prouene, alzo dat ſe nicht en hungeren de rechtferdicheyt
vnde de ſalicheyt eres euenmynſchen, ſo en de here heft
gheleret in deme hylghen ewangelio, dar he ſecht: „Beati,
qui eſuriunt et ſitiunt iuſticiam, non pecuniam terre-
nam, ſicud cupidi, non voluptatem carnalem, ſicud
voluptuoſi, non potenciam ſecularem, ſicut ſuperbi;
iſti enim non ſvnt beati.“ Alzus is nu mannich in
eyneme ſtate, ſo vor gheſecht is, vnd belaſtet ſyne ſele ſo
ſeer myt tytliken goderen vnde ſleyt to hope, help recht,
[67ᵃ.] help krum, vnde belaſtet ſyk alzo, dat he nummer
eſte ſelden vth deme ghate der ſunden kumpt; wente ſo
lange, dat he ouervallen wert in der ſtunde ſynes dodes
van ſynen vyenden, den bozen geyſten, de en denne han-
delen vnde ſlan ane gnade vnde werpen en in de kulen
der vordomenyſſe, dar ere tydkortynge is wenent der
oghen vnde klapperent vnde knyrſynge der tenen; dar
mod he denne betalen, wes he denne to vnrechte heft
edder ſus vnwerdichlyken edder ane barmhertycheyt to den
armen heft beſeten. Dat mannich ſus wert belaſtet, be-
tueget de warheyt des hylgen ewangelii van deme ryken
manne, de in de helle wart begrauen, vnde Lazarus, de
hir arm was, in Abrahammes ſchoet ghevoret van den
engelen. Nicht en ſteyt in deme ewangelio, dat de ryke
man rouede eſte ſtal eſte mordede, men dat he lecker-
lyken leuede in eten vnde drynken vnde weken klederen
vnde dat he nene barmhertycheyt dede deme armen Lazaro.
Hir myt wart he belaſtet vnde is gekomen in de hande
ſyner vyende vnde kan nummer meer to [67ᵇ.] ewygen
tyden betalen eſte krygen eynen dropen waters ſyne tungen

mebe to leſſchen, be em wert ghepynighet, wente he in
der ſunbigebe. Hir vmme is yb rad, be belaſtet is myt
vntemelykem rykebom efte vnrechtem gube, bat be vth=
vorkeſe eynen kloken bychtſaber vnbe ſyk der laſt entlab=
bighe. Vnrecht gub ſchalmen dem ſuluen tokeren, beme
yb is affghetogen; kanmen be nicht hebben, ſo horet yb
ben rechten negeſten eruen; kan men be al nicht hebben,
ſo horet ib ben armen na rabe eynes wyſen bychtſabers.
Vor alle ſunbe machmen bothe ſetten ane allene vor vn=
recht gub, bat mob men webber geuen, ſo vern men bat
heft vnbe vormach, quia peccatum non bimittitur, niſi
ablatum reſtituatur. Wes eyn nicht vormach, bat vor=
mach gob, wente gob en wyl neyn vmmogelycheit van
vns. Gob kaſtiet vaken ſyne leffhebbers vnbe ſyn volck
borch boze vmmylbe voghebe efte heren efte anbere vor=
weſers; vnbe bat is vmme mannygerleye ſake wyllen, boch
be meyſte ſake ys vmme ber ſunbe wyllen; ſo wan ſyk
[68ᵃ.] benne be meenheyt beteren in beme kummer vnbe
ropen gob an, ſo is be almechtyge gob ghelyk eyneme
vaber, be ſynen kynberen wyſet be robe vnbe ſe ok bar
mebe ſleyt; vnbe wan ſyk benne be kynbere beteren vnbe
bon ben wyllen bes vabers, ſo brycht he be roben entwey
vnbe werpt ſe int fuer vnbe heft be kynber lyke leff. By
ber roben is betekent eyn vmmylbe boze vorweſer eynes
landes efte ſtab; be is be robe, bar gob almechtich mebe
tuchtyget vnbe ſleyt ſyne kynber, be ſyk vth beme bwange
beteren in ben ſunben vnbe bekennen, bat gob ſe recht=
ferbighen tuchtighet; vnbe wan gob benne ſueb be be=
terynge ſynes volkes, ſo brycht he be robe entwey vnbe
werpet ſe int für, bat is, he nympt van hir ben vmmylben
vorweſer vnbe werpet ſyne ſele int fuer ber hellen. Ok
kumpt yb vaken, bat eyn ghyrich vorweſer kumpt in be
hanbe ber yennen, ben he bat er heft affgheſchattet, vnbe
benne varen ſe myt em alze hyr be bure myt beme wulue
et cetera. [68ᵇ.] ¶ (4) Dat veerbe, bat hir wert ghe=
roret, is vorreberye, ſo eyn ſobanen ghyrich vaken wert
vorraben van ſynem egenen mebekumpen; ſo hir Reynke
Yſegryme bebe, van welker vorreberye vele ſteyt in beſſem
boke. ¶ (5) Dat vyffte is beſſem verben ghelyck, men

ḥir en frech be wulf nicht to etḥen, men ſlege; bo ḥe int
venſter trop, betetent mannḥgen, be ſwar arbeyt vnbe ar=
beyt beyt, wes gubes to trygen myt vnrechte, vnbe bes
nummer trycht efte brutet, yoboch in nob bar vmme tumpt
beyde ber ſele vnbe bes lyues. ¶ (6) Dat vt, bat ḥir
be lerer menet, is be vorleſinge eynes guben rochtes vmme
efte myt ſlymmen ſunben, vnbe nummer webber tumpt
in eyn gub rochte, alze Reynte ḥir ſecht van ber wul=
ſynnen, bat be lanctſem be ſchanbe ſchal vorwynnen.
¶ (7) Dat ſeuebe is eyne lere, botḥe vnbe penytencyen
othmobichliten entfangen vnbe ḥolben. ¶ (8) Dat achte
is eyne lere ben buchtfabers, bat ſe ben ſunber ſcholen
troſten vnbe leren be ſunbe to ſchuwen.

[69ᵃ.] ¶ Wo Reynte myt Grymbart, beme greuynge,
vortgeyt na bes tonnynges ḥoff vor eynem tloſter ouer.
                    Dat rviii gḥeſette.
[Holzschnitt: im hintergrunde klostergebäude, umgeben von
einer mit einer durchfahrt versehenen mauer; rechts eine
scheune. Vor dem kloster vier hühner. Im vordergrunde
links Reinke mit rückwärts geschlagenem halskragen und
nach den hühnern gedrehtem kopfe; von rechts auf ihn zu-
schreitend Grimbart, neben dem vier gänse. — Verkleinerter
nachschnitt eines holzschnitts in d.]

[69ᵇ.] DO Reynte ſyne bote habbe vullenbracht,
        So ḥir vor is gḥeſacht,
1625   Do gḥynct ḥe ḥen to ḥoue wert,
        Ḥe vnbe ſyn buchtvaber Grymbart.
        Se quemen vp eyn ſlychten ſant;
        Dar lach eyn tloſter tor rechten ḥant,
        Dat ḥorbe geyſtliten nonnen to,
1630   De gobe beneben ſpabe vnbe vro.
        Se ḥabben vele ḥanen vnbe mannich ḥoen,
        Vele genze vnbe ot mannygḥen tappon,
        De vaten buten ber muren weren;
        De plach yo Reynte to viſiteren.
1635   Dar vmme ſpract ḥe bo alzo:
        „Recht na beſſem tloſter to
        Lycht vnſe rechte ſtrate ḥen“.
        Ḥe menebe be ḥonre, bat was ſyn ſyn,

                                                5

Wente se ghyngen dar buten dem schure
1640 Vmme ere weyde by der mure.
Synen bychtfader leyde he myt syk dar.
Tohant wart Reynke der honre war,
Syne oghen beghunden eme vmme to ghaen.
Buten den allen ghynck eyn haen,
[70ᵃ.] De veth was, groet vnde yunck;
Na deme gaff Reynke eynen sprunck,
So dat em de vedderen stöuen.
Grymbart swor by syneme louen:
„Vnsalyghe om, wat wyl gy doen?!“
1650 Sprack he, „wyl gy wedder vmme eyn hoen
In alle de groten sunde ghaen,
Dar gy de bycht van hebben ghedaen?
Dat mach wol syn seltzene ruwe“.
Reynke sprack in rechter truwe:
1655 „Dat dede ick in dancken, leue neue.
Byddet god, dat he my dat vorgheue;
Ik wylt nicht meer doen vnde gerne laten“.
Do kerden se wedder tor rechten straten
Den wech ouer eyne smale brugge.
1660 Wo vaken sach Reynke ouer rugge
Wedder hen, dar de honre ghyngen!
Dar van konde he syk nicht bedwyngen.
Haddemen em syn höuet affgeslagen efte togen,
Jd hadde na den honrenwert gheulogen.
1665 ¶ Grymbart sach wol dyt ghelaet.
[70ᵇ.] He sprack: „o Reynke, vnreyne vraet,
Wo lathe gy yuwe oghen vmme ghaen!“
Reynke sprack: „om, dat is mysghedaen,
Dat gy myt yuwen vorlopenden worden
1670 My sus vth myneme bede vorstorben.
Latet my doch lesen eyn pater noster
Der honre selen van deme kloster
Vnde ock den gansen, en al tho gnaden,
Der ick gantz vele hebbe vorraden,
1675 De ick dessen hylgen nunnen
Myt myner lyst hebbe affghewunnen“.
Grymbart swech, men de vos Reynart

Habbe nummer dat hduet to den honren wert,
Wente dat se quemen tor rechten straten,
1680 De se to voren habben ghelaten.
To hant wart Reynke seer bedrduet,
Meer wan yennich rechte lduet,
Do he sach den hoff, des konnynges pallas.
Dar he int hogeste vorklaget was.

[71ᵃ.] ¶ (1) In deſſem vorgheſechten capittel werden
vyff ſtucke ghemerket. ¶ Dat erſte is de vlytyge ſorch=
folbicheyt, de eyn yſlyck behouet na der bycht, ſyk to be=
waren vor webberinval in ſunde; wente de dre vyende
rauwen nicht to like, alze de duuel, de werlt vnde vnſe
egen fles: yſſet, dat de eyne rauwet vnde vns nicht en
bekoret, de ander de rouwet nicht. ¶ (2) Dat ander, dat
hir de lerer menet, is, dat men ſchal myden weghe vnde
ſtede vnde perſonen efte andere ſelſchop, dar he ebber
myt den he vyflychte vebber to den olben ſunden komen
mochte, alze Reynke hir nicht en mydede den wech na
deme kloſtere, dar he ſere wart bekoret. ¶ (3) Dat drydde,
dat hyr de poete menet, is ypocriſerie, dat is, ſchalkheyt
vnde boßheyt to bedecken myt eyner ghefynſeder hyl=
lycheyt, ghelyk hir Reynke dede, do he ſede, he bedede vor
de ſelen der honre vnde genze. ¶ (4) Dat verde is, dat
mannich ſunder ſyne ſunde bichtet vnde dar bote vor ent=
fanget, men de ruwe is in em nicht warhaftich; wente
etlyke ſyn, de bichten ere ſunde vnde entfangen bothe dar
vor, men ſe beleuen [71ᵇ.] noch etlyke vorgangen ſunde
vnde hebben nene waraftyghe ruwe vor alle vnde ſeen
to rugge, ſo Reynke hyr bede na den honren. Nicht en
is de gheſchycket dar to, dat he kryghe vorgheuynge ſyner
ſunde van gode, dem noch etlyke ſunde beleuen; wente de
ſued tho rugge, alze Reynke bede. Van deſſen ſecht de
here in deme hylgen ewangelio, alze ſunte Lucas beſchryft
in deme ix capittel alſus: „De ſyne hant lecht an den
ploch vnde ſued to rugge, de en is nicht gheſchicket, dat
he moghe ghan int ewyge leuent‟; dar de here mede
menede, ſo vor is gheſecht van beleuynge etlyker ſunde
in eyneme botſamen leuende.

¶ Wo Reynke kumpt in den hoff vor den konninck, deme
he otmodichlyck tonyget, vnde vyndet dar welke, de ouer
en klaghen.   Dat ziz capittel.

[72ᵃ.] DO in den hoff dat was vornomen,
        Dat dar Reynke was ghekomen,
        Al de dar weren, groet vnde kleen,

[Holzschnitt: auf einer bodenerhebung links sitzt der löwe,
mit der krone und dem königsmantel angetan; in der rechten
hält er das szepter, die linke erhebt er drohend. Vor ihm
der reihe nach der bär, der kater liegend, der hahn, der
wolf. Weiter im hintergrunde mehr rechts auf einer anhöhe
knieen mit eingezogenen vorderpfoten Grimbart und Reinke,
letzterer mit zurückgeschlagenem halskragen. — Verklei-
nerter nachschnitt eines holzschnitts in d.]

[72ᵇ.] Begerden alle Reynken to seen.
        Dar weren nicht vele in deme daghe,
   1690 Se hadden ouer Reynken sunderlyke klaghe.
        Dat duchte Reynken nicht vele van werde;
        Des bede he alze de vnvorverde.
        Myt syneme ome, deme greuynck,
        Dryftichlyken he so vor syck ghynck
   1695 Tzyrlyken dorch de hogesten strate,
        Alzo modich van ghelate,
        Efte he were des konnynges sone
        Vnde eft he nemande vp eyne bone
        Edder sus nemande hadde myßghedaen.
   1700 Vor Nobel den konninck ghynck he staen
        Manck de heren in den pallas
        Vnde helt syck beth, wan eme was.
        ¶ He sprack: „ebbele konnynck, gnedyge here,
        Dorch yuwe ebbelheyt vnde dorch yuwe ere
   1705 Jk bydde, dat gy my horen to recht.
        Jb en hadde ny here so truwen knecht,
        Alze ik yuwer vorstlyken gnaden byn,
        Wo wol dat der vele hir syn,
[73ᵃ.] De my yuwe fruntschop menen berouen
   1710 Myt loggen, wan gy en des wolden louen.
        Men yuwe rad is vroet, erst vnde lest;
        Gy louen nicht draden, dat is dat best,

Wat yw deſſe valſchen alle vore leſen
Myt leghen vnde dregen in mynem affweſen.
1715 Se hathen, dat ik yuwe beſte mene
Vnde yw alle tyd truwychlyken dene."
¶ De konnynck ſprack: „ſwyget, latet aff!
Juwe ſmekent helpet yw nicht eyn kaff.
Juwe vndaet wert yw nu vorgolden,
1720 Wo gy den vrede hebben ghebolden,
Den ik gheboet vnde hebben gheſworen.
Hir ſteyt de hane, de heft vorloren
Syn ſlechte; o, valſche vntruwe deeff,
Dat gy vele ſeggen, gy hebben my leff,
1725 Dat hebbe gy in deme laſter myn,
Vnde is an mynen lüden wol ſchyn:
[73ᵇ.] Arm man Hyntze vorloß ſyne ſunt
Vnde Brun is noch ſyn houet vorwunt.
Ik wyl yw nicht vele meer ſchelden,
1730 Men yuwe hals ſchal des entgelden.
Hir ſynt vele klagers vnde ſchynbar daet;
Dyt alle wyl yw weſen quaet."
¶ „Gnedighe here", ſprack Reynke, „wat ſchadet my
Eft Brunen noch blodich is ſyne platte?   [batte,
1735 Wor vmme was he ſo vormeten
Vnde wolde Ruſtevylen ſyn honnich ethen,
Vnde em de bur laſter an deden?
Brun is yo ſo ſtark van leden!
Is he gheſlagen efte vorſproken,
1740 Were he gud, he haddet ghewroken,
Eer he quam in dat water.
Echter ok mede Hyntze de kater,
Den ik herbergede vnde wol entfenck,
Vnde he do vth vmme ſtelen ghynck
1745 To des papen hus, ſunder mynen raet,
Vnde em de pape dede quaet —
Seker, ſcholde ik des entgelden
[74ᵃ.] Vnde ik dar vmme lyden ſchelden,
Dat were to na yuwer vorſtliken kron.
1750 Doch wat gy wylt, dat moghe gy doen
Vnde alzo ghebeden ouer my,

Wo gud vnde klar myne fake ok fy.
Gy mogen my vromen, gy mogen my fchaben,
Ja, wyl gy my feden efte braden,
1755 Hangen, koppen efte blenden,
Jo byn ik in huwer gnaden henben.
Wy fynt yo alle in huwem bebwanck;
Stark fy gy, vnde ik byn kranck,
Myn hulpe is kleyn, de yuwe is groet.
1760 Vorwar, al floge gy my ok boet,
Dat were yw eyne kranke wrake.
Doch wyl ik al in beffer fake
Rechtferbich vnde vprichtich fyn."
¶ Do fprak rambok, de heet Bellyn:
1765 „Jd is recht tyd, wylle wy nu klagen".
Dar quam Pfegrym myt alle fynen magen,
Hyntze de kater vnde Brun de bare
Vnde der deren eyne grote fchare;
[74ᵇ.] Lampe de haze vnde de ezel Bolbewyn,
1770 Wackerloß de klene, ok de grote hunt Ryn,
Metke de tzegße vnde Hermen de bock,

[Holzschnitt wie 6ᵇ.]

Ekeren, wefelken, hermelken weren bar ok;
De offe, dat perd, de weren ok bar,
Vele wylber deren eyne grote fchar,
[75ᵃ.] Dat Herte, bat ree vnde Bokert be veuer,
Kanynen, maerten vnde ok de wylbe euer,
Bartolt de adebar vnde Marquart be hegger,
Ok Lütke de kron was bar alber begger,
Tybbeke de and vnde Alheyt de goes:

[Holzschnitt: links ein hahn und zwei hühner, die nach rechts, rechts eine taube und drei täubchen (?), die nach links gehen. — Aus dem „Dialogus". De ornice et gallina.]

1780 Deffe klageden alle ouer den vos.
Hennynck de hane vnde al fyne kynder
Klagheben gantz feer eren hynber.
Noch weren bar der voghele meer
Vnde andere der deren eyn groten heer,
[75ᵇ.] De ik nu nicht al kan nomen;
Deffe alle wolben ben vos vorbomen

Vnde bachten bar vp myt scharpen synnen,
Wo se em syn leuent mochten affwynnen.
Se ghyngen vor den konnynck al;
1790 °Dar hordemen klaghe ane tal.

[Holzschnitt: links eine nach rechts gewandte gans (?); rechts
ein nach links gewandter habicht, in der mitte zwischen
beiden ein nach links gewandter sperber. — Aus dem „Dia-
logus": De osmerillo et accipitre.]

¶ Wo Reynke van velen synen webberparten vorklaget
wart in swaren saken; wo he yslykem antwort gaff, doch
int leste myt tughen ouerwunnen wart vnde to deme
bode vorordelt. Dat xx capyttel.

[76ᵃ.] Alsus wart dar eyn groet perlement;
De deren, de dar stunden vmmen trent,
Wolden Reynken syn lyff affwynnen.
Se spreken en an myt allen synnen,
1795 Myt velen klaghen, be men dar horde;
Ja, yslykem gaff he schon antworde.

[Holzschnitt: rechts ein nach links gewandter storch; links
eine nach rechts gewandte schwalbe. — Aus dem „Dialogus":
De ciconia et yrundine.]

Ne wart ghehoret vp eynen dach
Mere klaghe, alze dar gheschach
Van voghelen vnde wylden beeren,
1800 Van nauwem rabe vnde mannich viseren,
[76ᵇ.] Dat men dar horde vnde vornam.
Men bo Reynke to antworde quam,
Wart ne schonre vntschuldynge ghehort,
Alze Reynke dar suluest brachte vort;
1805 He entschuldyghebe syk in al ben byngen,
De men ouer en mochte bryngen,
Dat al ben heren dat wunder bebe,
Dat Reynke wufte so schone rebe
Vnde syk al der sake wolde entleggen,
1810 De men dar ouer en konbe seggen.
Int leste (dat ik korte besse wort)
Quemen etlyke tueghe dar vort,

Dat weren vprychtyghe waraftyge mans;
Se túgheben ouer Reynken heel vnde gantz,
1815 Schuldich to wesen in der myssedaet.
Do ghynck de konnynck in den raeb.
Se sloten eynbrachtygen vnde eynes modes:
„Reynke be vos is schuldich des bodes.
Men schal en bynden vnde vangen,
1820 Dar to by syneme halze vphangen".
Syne kloken worde hulpen nicht vele.
Do ghynck yb Reynken vth deme spele.
[77ᵃ.] De konnynck dat ordel suluen affsprack,
Dar vmme Reynke gantz sere vorschrak,
1825 Vnde wart to der suluen stunden
Ghevangen vnbe harde ghebunden.

[Holzschnitt: links auf einer erhöhung sitzt der könig mit
krone und mantel, in der linken das szepter haltend; seine
rechte stützt er auf das rechte bein. Vor ihm im vordergrunde
wird Reinke von dem bären und dem wolf gebunden; neben
dem wolf weiter nach rechts der kater liegend. In der mitte,
rechts vom könig, auf einem altar ein aufgeschlagenes buch,
auf welches der widder seine beiden vorderpfoten gelegt hat;
rechts von diesem Grimbart und die äffin, beide nach dem
widder sehend, sowie zwei andre tiere aus Reinkes freund-
schaft.]

[77ᵇ.] ¶ (1) In deffen tween capittelen leret de poete
vyff stucke. ¶ Dat erste is, dar be troft búr is, schal
fyt eyn wys man suluen troften vnde vordryften, alze
Reynke hir bede. ¶ (2) Dat anber is reuerencie vnde
othmod, ben men eynem heren efte richter sal beden.
¶ (3) Dat brybbe is, be vorflage to krygen, dem bat so
vallen mach. ¶ (4) Dat veerde is ben rychteren efte
heren eyne lere, bat be nycht louen scholen gherynge
lyftyge worde, vnde schal fyt ok nicht haftygen myt worden
laten vmme bryngen vun beme weghe der rechtferbicheyt,
men ben myfbabygen straffen, vnde ernfthaftich to wesen.
¶ (5) Dat vyfte is, bat eyn here efte richter nicht louen
schal allen klagers, men myt waraftygen tuegen de war-
heyt vnberfoeken vnde bar na rychten, gelyk alze Reynke
hir wart ouerwunnen myt waraftigen tügen vnde bo bar
na vorrichtet to bem bode, bat boch frech eynen vmme-
flach, so hir na volget.

¶ Wo Reynke ghevangen vnde ghebunden wart vnde
wart ghevoret na deme bode, vnde wo Reynkens vrunde
orloff nemen.   Dat ẓẓi capittel.

[78ᵃ.]   DO Reynke alsus was ghevangen
          Vnde dat ordel was, men scholden hangen,
          Vnde Reynken vrunde dyt hadden vornomen,
1830   De ok to houe weren gekomen,
          [Holzschnitt wie 77ᵃ.]
          Alze Marten de ape, de ok was to rechte,
          Vnde Grymbart myt velen, de in Reynten slechte
[78ᵇ.] Horden vnde em to quemen van blode,
          De dyt ordel horden gantz node
1835   Vnde worden hir vmme seer bedrouet,
          Meer wan yennich rechte louet,
          (Wente Reynke was eyn banrehere
          Vnde wart ghewyset van aller ere,
          Dar to in eynen schendygen doet) —
1840   Se en mochten nicht desse noet
          Vorbragen, men se nemen orloff
          Van deme konnynge vnde rumeden den hoff.
          ¶ De konninck betrachte desse dynck,
          Dat mannich knape van em ghynck,
1845   Der vele was vth Reynken slechte.
          „Jd were gud, dat ick bedechte",
          Sprack he to eynem vth syneme rad,
          „Al were ok Reynke noch so quad,
          In synem gheslecht is doch mannich man,
1850   De dat hoff ouel entberen kan".
          Jsegrym, Hyntze vnde Brun de bare,
          Desse nemen Reynkens meyst ware.
[79ᵃ.] Dyt weren, de en bunden vnde vengen,
          Desse dachten en ok vp to hengen.
1855   De konnynck habbe en bevolen dat,
          Dyt deden se gern, went se weren em hath.
          ¶ Do se do sus myt em quemen,
          Dar se to hant de galghe vornemen,
          Do sprak Hyntze to deme wulue:
1860   „Her Jsegrym, ghedencket nu an dat sulue,

Wo Reynke, deſſe quade beeff,
Dat to werke brachte vnde ok dreeff
Vnde he ok ſuluen mede vthghynck,
Dar men yuwe beyden brober vphynck,

1865   Des Reynke bo vro was in al ſyneme ghelate;
Betalet ene nu myt ber ſuluen mathe.
Ok Brun, ghebencket, wo he yw vorreeth
To Ruſtevylen hus, bat mannich weeth,
Dar yw ſlogen beyde manne vnde wyff,

1870   Dat yw blobich was beyde hóuet vnde lyff.
Seet to, wente Reynkens lyſte ſyn groet;
Entqueme he wech vth beſſer noet,
Sus wroke wy vns nummer mere.

[79ᵇ.] Dar vmme latet vns haſten ſere;

1875   He heft yd an vns groet vorwracht.
Dar mothe wy nu ſyn vp vorbacht.“

[Holzschnitt wie 77ᵃ.]

[80ᵃ.] ¶ Do ſprak Yſegrym alzo vort:
„Wat helpen boch alzo vele wort?
Habbe wy eynen reep efte lyne,

1880   Draben wolbe wy eme korten be pyne“.
Se ſpreken Reynken al entyegen.
Alze he ſus lange habbe gheſwegen,
So begunde Reynke ok to ſpreken.
He ſprak: „nu gy yw boch wyllen wreken,

1885   My wundert, gy nicht na dem ende ſlaet.
Hyntze weet wol guben raet
To eyner lynen, ſtark vnde gub,
Dar he to des papen hus ynne ſtob,
Dar he noch wech quam ane alle ere.

1890   Ok Yſegrym vnde Brun, gy haſten ſere,
Dat gy yuwen om tom bobe bryngen;
Gy menen, yw ſchal benne wol ghelyngen“.
¶ De konnynck vnde al ſyne heren,
De bar bo myt to houe weren,

1895   Ok be konnygynne des ghelyken,
Se volgeben alle na, arm vnde ryke;
Van Reynken wolben ʝe ſeen ben enbe.

[80ᵇ.] Yſegrym bevol al, be he kenbe,

Synen magen vnde synen vrunden,
1900 Dat se yo vaste by em stunden
Vnde dat se Reynkens nemen war,
Dat he nicht wechqueme vth der var.
Sunderlyken bevol he syneme wyue.
He sprak: „see to by dyneme lyue,
1905 Help holden vaste dessen voß.
Ik segget vorware, queme he nu loß,
He worde arger in korter tyd
Vnde scholde vns schenden myt allem vlyt".
Sus sprak he ok Brunen an:
1910 „Ghedencket, wat schande he yw heft ghedaen!
Dyt wyl wy em nu al betalen.
Hyntze schal de lyne vphalen,
He is behender vnde lychter dan wy.
Holdet vnde staet my alle by,
1915 Ik wyl de ledder to rechte vlyen.
Nu betale wy em syner tuscheryen".
¶ Brun sprak: „settet de ledder wysse an,
Ik wyl en holden alze eyn man".
[81ᵃ.] ¶ Reynke sprack: „yuwe sorge is groet,
1920 Dat gy yuwen om bryngen in den boet,
Den gy bylbichlyk scholden beschermen,
Vnde gy yw syner seer entfermen,
Dat he so nicht enqueme in schade;
Dorste ik, it bede halff gnade.
1925 Isegrym hateth my bouen al,
He buth, dat syn wyff my holden schal;
Wolde se dencken an olde daet,
Nummer meer bede se my quaet.
Doch yd mod nu ouer my gaen;
1930 Ik wolde, dat yd were ghedaen.
Myn vader starff ok in sorgen groet,
Men bo he nam synen boet,
Do was yd kort myt em ghedaen;
Ok volgede em nicht so mannich man.
1935 Schande mothe yw webber varen,
Wo gy Reynken lenger sparen."
¶ Brun sprak: „hore gy, dat he vloket vns al?
Syn tuschent nu ende nemen schal".

[81ᵇ.] ¶ (1) Jn beſſem capittel werden iii ſtucke ghe=
merket. Dat erſte is vruchte, welker vruchte nicht weſen
ſchal in beme gherichte; wente be konninck vruchtebe ſchaden
van Reynken vrunde haluen wegen, be orloff nemen.
¶ (2) Dat ander is eyne ſtraffynge ber, be eynem, be
vororbelt is to beme bobe, vnbe be bem ſuluen noch
ſyne myſſebaet wyl vorleggen; bat is nicht gud vnbe men
ſchal bat nicht boen, wente eme bange noch wert an
beme, bat he bar vor lyben ſchal, alze hyr Hyntze vnbe
Yſegrym vnbe Brun Reynken vorweten, wat he bözes
en ghebaen habbe, vnbe he en myt ſpeyen reden nicht vele
togaff; bar by vorſtan wert, bat eyn vororbelter ſchal
arger werden ebber myßmobich bar van. ¶ (3) Dat
brybbe is be lyſtighe klockheyt Reynkens, wo he begunbe
to pynſen, ſyk loß to bebyngen, in beme he van ſynes
vabers bobe ſebe al in behenben vorbeckeben worben,
vnbe boch vp ſynen egghenen vaber loch, ſo hir na wert
gheſecht.

[82ᵃ.] ¶ Wo Reynke bath vmme tyb, ſyne bycht open=
bar to bonbe, vnbe wat he bychtebe in menynge, ſyck loß
to bebingen vnbe andere in be ſuluen laſt to bryngen, ſo yb
gheſchach, bo he by ben galgen quam. Dat xxii capittel.
[Holzschnitt: links der galgen, bestehend aus zwei senkrecht
gestellten baumstämmen und dem querbalken. Auf letzterem
sitzt Hinze und zieht an einem stricke, der um Reinkes
hals gelegt ist, diesen auf einer leiter in die höhe. Reinke
hat die leiter halb erklommen und wendet sich mit dem
gesicht zurück. Unten an der leiter stehen der wolf und
der bär, beide mit den vorderpfoten an die leiter gelehnt
und zu Reinke hinaufsehend. Rechts zunächst der hase,
dann das einhorn, dann mehr nach der mitte zu könig und
königin, über deren kronen der kopf der äffin hervorragt;
ferner die köpfe von widder und hirsch. Den hintergrund
bildet eine hügelige landschaft mit zwei großen und drei
kleinen bäumen.]

82ᵇ.] **R**Eynke was in angſte groet.
1940   He bachte: „mochte ik in beſſer noet
     Vnbe recht nu in beſſer ſtunt
     Vynben eynen nyen vunt,
Dat my be konnynck bat leuent gheue

Vnde by deſſen dren de ſchande bleue!"
1945 So ſprack Reynke to ſyk ſuluen van bynnen.
„Hyr mod ik vp dencken myt allen ſynnen,
Allent, wes ik nu bruken kan;
Wente de noet, de gheyt my an.
Al is de konnynck gram vp my
1950 Vnde mannich ander, de em is by,
(Wattan, dat hebbe ik al vordent)
Jd mochte noch werden vmmeghewent.
De konnynck is ſtark, ſyn rad is vroet,
Nochtan en do ik em nummer gud —
1955 Queme ik to worden, dat hope ik nach,
Jk worde nicht ghehangen vp deſſen dach".
¶ Sus was Reynke in anxſte groet.
He ſprack: „ik ſe vor my den doet,
Deme ik nu nicht mach entgaen.
[83ª.] Hir vmme gy alle, de nu hir ſtaen,
Jw bydde ik eyne kleyne bede,
Eer ik van der werlde ſchede,
Dat gy wyllen bydden den konnynck nů,
Dat yk moghe ſpreken vor yw
1965 Myne bycht myt allem vlyt,
Dat my de konnynck wylle gunnen be tyd,
Vp dat ik de warheyt moge vormelden
Vnde dat myner vndaet nicht borue entgelden
Eyn ander vnſchuldich, we he ok ſy,
1970 Vnde nicht betegen werde vmme my,
Vp dat god, de alle dynck recht wyl lonen,
Myner ſelen des to beth wylle ſchonen".
¶ De meyſte deel, de dyt horden,
Worden bewagen van den worden.
1975 Se ſpreken: „yd is twar eyne kleyne bede"
Vnde beden den konnynck, dat he dat bede.
Des gaff de konnynck orloff dar to.
¶ Reynke wart wedder eyn weynych vro.
He dachte, yd mochte noch beter vallen,
[83ᵇ.] Vnde ſprack alſus vor en allen:
„Nu help my ſpiritus domini!
Wente ik en ſe hir nemande by,

Dem ik nicht hebbe entgegen baen.
Border, do ik noch was eyn kleyn kumpan
1985 Vnde ik nicht meer en soch de brusten,
Do ghynck ik vaken na mynen lusten
Manck de yungen lammer vnde tzegen,
Wan se ghyngen buten den weghen;
Ere blekent vnde stemmen horde ik gern.
1990 Do beghunde ik ersten leckerye to lern,
Wente ik vorbeter eyn to doet.
Dar lerde ik ersten lapen dat bloet.
Dar na vorbeth ik yunger tzegen veer;
Jk taste to vnde dede dat noch meer.
1995 Sus wart ik dryster vnde konre,
Jk sparde wer vogel este honre,
Ok ende vnde gôze, wor ik se vant.
Jk hebbe der vele gheraket int sant,
De ik al van deme leuende brochte,
2000 Wan ik se nicht al ethen mochte.
[84ª.]   ¶ Dar na quam ik by Jsegryne
In eyneme wynter by deme Ryne.
He schulede vnder eyneme boem
Vnde rekende syk, bat he were myn om.
2005 Do ik en horde sus de mageschop vortellen,
Alzus worde wy ul ar ghesellen,
(Dat my nu wol myt rechte mach ruwen)
Wente wy loueden dar myt truwen
Gude gheselschop de eyne deme anderen
2010 Vnde beghunden to samende alzo to wanderen.
He stal dat grote vnde ik dat klene;
Dat wy kregen, dat was ghemene,
Doch nicht so mene, so yd scholde,
Wente he delede yd, so he wolde,
2015 Nummer krech ik rechte myn deel halff;
Wente so wan Jsegrym habbe eyn kalff,
Eyne tzegen, eynen weder efte eynen ram,
So grymmede he vnde makede syk gram,
Vppe dat he so my van syk dreff
2020 Vnde em myn deel alleyne bleff.

¶ Noch van Reynkens bycht.

[84ᵇ.] ¶ Noch was dyt dat mynste al;
Men alze wy hadden folk gheval,
Dat wy eynen offen efte eyne koo

[Holzschnitt wie 82ᵃ.]

Ghevengen, ya, benne quemen dar to
2025 Syn wyff vnde myt er feuen kynder,
Denne mochte ik klagen mynen hynder:
[85ᵃ.] Ik krech denne nauwe den mynsten rebben;
Nochtan, eer ik den mochte hebben,
Hadden se dat flesch al affghegnagen;
2030 Dar myt moste ik my vordragen.
 ¶ Doch, god danckes, ik haddes neen noet,
Wente ik hebbe noch den schat fo groet,
Beyde an fuluer vnde an golde,
Dat den eyn waghen nicht dregen scholde
2035 To feuen werff vnde fo wech voren."
De konnynck begunde hir na to horen,
Alze he den schat horde nomen,
Vnde sprack: „van wanne is de yw ghekomen?
Segget yd nu, ik mene den schat".
2040 ¶ Reynke sprack: „wat hulpe my dat,
Dat ik yw des nicht en fede?
Wente ik en neme des nu yo nicht mede.
Ik wylt yw feggen, nu gy yd my heet.
Wer dorch leff noch dorch leet
2045 Schal dat nu lenger blyuen vorholen,
Wente de schat was gheftolen.
[85ᵇ.] Yd was beftelt, men scholde yw morden,
Hadde de schat nicht gheftolen worden.
Gnedighe here, merket gy dat?
2050 Dyt makede de vormaledyede schat.
Dat de schat fus gheftolen wart,
Des bede myn vader eyne quade vart
Van beffer werlde to ewygem schaden.
Doch was yd nutte to yuwen gnaden."

¶ (1) In deffem capittel wert bewyfet twey ftucke. Dat
erfte is feer merklyk vnde is: So wanner eyn valfch vor=

reber efte orrunre wert to worden ſtebet vnde men ſynen
worden ghelouet in ber heren höue, ſo wert mannngem
quatlyken gheloͤuet, be to voren wol ſtunt. Wente man
eyn vorſte efte eyn here krycht wantruwe to etlyken ſynen
heren efte gheſynbe, bat iß ſeer quat vnde iß vaken eyn
van ben grotſten ſtucken, bebe vorſtoren vnde ſchuchterynge
maken eyn huß eynes heren, alzo men leſt van Herobeß,
bo he quat vormobent habbe vnde krech vnlouen to ſyner
konniginnen vnbe to ſynen egenen [86ᵃ.] kynberen, be
he leeth boben. Doch iß byt bat beſte to raben, bat eyn
here nicht haſtygen en gheloue eyneme vntruwen, alze
Reynke was, men he ſchal meyſt ghelouen olben ghe=
truwen beneren vnbe ben meer louen gheuen, wan alze
eynem quaben anbringer. Dar mod hummerß ghelouet
weſen; wente bo Reynke to worden quam vnbe em beß
wart ghelouet, ſo hir wert gheſecht, bo worden be ghe=
ſchenbet, bebe ſuß wol ſtunden. ¶ (2) Dat anber ſtucke,
bat be poete menet in beſſem capittel, iß, wo bat mannich
here efte rychter wert vorleybet vth beme weghe ber recht=
ferbicheyt myt hopenynge, ſchat to vorkrygen; ſo hir Reynke
beme konninck eynen waen makebe, ſo hir na ok beth
wert vorklaret.

[86ᵇ.] ¶ Wo be konninck leet ſwygent beben vnde
Reynke van ber lebberen webber affſtygen, vp bat he ene
     beth vragebe. Dat xxiii gheſctte.

[Holzschnitt wie 82ᵃ.]

[87ᵃ.]   **A**Lze be konnigynne van Reynken horbe,
       Dat he ſprack van beſſeme morbe,
       De anbrepenbe was ereme heren,
       Se begunbe ſyk ſeer to vorveren.
     Se ſprack: „ik vormane yw, Reynart,
2060   Vp be langen hennevart,
     De huwe ſele nu varen ſchal,
     Dat gy be warheyt ſeggen al,
     Wo yb iß vmme beſſen morb"
     ¶ De konnynck ſprack bo alzo vort:
2065   „Men ſchal beben eynen yſlyken to ſwygen
     Vnbe laten Reynken nebber ſtygen;

Deſſe ſake gheyt my ſulueſt an,
Dat it de beth moghe vorſtan"
Do krech Reynke eynen beteren moet
2070 Vp der lebberen, dar he ſtoet.
Se moſten en do alzo webber
Afſtygen laten van der lebber.
De konnynck nam en by ſyk allene,
Ok de konnyghynne, vnde vrageden ene,
2075 Wo deſſe ſake were ghetacht.
[87ᵇ.] Ja, do wolbe Reynke legen myt macht;
He dachte: „mochte it nu webber wynnen
Des konnynges hulde vnde der konnyghynnen,

[Holzschnitt: im vordergrunde in der mitte rechts der löwe,
dann Reinke, der seinen kopf nach rechts dem könige zu-
wendet, endlich links von Reinke die königin, alle drei auf
dem erdboden sitzend in geheimer beratung. Im mittelgrunde
links ragen die köpfe von wolf (?), bär und kater über eine
erderhebung hervor; rechts der galgen. Hintergrund: spärlich
bewaldete hügel.]

Vnde mochte dat dar to vorwerven,
2080 Dat it deſſe alle mochte vorderuen,
De ſus nu ſtan na myneme doet,
[88ᵃ.] Vnde if ſo queme vth deſſer noet,
Dat mochte if reken vor grote bathe.
Men if moet ſeer legen vthermathe.“

¶ Wo Reynke openbar wroget vnde beſecht ſynen eghenen
vader vnde ſyne anderen vrunde, vppe dat in ſodaner
manneren ſyne vyende mede worden beſecht, vnde wo he
by ſodanen ſtucken wart vorlöſet.   Dat xxiiii capittel.

2085 DE konnyghynne ſprack webber an:
„Reynke, latet vns recht vorſtan
Van deſſer ſake de warheyt vaſt,
Vp dat yuwe ſele blyue vmbelaſt"
¶ Reynke ſprack: „ſyd des berycht,
2090 If mod nu ſteruen, dat is anders nicht;
Scholde if denne myne ſele alzo beladen,
Dar myt ſe queme in ewygen ſchaden
Vnde ſe des ewych ſcholde entgelden?

Beter yſſet, dat iſ be nu mod melden,

[88ᵛ.] Wo wol ſe ſyn myne leueſten magen,

De iſ vul node ſcholde bebragen.

Iſ vruchte der hellen pyne, de dar is groet;

Dar vmme iſ yd hummer ſeggen moet."

¶ Deme konnynck wart dat herte ſwar;

2100   He ſpraeck: „Reynke, ſechſtu oſ war?"

¶ Reynke ſpraeck: „o ebbele here,

Jd is war, al byn iſ ſus ſunbich ſere.

Wat ſcholde my dat to bathe komen,

Dat iſ my ſuluen wolde vorbomen?

2105   Gy ſeen yo wol, wo yd myt my is,

Steruen mod iſ nu, dat is wys.

Scholde iſ nu nicht ſpreken de warheyt,

Dar my de doet vor ogen ſteyt?

My mach nycht helpen bebe eſte gub."

2110   Sus beuebe Reynke, dar he ſtob,

Jn eyneme gheſynſeden ſchyn van vruchten.

Vort ſpraeck de konnygynne myt tüchten:

„Reynkens nob entſermet my ſere.

Hir vmme bybbe iſ yw, myn here,

[89ᵃ.] Doet Reynken etlyke gnade,

Vp dat na blyue grotter ſchade.

Latet ene nu in beſſer ſtunt

Vns wytlyk boen de rechten grunt,

Vnbe dat eyn yſlyk ſwygghe ſtyl,

2120   Vp dat he nu ſpreke, dat he wyl."

¶ De konnynck boet ſwygent alƶo vort.

Reynke ſpraeck: „nu horet myne wort!

Js dat myneme heren, beme konnynck, leff,

Iſ wyl yw leſen ſunder bɩeff

2125   Vnbe de vorreberye openbaren,

Dar iſ nemanbe bencke an to ſparen".

¶ Nu machmen horen eynen nyen vunt,

(Reynkens loßheyt habbe nene grunt)

Wo he ſynem egen vaber mebe

2130   Quab vnbe vnere ouer ſebe,

Oſ ben greuynck, ſynen leueſten vrunt,

De em doch in allen nöben byſtunt.

Dyt bede he al in der andacht,
Datmen synen worden des to beth geue macht,
[89ᵇ·] Dat he alzo myt syner sprake
Syne vyende brochte in de suluen sake,
De sus na syneme lyue stunden.
¶ He sprak: „myn here vader habbe gheuunden
Des mechtygen konnynges Emerykes schat
2140 In eyneme vorholentlyken pat,
Vnde do he habbe sus groten gud,
Wart he so stolt vnde hoghe van moed
Vnd helt alle deren in vnwerdicheyt
Myt syner gecklyken hochfarbicheyt,
2145 De to voren syne ghesellen waren.
He leeth Hyntzen, den kater, varen
In Ardenen, dat wylde lant,
Dar he Brunen, den baren, vant;
He entboet eme dar syne hülbe
2150 Vnde dat he in Vlanderen komen scholde,
Eft he konnynck wolde wesen.
Do Brun vnde Hyntze den breff habben lesen,
He wart kone, vrolych vnde vnvorverd,
Wente he des lange habbe begherb.
2155 He reysede in Vlanderen altohant,
[90ᵃ] Dar he mynen heren vader vant;
He entfenck ene wol vnde sande tor stun·
Na Grymbart, dem wysen, vnsen vrunt,
Vnde na Ysegrym ok alzo vort.
2160 Desse veer handelden mannich wort;
Hyntze de kater was de vyfte.
Dar lycht eyn dorp, dat heeth Yste;
Twysschen Yste vnde Ghent
Hadden se sus dyt perlement
2165 In eyner dusteren, langen nacht.
Nicht myt god, men des duuels macht,
Vnde myt mynes vaders ghewelde,
De se dwanck myt syneme gelde,
Sworen se dar des konnynges doet;
2170 Eyn yslyk deme anderen syne hulde boet.
Se sworen vp Ysegrymes houede vorware

Alle vyue, dat Brun be bare,
Den wolden se to konnynge maken
Vnde voren en in den ſtoel to Aken

2175 Vnde ſetten eme vp de krone van golde.
Were yemant, de dyt keren wolde,
Van des konnynges vrunden efte magen,

[90ᵇ.] De ſcholde myn vader al vorhagen,
Myt ſyneme ſchatte dat vmme dryuen,

2180 Myt vmme to kopen, myt breue to ſchryuen.
Dyt krech ik to wetten alʒo:
Jd gheſchach vp eynen morgen vro,
Dat Grymbart den wyn dranck vngheſpart,
Dar van he vrolyck vnde drunken wart.

2185 Vnde ſede dat hemelyken ſyneme wyue.
He ſprack: ‚ſee, dat dyt by dy blyue!'
Se ſwech ſo lange, vorſtad my recht,
Dat ſe yd myneme wyue ok heft gheſecht.
Se ſwor er, dar ſe weren to ſamen,

2190 By der dryer konnynge namen,
By erer ere vnde truwe,
Wer dorch leff noch dorch ruwe,
Nemande ſcholde ſe ſeggen vort;
Men myn wyff helt nicht ere wort.

2195 Wente dat erſte, dat ſe by my quam,
Sede ſe my al, dat ſe vornam.
Se ſede ok eyn warteken dar by,
Dat ik encket vorſtunt by my,
Dat yd war was alder dynck;

2200 Jt was al drouych, wor ik ok ghynck.
[91ᵃ.] Jck wart andencken der poggen al,
De eyns to gode repen myt grotem ſchal,
Dat he en eynen konnynck wolde gheuen,
Dat ſe in dwange mochten leuen,

2205 Wente ſe weren vry in allem lant.
God horde ſe vnde ſande en tohant
Den adebar, de ſe noch hatet
Vnde ſe nummer in vreden latet;
Alle tyd deyt he ene vngnade.

2210 Nu klagen ſe vaſt, nu yſſet to ſpade;

Se ſyn bedwungen alder dynck
Vnder den adebar, eren konnynck."
¶ Sus ſprack Reynke to al den deren,
De dar ſtunden vnde be dar weren:
2215 „Seet, ſus vruchtede it ſeer vor vns allen,
Dat yd ok myt vns ſus mochte vallen.
Here, ſus ſorgede ik ok vor yw,
Des gy my weynich dancken nu.
Ick kenne Brunen ſchalck vnde quaet
2220 Vnde vul van groter ouerbaet.
Dar vmme vruchtede ik ene ſeer;
[91ᵇ.] Ik dachte, worde he vnſe heer,
Dat wy denne alle weren vorlorn.
Ik kenne den konnynck wol gheborn,
2225 Seer mechtich vnde ok guderteren
Vnde ok gnedich allen deren.
Ick dachte vuſte vp deſſe bynge,
Id were eyne quade weſſelynge,
Datmen eynen bur, eynen vnebbelen vrad,
2230 Brochte in alſobanen ſtad.
Ick dachte dar vp mannyghe weken,
Wo ick deſſe ſake mochte tobreken.
Bouen alle ſake vrodede ik dat:
Behelde myn vader ſynen ſchat,
2235 He ſcholde myt ſyneme valſchen ſpele
To plaſſe bryngen vele vnde vele
Vnde den konnynck bryngen van ſyner ere.
Dyt betrachtede ik gantz ſere,
Wor de ſchat weſen mochte,
2240 Vp dat ik en van dannen brochte.
Wor myn vader, de lyſtyge olde,
In deme velde efte in deme wolde
Henne toch efte henne leep,
[92ᵃ.] Was id heet, kolt, nat efte deep,
2245 Was id by nachte efte by dage,
Jummer was it ok in der laghe.
¶ (1) In deſſeme capyttel machmen merken iii ſtucke.
Dat erſte is heteſcheyt; vp dat mannich ſynen vyenden
mach ſchaden, ſparet he nicht to beſeggen ſyne eghen

vrunde, ſo Reynke ſynen vader beſede vnder eyneme
ſchyne der hillicheyt, vnde he id doch loch. ¶ (2) Dat
ander is, wo eyn orrunre, eyn valſch klaffer mannygem
ſchadet in der heren hoͤue, ſo Reynke den konnynck in
vruchten brachte van deme morde, vp dat he loß worde
vnde ſyne vyende belaſtede. ¶ (3) Dat brydde is, dat
mannich here wert vorleydet vnde bedoret, de logenners
to worden ſteden, ſo hir Reynke den konnynck bede, dat
doch alle loßheyt vnde loggen was.

ᒪ 92ᵇ. ᒧ ¶ Wo Reynke ſpricht vnde vorvolget ſyne vp=
ghehauene loggen van deme ſchatte vnde ſpricht, ſo hir
volget. Dat xxv capittel.
[Holzschnitt wie 87ᵇ.]

ᒪ 93ᵃ. ᒧ Jk lach vp eyne tyd in der erde
Vnde wachtede, alze de ſeer begherde,
Wo ik beſt gheweten konde
2250   Vnde wor dat ik den ſchat ghevunde,
Dar ik gherne van habbe vornomen.
Do ſach ik mynen vader komen
Uth eyner ſteynrytzen, de was deepe.
Jk lach vorborgen, efte ik ſlepe;
2255   Nicht en wuſte he van my,
Dat ik em was ſo na by.
He beghunde ſyck wyde vmme to ſeen.
Do he vornam, dat he was alleen,
Vnde alze he ſus nemande ſach,
2260   Dede he, alze ik yw ſeggen mach:
He ſtopte dat hol wedder myt ſande
Vnde makede dat ghelyck deme anderen lande.
Dat ik dyt ſach, dar wuſte he nicht van.
Ok ſach ick, er he ſchede van dan,
2265   Dat he den ſtert leet ouer gaen,
Dar ſyne voete hadden gheſtaen;
He vormylbede ok ſyn votſpor myt deme munde.
Dyt lerede ik dar in der ſtunde
ᒪ 93ᵇ. ᒧ Van myneme olden valſchen vader,
2270   De deſſe lyſte wuſte alle gader;
Sus leep he wech na ſyneme ghewynne.

Ik dachte vaſt in myneme ſynne,
Efte dar mochte weſen de ſchat;
Ik ghynck to werke vnde opende dat ghat
2275 Myt mynen voeten vnde krop dar in.
Dar vant ik groten ghewyn,
Fynes ſuluers vele vnde rot golt.
Hir en is ok nemant alzo olt,
De des ye ſo vele to lyke ſach.

2280 Do ſparde ik wer nacht efte dach,
Ik ghynck ſlepen vnde dragen
Sunder karen vnde ſunder wagen.
My halp myn wyff, vrouwe Ermelyn;
Wy hadden arbeyt vnde pyn,
2285 Eer wy den ſeer ryken ſchat
Brochten in eyne ander ſtat,
Dar he beth lach to vnſer laghe.
De wyle was myn vader alle daghe
By den, de den konnynck ſus vorreden.

2290 Nu moghe gy horen, wo ſe deden:
[94ᵃ.] Brun vnde Yſegrym ſanden vth to hant
Ere breue in mannich lant
An alle, de ſoldye wynnen wolden.
Brun de bare ſcholde ſe vpholden,
2295 Vnde dat ſe ſchere to eme quemen
Vnde ere ſoldye to voren nemen;
He ſcholdet ene gheuen myt mylder hant.
Myn vader leep do dorch de lant
Vnde broch erer twyer breue.
2300 Wo luttyk wuſte he, dat de deue
Em ſynen ſchat hadden ghenomen!
Ja, habbet em ok mogen vromen
Alle de werlt to den ſtunden,
He en habbes nicht eynen pennynck gheuunden.

¶ Wo Reynke noch spricket van syneme vntruwen vader
vnde wo de synen ende nam, dar myt he syne loggen
flut. Dat ꝗꝛvi ghefette.

[94ᵇ.] DO myn vader al vmme myt pyne
　　　　Twyſſchen der Elue vnde deme Rune
　　　　Hadde ghelopen dorch de lant,
　　　　Dar he mannigen ʒoldener vant,
　　　　[Holzschnitt wie 87ᵇ.]

[95ᵃ.] De he wan myt syneme golde,
2310　De Brunen to hulpe komen ſcholde,
　　　Alze de ſommer queme int lant,
　　　Do kerede he wedder, dar he vant
　　　Brunen vnde de gheſellen ſyn.
　　　He ſede en van der groten pyn
2315　Vnde de mannichfoldyghen ſorghe,
　　　De he vor de hogen borghe
　　　Int lant van Saſſen hadde gheleben,
　　　Dar de ꝛegers na eme reden
　　　Myt eren hunden alle baghe
2320　Vnde ſo ſyn lyff hangede in der waghe:
　　　Se hadden eme baen vele to webberen.
　　　Dyt ſprack he vor den veer vorredberen.
　　　He tóghede ok de breue van den gheſellen,
　　　De Brunen do ſeer wol beuellen;
2325　De leſen ſe alle vyue to ſamen,
　　　Dar twalff hundert kempen by namen
　　　Van Yſegryms magen al in ſtunden,
　　　Myt ſcharpen tannen vnde wyden munden,
　　　Sunder de katers vnde de beren,
2330　De alle in Brunen hulpe weren;
[95ᵇ.] Alle de veelvraʒen vnde de baſſen,
　　　Beyde van Dorryngen vnde van Saſſen,
　　　Deſſe hadden al myt em gheſworen,
　　　In deme batmen en gheue to voren
2335　Van breen weken eren ʒolt,
　　　So wolden ſe komen myt ghewolt
　　　To Brunen by deme erſten bode.
　　　Dyt hynderde ik al, des danke ik gobe.

Do dyt alzus al was bestelt,
2340 Ghynck myn vader ouer gynt velt
Vnde wolde ok den schat beschouwen;
Men do ghynck yd to groten ruwen:
Jo meer he sochte, yo myn he vant,
Al syn soekent was men eyn tant,
2345 Syn schat was al wech ghebragen.
Dar bede he, dat ik mach klagen,
Wente he van torne syk suluen hynck.
Alzus bleff na Brunen dynck
By mynen behenden lysten al.
2350 Nu merket hir myn vngheval:
Isegrym vnde Brune, de fraet,
Hebben nu den nauwesten rad
[96ᵃ.] By deme konnynck tor hoghen banck,
Vnde arm man Reynke is sunder banck,
2355 Heft synen egen vader ouergeuen,
Vmme den konnynck to beholden syn leuen.
Wor syn se hir, be dyt doen scholden,
Syk suluen to vorderuen, vmme yw to beholden?"

¶ Wo Reynke den konnynck vnde be konnyghynne vor-
leybet myt loghene vnde se in waenhopenynge brynckt
van deme schatte. Dat xxvii ghesette.

DE konnynck vnde be konnyghynne,
2360   Se hopeden beybe vp ghewynne.
          Se nemen Reynken vp eynen ort
             Vnde spreken: „segget vns nu vort,
Wor gy hebben den groten schat!"
¶ Reynke sprack: „wat hulpe my bat,
2365 Scholde ik nu wysen myn gub
Deme konnynge, de my hangen boet
Vnde louet den beuen vnde morbeneren,
De myt legende my besweren
Vnde wyllen my vorretlyken myn lyff affwynnen?"
[96ᵇ.] „Neen, Reynke", sprack be konnyghynne,
„Myn here schal yw laten leuen
Vnde yw vruntlyken vorgheuen

Alto malen ſynen buelen mob.
Gy ſcholen vort an weſen vroet
2375 Vnde myneme heren alle tyd ghetruwe"
¶ Reynke ſprak: „myn leue vruwe,
In dem dat my de konnynck nu
Dyt vaſt louen wyl vor yw,
Dat ik mach hebben ſyne hûlde,
2380 Vnde alle myne brôke vnde ſchûlde
Ok allen vmmod my wylle vorgheuen,
So is neen konnynck hu in deme leuen
So ryke, alze ik en maken wyl
(Wente des ſchattes is bouen mathe vyl)
2385 Vnde eme wyſen, wor de lycht."
¶ De konninck ſprak: „vrowe, louet eme nicht!
Legen, ſtelen vnde rouen,
Sodanes moghe gy eme to louen;
He is der argeſten loggener eyn".
[97ᵃ.] ¶ De konnyngynne ſprak: „here, neyn!
Al was Reynke quad van leuen,
Nu moghe gy em wol louen gheuen,
Wente he den greuynck, ynen vrunt, ,
Mede beſecht in deſſer ſtunt,
2395 Dar to ok ſynen eghen vader,
De he beſchonen mochte alle gader
Vnde mochte dat ſeggen van ander beren,
Wolde ſe weſen quaderteren.
He wert nicht meer ſyn ſo vnghetruwe."
2400 ¶ De konninck ſprak: „mene gy dat, vruwe,
Vnde dor gy dat vor huwe beſte raden,
Dat dar nicht na kome groter ſchaden,
So wyl ik deſſe brôke nemen vppe my
Van Reynken, wo groet de ſake ok ſy,
2405 Vnde wyl echt louen ſynen worden ſchone.
Men ik ſweret em by myner krone:
Weret, dat he hîr na meer myßdede,
Al, de em to horen tom teynden lede,
We ſe ok weren, ſe ſcholden al
2410 Komen in ſchaden vnde vngheual,
[97ᵇ.] Dar to in vele perlement."

Reynke sach sus ummewent
Den konnynck vnde krech eynen beteren mod.
„Here", sprack he, „ik were vnvroet,
2415 Wan ik nu spreke alzodane wort,
De ik so nicht bewysede vort,
Ja, in korter tyd, spade vnde vro"
De konninck menede, yd were alzo,
Vnde vorgaff Reynken alle gader,
2420 Erst de vngunste van syneme vader
Vnde syne eghene schulde ock alzo.
Do wart Reynke vtermaten vro.
Dat enkonde ok anders nicht wesen,
Wente he was van deme dode ghenesen.

¶ Wo Reynke deme konnynge dancket vnde der konni=
ginnen vnde syne loggene vorvolget, vp dat he moghe
    entkomen vth der last.   Dat xxviii capittel.

[98ᵃ.] **K**onnynck", sprak Reynke, „eddele here,
          God mothe yw lonen desser ere
          Vnde myner vrouwen, de gy my doet.
          Ik wyl des dencken, byn ik vroet,
        Vnde yw des dancken so hochlyken,
2430 Wente in allen landen vnde ryken
    Leuet nu nemant vnder der sunne,
    Deme ik den schat alzo wol ghunne
    Alze yw beyden, wente gy
    Dyt sus hebben vordenet vmme my.
2435 Ik gheue yw den ane allen hath
    So vry, alze den konnynck Emeryck besath.
    Nu wyl ik yw seggen, wor he lycht,
    Vnde wyl de warheyt sparen nicht.
    Int osten van Blanderen, merket my,
2440 Dar lycht eyne grote wosteny.
    Dar is eyn busch, de heth Husterlo,
    Syn rechte name de is alzo;
    Dar is eyn born, heth Krekelput,
    (Gnedyghe here, merket gy dyt!)
2445 Desse steyt nicht vern dar van.

Dar kumpt nicht hen wer wyff efte man,

| 98ᵇ.] Ja, in eyneme gantzen yar,

So grote wyltnysse is al dar,

Sunder de vle vnde de schufuth:

2450 Here, dar lycht de schat behuth.

De stede is gheheten Krekelputte,

(Vorstath dyt wol, yb is yw nutte)

Gy scholen dar hen vnde ok myn vrouwe,

Wente ik nemande wed so ghetruwe,

2455 Den gy senden alze eyn bode,

Wente yuwen schaden wolde ik node.

Here, gy suluen moten dar hyn.

Wan gy Krekelputte vor by syn,

Werde gy dar vynden twey yunge berken,

2460 (Here her konninck, dyt schole gy merken!)

De harde by deme putte staet.

Gnedyghe here, to den berken ghaet,

Dar lycht de schat vnder begrauen.

Dar schole gy kratzen vnde schrauen,

2465 Denne vynde gy moß an eyner syde,

Denne werde gy vynden mannich ghesmyde

Van golde rydlyken vnde schone.

Gy werden dar vynden ok de krone,

| 99ᵃ.] De Emeryck droch in synen dagen;

2470 De scholde Brune hebben ghedragen,

Wan syn wylle hadde ghescheen.

Gy werden dar mannyghe zyrheyt seen,

Edbele ghesteynte vnde guldene werck,

De werdich syn mannich dusent marck.

2475 Her konnynck, alze gy hebben dyt gud,

Wo vaken wylle gy in yuweme mod

Ghedencken: ,o Reynke, ghetruwe voß,

De hir sus grauede in dyt moß

Desßen schat myt dyner lyst,

2480 Gob gheue dy ere, so wor du byst'."

¶ Hir na wert ghesecht, alse wan eyn vntruwe schalck by
eynem vorsten is belastet vnde myt loggen efte lofte loß
wert vnde so des vorsten mod heft vmmewendet, denne
werden se alle vorveret, de ouer den schalk hebben ghe=
klaghet; vnde vp dat se van alsodaneme vmbelast blyuen
mogen, so seggen se al, wat deme vntruwen leff is, vnde
seggen, yd sy war, wes he heft ghesecht, so gy hir na
  horen mogen van deme hazen.   Dat xxix ghesette.

[99ᵇ.]   DE konninck sprack: „horet my, Reynart,
             Gy möten myt my vp de vart;
             Ik kan de stede allene nicht raken
             Ik hebbe wol horen nomen Aken,
2485   Lupke, Kollen vnde Parys,
          Men wor Husterlo efte Krekelput is,
          Dar en hebbe ik ne er van ghehort.
          Ik vruchte, yd is men eyn dichtet wort.“
          ¶ Dyt enhorde Reynke nicht gerne.
2490   He sprack: „here, ik wyse yw yo nicht verne,
          Alse wente to der groten Jordane,
          Dat gy my sus holden in quademe wane.
          Yd is hir harde by in Flanderen.
          Myne worde wyl ik nicht voranderen.
2495   Horet, ik wyl hir vragen etlyke ghesellen,
          De ok dat sulue scholen vortellen,
          Dat Krekelput by Husterlo,
          Dat de dar is vnde heth alzo.“
          He reep Lampen, vnde Lampe vorschrack.
2500   To hant Reynke to eme sprack:
          „Lampe, weset nicht vorveret!
[100ᵃ.] Kamet, de konninck yuwer begheret.
          Ik vraghe yw by yuwen eeden,
          De gy kortes myneme heren deden,
2505   Segget yd by deme suluen eyd:
          Wette gy nicht, wor Husterlo steyt
          Vnde Krekelput in der wosteny?“
          Lampe sprack: „wyl gy yd horen van my,
          Krekelput is by Husterlo,
2510   Dat is eyn busch, de heth alzo;

Wente Symonet be krumme müntebe bar
Syn valsche gelt so mannich yar
Vnbe lach bar myt ben ghesellen syn.
Jk hebbe bar vaken gheleben pyn

2515 Van hunger vnbe van groteme vroste
Wan ik in nöben lopen moste
Vor Ryne, beme hunbe, be my was hart."
Do sprack vortan be vos Reynart:
„Lampe, ghaet webber mankt ghenne. knecht,

2520 Gy hebben myneme heren ennoch ghesecht".
¶ De konninck sprack: „Reynke, weset to vrebe,
Wente ik in hastygem mobe bat bebe,

[100ᵇ] Dat ik yw betech myt vnrechten byngen.
Men seeb, bat gy my bar henne bryngen."

2525 ¶ Reynke sprack: „bes were ik gantz vro,
Wan myne sake stunbe alzo,
Dat ik myt beme konnynge mochte wanberen
Vnbe mochte eme suluen volgen in Flanberen;
Men, myn here, yb were yw sunbe.

2530 De sake segge ik yw in besser stunbe,
Wo wol ik my bes van rechte mach schamen.
Wente Ysegrym eyns in bes buuels namen
Jn eynen orben ghynck hir bevoren
Vnbe to eyneme monnyke wart beschoren.

2535 Eme konbe an ber prouene nicht ghenogen,
De em vi monnyke vpbroghen.
He klaghebe alle tyb vnbe kermbe
So seer, bat yb my entfermbe, ·
Wente he wart kranck vnbe trach.

2540 Do halp ik eme alze myneme maech,
Jk gaff eme rab, bat he quam van ban.
Hir vmme byn ik in bes pawes ban.
Myt yuweme wyllen wyl ik morgen,

[101ᵃ] Of myt yuweme rabe, myne sele besorgen
2545 Vnbe wyl vro, alze be sunne vpghaet,
Na Rome vmme gnabe vnbe aflaet.
Van bar wyl ik ouer meer,
Vnbe eer ik bo eyn webberkeer,
Wyl ik so vele hebben ghebaen,

2550 Dat ik myt eren mach by yw ghaen.
Reysede ik nu myt yw, wor dat ok were,
Eyn yslyck spreke: ‚seed, vnse here
Heft nu sus syn meyste bedryff
Myt Reynken, deme he wolde nemen dat lyff;
2555 Dar to is Reynke ok in deme ban‘.
Seet, gnedyghe here, wylt dyt vorstan.“
¶ „Id is war“, sprak de konnink, „nach dem gy synd
In deme banne. dat were my vorwyd,
Wan ik yw lethe myt my wanderen.
2560 Ik wyl Lampen efte eynen anderen
Myt my nemen to der putte.
Men vorwar, Reynke, yd is yw nutte,
Latet yw absolueren vth deme ban.
Gy hebben myne hulde, gy mogen ghan.
[101ᵇ.] Ik en wyl yuwe bedevart nicht weren.
My dunket, gy wyllen yw gantz bekeren
Van deme quaden to guden dyngen.
Göd late yw de reyse vullenbryngen.“

¶ Wo dat de konnynck openbar Reynken vorgaff alle
syne myssedaet, de he ghedan habbe, vnde gheboet eynem
yslyken, dat he Reynken vnde de synen scholde eren vnde
reuerencie beden.   Dat xxx capittel.

2570 **R**Echt alze dyt was ghedaen,
Ghynck de konninck suluen staen
Vp eyne hoghe stede van steyne
Vnde heet de deren alghemeyne
Swygen vnde sytten int gras,
Yslyck na dat he gheboren was.
2575 Reynke stunt by der konnyngynnen.
De konnynck sprack van al synen synnen:
„Swyget vnde horet al ghelyke,
[102ᵃ.] Gy vogele, gy dere, arm vnde ryke,
Horet to, gy kleynen vnde gy groten,
2580 Myne baronen vnde myne hußghenoten!

[Holzschnitt: links sitzen auf einer hohen bank die löwin
und der löwe, zwischen ihnen Reinke. Unten rechts zunächst
der bär und der wolf, die abgünstig nach Reinkes platz sehen

Daneben Grimbart (?), der hirsch und Hinze (?), welche auf
den bären und den wolf sehen. Im hintergrunde hügelige
landschaft.]

>   Reynke steyt hir in myner ghewolde,
>   Den men hůden hangen scholde.
>   Nu heft he dat hir ghedaen to houe
[102ᵇ]   So vele, dat ick ene nu loue.
2585   Ik geue em myne hulde myt gantzeme synne.
>   Vnde ok myn vrouwe, de konnygynne,
>   Heft so vele ghebeden vor en,
>   Dat ick syn vrunt gheworden byn
>   Vnde he vorsonet is teghen my
2590   Vnde ik hebbe en ghegeuen vry,
>   Beyde syn gud, syn lyff vnde lede.
>   Ik gheue em dar to vasten vrede
>   Vnde ghebede yw allen by yuweme lyue,
>   Dat gy Reynken vnde syneme wyue
2595   Vnde synen kynderen alle ere doet,
>   So wor se yw komen in ghemoet,
>   Isset by nachte efte ysset by daghe.
>   Ik entwyl ok nu meer nene klaghe
>   Van Reynkens dyngen nicht horen.
2600   Heft he quad ghedan hir bevoren,
>   He wyl syck beteren vnde dyt alzo:
>   Wente Reynke, he wyl morgen vro
>   Staff vnde rentzel nemen an
>   Vnde to deme pawes to Rome ghan;
2605   Van bannen wyl he ouer dat meer
[103ᵃ]   Vnde kumpt ock nicht wedder heer
>   Er, dan dat he heft vulle afflat
>   Van alle der sundichlyken daet."

¶ Wo Reynkens wedderparte syck vorschrecketen vnde vn=
tofreden weren, do Reynke loß wart, vnde wo Ysegrym
vnde Brun ghevangen worden vnde ouel ghehandelt. Dat
xxxi ghesette.

2610   Hyntze sprack van groteme torn:
>   „Alle vnse arbeyt ist vorlorn"
>   To Ysegryme vnde ok to Brune,
>   „Ik wolde, dat ik were to Luntertune.

Is Reynke wedder in des konnynges gunst.
He wert bruken alle syne kunst,
2615 All dre werde wy nu beth gheschendet.
He heft my rede eyn oghe gheblendet,
Dat ander oghe steyt nu euentür."
[103ᵇ.] ¶ Brun sprack: „gud rad is hir nu dür".
Isegrym sprack: „dyt is seltzen bynck,
2620 Gha wy hen vor den konnynck".

[Holzschnitt wie 102ᵃ.]

Se ghyngen hen myt drouygen synnen,
Isegrym vnde Brun, vor de konnygynnen.
Se spreken vp Reynken mannich wort.
[104ᵃ.] De konnynck sprack: „hebbe gy id nicht ghehort?
2625 Ik hebbe Reynken to gnaden entfangen".
De konnynck wart tornich vnde leet se vangen,
Brunen vnde Ysegrym, myt der hast,
He leet se bynden vnde sluten vast.
He was en doch quad vmme de word,
2630 De he van Reynken habbe ghehord.
Alzus krech vp den suluen dach
Reynkens sake eynen vmmeslach.
Syne wedderparten he sus vorreet
Vnde vorwerff ok, datmen do sneet
2635 Van Brunen rugge eyn vel aff,
Datmen em to eyneme rentzel gaff,
Voetes lanck vnde voetes breet.
Allentelen wart sus Reynke bereet.
Reynke bath de konnygynnen do,
2640 Dat se eme wolde schaffen twey scho,
Vnde sprack: „vrouwe, ik byn uwe pelegrym.
Hir is myn ouerhere Ysegrym,
De heft veer scho, vast vnde gud,
Der suluen ik twey hebben mod.
2645 Bestellet my dat by myneme heren.
[104ᵇ.] Of moed vrouwe Gyremod twey entberen,
Se blyft doch to hus in ereme ghemack".
To hant de konnyngynne sprack:
„Scholdei ok kosten erer beyder lyff,
2650 Ysegrymen mene ik vnde syn wyff,

7

Se môten malck twey scho entbern"
Reynke sprack: „ik dancke yw gern.
Nu kryghe ik veer gude scho.
Ja, alle dat gude, dat ik do,
2655 Des schole gy mede beelaftych syn,
Gy vnde ok de here myn.
Wente yd is yslykens pelegrymen recht,
Dat he vor de to bydden plecht,
De em helpen myt ychteswes.
2660 Dat do gy vlytich, gob lone yw des".

¶ (1) In deſſen vorgheſechten vii capittelen wert vele lere
entholden, doch de rechte grunt is int erſte, dat de logen-
aftygen bedregers vele quades konnen vortſetten, ſo wanner
en in der heren houe wert ghelôuet vnde ſe betemen leth
in exeme ſprekende vnde orrunende. [105ᵃ] ¶ (2) To
deme anderen male leret hir de poete, dat yd nicht gud
is, dat eyn here vmme geldes wyllen de rechtferdicheyt na
leth, ſo hir de konnynck Reynken loß gaff vmme hopenynge
geldes vnde ſchat van em to krygen. ¶ (3) To deme
drydden wert hir gheleret, dat neyn here in vnrechter wyſe
ſchal horen ſyneme wyue; wo doch ſo ſchal eyne vrouwe
barmhertich weſen vnde bydden vor de vangene vnde
armen, vnde dat vmme godes wyllen, welkere vnſe god
meer is barmhertyger wan yennich mynſche. Men ſo hir
de konnygynne bath vor Reynken, dat was wer van barm-
herticheyt wegen ebber van godes wegen, men vmme
ghyrycheyt, vmme den ſchat, den ſe mede begherde. Vnde
ſo wanner ſus wert ghebeden vor eynen böſen, ſo kumpt
yd vaken ok, dat de hopenynge afflsłet, vnde dat gude, ſe
ſyk vormoden, wert ghewandelt in boßheyt; ſo yd myt
Reynken ghynk, alze hir na wert geſecht. Wo quad dat
is, dat eyn here horet ſyneme wyue in quader bede, dar
quat vnder ſchulet, dar ſteyt van in deme [105ᵇ] drydden
boke der konnynge in deme xxi capittel. Dar ſteyt ghe-
ſchreuen van Achab, deme konnynck, de horde ſyneme wyue
Jezabel eynes quaden rades; dar vmme moſte ſteruen de
vrome vnde rechtferdyge man Raboth. Des ghelyk ſteyt
in deme hilghen ewangelio, alze ſunte Marcus ſcrift in
deme vi capittel van deme hilgen ſunte Johannes, den

Herodes leet boden vmme des wnues wyllen, de den rad
vthgaff. Eyn vorſte ſchal wys weſen, vnde eſt vyllychte
ſyne vorſtynne wyl bydden efte begheren wes van eme,
dat he to ſe, efte yd ok ſy der meenheyt beſte. Wente do
Reynke loß wart, do wart yd ſeer quab wedder vor de
meenheyt, alze hir na wert gheſecht. De meyſte ſake, dat
Reynke loß wart, was de ghyricheyt vnde vntemelyke be=
gherynge, de de konnynck habbe to deme ſchatte, dar he
doch ane wart bedrogen.

[106ª.] ¶ Wo Yſegryme ſyne vorvoete vnde ſyneme
wnue ere achtervoete worden affgheſtroyffet, dar Reynke
ſcho aff krech, vnde wo Brunen eyn ſtucke van ſyneme
velle wart gheſneden, Reynken to eyneme rentzele. Dat
xxxii capittel.

[Holzſchnitt: links, mehr nach dem hintergrunde zu. ſitzt
der könig mit der krone; in der linken hält er aufrecht das
ſzepter, die rechte ſtützt ſich auf das rechte hinterbein.
Daneben weiter nach rechts die königin, die, ihre rechte
tatze erhebend, den könig anſieht und ſich mit der linken
tatze auf die erde ſtützt. Ganz rechts Reinke, der vergnügt-
ſchlau die beiden anlächelt. Vorn links liegt Iſegrim auf dem
rücken: ihm wird von einem affen ein meſſer in das
rechte vorderbein geſchnitten; daneben rechts hat ein andrer
affe dem vor ihm halb aufgerichteten bären mit einem meſſer
einen großen ſchnitt ins fell des rückens getan.]

[106ᵇ.] Reynke, de valſche pelegrym,
            Vorwerff, dat her Yſegrym
            Van beyden vorvoeten ton knyen to
            Heft vorloren ſyne ſcho.
2665   Des ghelyck ſyn wyff, vrow Ghyremod,
        Worden er achterſten voete blod,
        Dat ſel al myt den klawen af.
        Deſſe ſcho men vort Reynken gaf.
        Sus worden den beyden gheſtroyfet de been.
2670   Ne werlde worden armer wychte gheſeen
        Alze Brun, Yſegrym vnde ſyn wyf.
        Se hadden vyl na ghelaten er lyf;
        Wente Brunen was ok de reyſe nicht gud:
        He vorloß eyn ſtucke van ſyner hub.

2675 Sus brachte echt Reynke deſſe iii to plas.
He ghynck, dar de wulfynne was,
Vnde ſprack: „ſeed doch hir, myn leue moye,
Ik mod nu bregen yuwe ſchoye.
Gy hebben vaken vnde mannich werf
2680 Grote moye ghehath vmme myn vorderf;
Dat is my alto malen ſeer leyt.

[107ª.] Men ſo alze yuwe ſake nu ſteyt,
Dar hebbe ik vele vmme gheban.
Van gantzeme herten ik nu des gan,
[Holzschnitt wie 106ª.]

2685 Wente gy ſynt van mynen leueſten magen,
Dar vmme wyl ik yuwe ſchoye dragen.
Vordene ik aflaet, weynnch efte vele,

[107ᵇ.] Dar van kryge gy alzus yuwe dele,
Wente ik mod wanderen ouer de ſee".
2690 Vrouwe Ghyremod lach in groteme wee,
So dat ſe nauwe konde ſpreken.
Doch ſprak ſe: „ach Reynke, god mote vns wreken,
Dat ſus vort geyt yuwe wylle".
Iſegrym lach vnde ſwech pur ſtylle,
2695 He hadde de ſeuen vraude nicht al,
Brun, ſyn gheſelle, ok alzo wal:
Se weren ghebunden vnde vorwunt.
Reynke beſpottede ſe, dar he ſtunt.
Hadde Hyntze dar gheweſt, de wylde kater,
2700 Reynke hadde em ok ghewermet dat water.

¶ In deſſeme vorgheſechten capittel is nicht ſunderlikes,
men alleyne, dat nu in der werlde neyne medelydynge is
efte weynnch barmherticheyt eyn to deme anderen; men de
ſchaden krycht, de derff vor den ſpot nicht ſorgen, ſo alze
hir is gheſecht van Reynken, wo he deſſe dre beſpottede
to ereme groten ſchaden.

[108ª.] ¶ Wo Reynke orloff nam vnde ſcheyde vth
deme houe vnde fynſede ſyk, wo he wolde pelegrymacye
ghan, vnde wo eme de ram den ſtaff bede vnde den rentzel
anhanghede. Dat xxxiii capittel.

[Holzschnitt: vorn links empfängt Reinke mit nach rechts
gewandtem gesicht und um den hals gehängter tasche den
stab vom widder, der auf der rechten seite steht. Im mittel-
grunde links der könig, der seine linke tatze dem vor ihm
stehenden, mit stab und tasche ausgerüsteten Reinke in
dessen rechte vorderpfote legt: mit der linken stützt dieser
sich; die hinterpfoten Reinkes sind hier jede mit einem schuh
versehen. Hintergrund: spärlich bewaldete hügel.]

[108ᵇ.] Des anderen dages, des morgens vro,
Reynke smerede syne scho,
De Psegrym kortes habbe vorlorn
Vnde ok syn wyf den dach bar bevorn.

2705 He ghynck to deme konnynck vnde sede:
„Here, yuwe knecht is nu rede
To ghande ouer de hylgen weghe.
Hetet yuwen prester, dat he my seghe,
Dat ik vnder der benedygynge

2710 De pelegrymacye vullenbrynge".
De rambock was de cappellan,
De de geystlyken dynck plach to vorstan.
He was ok schryuer vnde heet Bellyn;
Den reep de konnynck to syk in.

2715 He sprack: „gy scholen Reynken alzo vort
Querlesen welke hylge wort;
He mod eyne lange reyse nu ghan.
Henget ok eme den rentzel an,
Dar to doet gy eme synen staff".

2720 Bellyn deme konnynge antwort gaff:
„Here, hebbe gy des nicht vorstan,
Dat Reynke is in des pawes ban?
[109ª.] Ik queme tho plasse, dat is wys,
Wente de bysschop myn querste is

2725 Vnde wan eme dyt worde ghesecht.
Ik do Reynken wer krum efte recht.
Doch kondemen dat so vmmedryuen,
Dat ik mochte ane schaden blyuen
By deme bysschoppe, heren Anegrunt,

2730 Vnde syneme proueste, her Lozeuunt,
Vnde vor Rapiamus, syneme deken,
So wolde ik de benedygynge spreken

Ouer Reynken, yuwen pelegrym".

De konnynck sprack: „wat schal de rym

2735   Vnde de velen vnnutten wort,

De hir van ym werden ghehort?

Wylle gy nicht lesen recht noch krumme,

Dar sla syck de düuel vmme!   ,

Wat achte ick den bysschop in deme dome?!

2740   Höre gy nicht, Reynke wyl tho Rome,

He wyl syck beteren; wyl gy dat storen?"

Bellyn klauwede syck by den oren,

Do he den konnynck sach tornich wesen.

He beghunde vort in deme boke to lesen

[109ᵇ.] Ouer Reynken, de des weynich rochte.

Id halp so vele, alze yd mochte.

¶ (1) In desseme capittel leret vns de lerer iiii stucke.
Dat erste is, wo in olden tyden de wyse vnde wonheit
plach to wesen, wan yemant wolde bedevart efte pele=
grymacien wanderen, so plegen se othmodichlyken van deme
prester to entfangende eren staff myt der benedygynge.
¶ (2) Dat ander is, dat de ghenne, de in deme banne
syn, dat men den nicht von schal hennyghe gheystlicheyt;
ok synt se vmbequeme dar tho, de gnade der hylgen kerken
to entfangen. ¶ (3) Dat drydde, dat hir wert bewyset,
is, dat de gheystlyken, alze presters, schryuers efte cappelans,
bede syn by den heren vnde vorsten, desse von vaken dat
vmme der vorsten wyllen, dat syck nicht entemet, eyn deel
vmme vruchten wyllen, eyn deel vmme eynes leens wyllen,
eyn deel vmme den vorsten to wyllen et cetera. [110ᵃ.]
¶ (4) Dat verde, dat hir de lerer menet, is eyn straffent
der gheystlyken prelaten, dat de syn eyn deel alzodane
nemers vnde to syk rapende, alze de here van en secht in
deme ewangelio, dar he se heth deue vnde rouers, welckere
bede anders ghan in den stad, wan syk dat behoret.
Dar nomet he den bysschop Anegrunt vnde den prouest
her Lozevunt vnde den deken Rapiamus et cetera.

¶ Wo Reynke ghynck syne vart vnde tögede syck seer
drouich, vnde alle deeren eme mosten volghen vorder weges.
                    Dat xxxiiii ghesette.

[110ᵇ.] DO ouer Reynken was ghelesen
          Vnde he rede beghunde to wesen,
          Staff vnde sack wart eme ghedan
2750   Vnde funsede syck to Rome to ghan.
          [Holzschnitt wie 108ª.]

          He leet vallen ghefynsede tranen,
          De lepen ouer syne granen,
[111ª.] Alze efte eme hammerde syn herte.
          Men habbe he van ruwen yennyghe smerte,
2755   Dat sulue anders nicht en was,
          Men dat he nicht be mede to plas
          Mochte bryngen, de dar weren,
          Ghelyck he Ysegrym vnde Brunen, deme beren.
          Dyt mochte eme so nicht gheuallen.
2760   Nochtant stunt he vnde bath se allen,
          Dat se vor em bydden scholden
          Alzo ghetruwentlyk, alze se wolden.
          Reynke haftede seer van dar;
          He was noch gantz seer in vaer
2765   Alze eyn, de syk schuldich weet.
          De konnynck sprack: „yd is my leet,
          Reynke, dat gy sus hastich syd"
          „Neen", sprack Reynke, „yd is recht tyd:
          De gud wyl doen, en schal nicht sparen.
2770   Gheuet my orlef vnde latet my varen".
          ¶ De konnynck sprack: „hebbet orloff!"
          Vnde gheboet to hant ouer al den hoff,
          Myt Reynken vorder weges to ghaen,
[111ᵇ.] Behaluen de dar weren gheuaen,
2775   Alze Brun, Ysegrym, de weren in nod;
          Se wunscheden syk suluen vaken den dod.
          ¶ Alsus ghynck Reynke vth deme houe,
          Seer groet in des konnynges loue,
          Myt syneme rentzel vnde staue
2780   Den rechten wech na deme hylgen graue
          (Dar habbe he werff alze Meybom to Aken —
          Jk wolde syk draden anders maken)
          Vnde habbe alsus eynen flassen bard
          Deme konnynge maket tor suluen vard,

2785 Nicht alleyne eynen barb van flaſſe,
Men ock eyne neze angheſeth van waſſe.
Se moſten em volgen in dem ſuluen baghe,
De ouer em hadden bracht vele klaghe.
Noch ſprack Reynke den konnynck an:

2790 „Here, ſeet, dat ym be nicht entghan,
De twey groten morbenere,
De gy hebben in deme kerkennere.
Quemen ſe wech, dat were quad,

[112ᵃ.] Se ſcholden ſchenden yuwe mayeſtact.

2795 Jb ſynt twey bôze quade ketyff,
Konden ſe, ſeker, ſe nemen yuwe lyff".
Do byt alle was gheſcheen,
Deſſe pelegrym leet ſyck othmodichlyk ſeen,
He ghynck in groter ſympelheyt

2800 Alze eyn, de des nicht beter enweyt.
De konnynck ghynck wedder vp ſyn ſlot,
Ock al de beren, kleyn vnde groet.
Reynke heelt ſyck ſeer bedrouet,
Meer wan yennich rechte louet,

2805 Dat yd etlyken ſeer entfermde.
Vp Lampen, den hazen, he ſeer kermde:
„O Lampe, ſchole wy vns nu ſcheyden?
Jck bydde, dat gy my wylt gheleyden
Vnde Bellyn, myn vrunt, de ram.

2810 Gy twey makeden my newerlde gram.
Gy moget my wol beth vorber bryngen,
Gy ſynt van ſôter wandelyngen,
Vmberochtet vnde guderteren
Vnde vmbeklaget van allen beeren,

2815 Gheyſtlyk vnde van guder ſebe.

[112ᵇ.] Gy leuen recht, alze ick bede,
Do ick eyns eyn klûſener was:
Wente wan gy hebbet loff vnde gras,
Dar mede ſtylle gy yuwe noet,

2820 Gy vragen denne nicht na fleſch efte broet
Ebder ſus na anderer ſunderlyker ſpyſe".
Sus heft Reynke myt ſodaneme pryſe
Deſſe twey ſympelen ſeer bedort,

Alzo dat se ghyngen myt eme vort,
2825   Wente dat se quemen vor syn huß
       By dat kastel to Malepertuß.

¶ (1) In desseme capittel is sunderlyken to merken dre
stucke. Dat erste is de boßheyt mannyges valschen, pele=
gryms vnde mannyges geistlyken boßaftigen, ghefynseden
schalkes, alze de Faryseen, dar de here van secht in deme
hylgen ewangelio: „se synt vnde schynen butenwendich
hyllich, men van bynnen syn se grypende wulue; by erer
vrucht schalmen se kennen", sprycht de here. [113ᵃ.] So
alse hir by Reynken altes neen gud wart gheuunden, men
alleyne ghefynsede hillicheyt vnde bynnen vul alles quaden,
dat he beyde vor vnde of dar na myt synen werken be=
wysede. ¶ (2) Dat ander is eyne lere, dat eyn yslyk, bede
wyl wanderen eynen wech, de see vlytich to, myt wat
selschop he syck vorsammele, alze Dauid leret: „myt den
hyllighen werstu hillich, myt den quaden werstu quad vnde
vorkeret". Sus is des poeten menynge, dat eyn yslyck
syk vlitich schal höden vor quade selschop. Wan dyt de
yungen mynschen alle to synne nemen, so bleue mannich
vngheschendet an der sele, an der ere, an deme lyue, an
deme gude; men de yungen mynschen wetten wol, wat ene
lustet vnde wat en ghenöchlyck is, men se wetten nicht,
wat ene nutte vnde gud is. [113ᵇ.] ¶ (3) Dat drydde
is eyne lere vns allen, alzo dat wy nicht scholen ghenöchte
hebben in den schonen worden, dar wy in ghelouet werden;
wente eyn gheck vnde eyn bor mynsche wyl gerne horen,
datmen ene schal louen, men eyn wyß mynsche horet dat
nicht gerne, men de lydet leuer, datmen ene straffet vnde
leret. Wente myt smekende vnde söten worden vorreet
Reynke de voß desse twey, do se horden, dat se worden
ghelouet, alze de rambock vnde de haze, so hir na vorder
                 wert ghesecht.

¶ Wo Reynke Lampen myt syck in nam vnde eme syn
lyff nam vnde wo he syneme wyue sede de wyse, wo he
       loß quam.   Dat xxxv ghesette.

[114ᵃ.]   Alze Reynke vor de porte quam,
He sprak: „Bellyn neue“, to deme ram,
„Gy möten alleyne hir buten staen,
Ick moet in myne veste ghaen.
Lampe schal in ghaen myt my.

[Holzschnitt: rechts im vordergrunde kauert Lampe, auf dessen
nacken der vor ihm stehende Reinke seine linke vorderpfote
gelegt hat und dem er das linke ohr abbeißt. Im mittelgrunde
rechts steht Bellin mit zurück-, also nach links gewandtem
kopfe; er sieht auf Reinke, der auf der linken seite sitzt
und seinerseits den bock ansieht. (Reinke hat auf diesem
holzschnitt nicht die abzeichen des pilgers.) Hintergrund:
bewaldete hügel.]

[114ᵇ.] Byddet Lampen, dat he trostlyck sy
Myneme wyue, de lychte bedrouet is
Vnde noch drouyger wert werden, dat is wys,

2835   Wan se dyt recht wert vorstan,
Dat ik mod pelegrymacie ghan“.
Vele söter word Reynke brochte,
Vp dat he desse twey bedregen mochte,
(Dat was syn vpsate vnde al syn syn)

2840   Vnde nam sus Lampen myt syck in.
Dar lach de vossynne in sorgen bedwungen
Myt den kleynen beyden yungen.
Se en menede nicht, dat Reynke de voß
Van deme konnynge queme loß.

2845   Men do se Reynken sus sach komen
Vnde se den rentzel habbe vornomen,
Pelegrymes wyß, myt scho vnde staff,
Hir habbe se groet wunder aff.
¶ Se sprack: „segget my, leue Reynart,

2850   Wo ysset yw gheghan in desser vart?“
He sprack: „ick was in deme houe ghevaen,
Doch wyllygen leet my de konnynck ghaen.

[115ᵃ.] Ick mod nu wesen pelegrym,
Wente Brun de bare vnde Ysegrym

2855   Syn borghe gheworden beyde vor my.
De konninck heft vns (danck hebbe he!)
Lampen ghegeuen in rechter soen,
Vnsen wyllen myt eme to doen.

De konnynck suluen sprack myt bescheyd,
2860 Dat Lampe de was, de my vorreet.
Hir vmme segge ick yw, vrouwe Ermelyne,
Lampe is ghewerd groter pyne,
Ick byn vp ene so rechte gram".
Do Lampe desse word vornam,
2865 Was he vorveret vnde wolde vleen,
Men dat en mochte eme nicht bescheen,
Wente Reynke heft eme vnderghan
De porten vnde greep ene an
By syner kelen gantz mordlyken.
2870 Lampe reep lude greselyken:
„Helpet, Bellyn, des is nu noet,
Desse pelegrym steyt na myneme doet!"
Men kort was gheban dyt gheschrey,
Reynke beet em den hals entwey.

[115ᵇ.] Alzus entfenck he synen gast.
He sprack: „gha wy eten myt der hast!
Id is to malen eyn gud veth haze.
[Holzschnitt wie 114ᵃ.]
Wat scholde ik anders doen desseme dwaze?
Dyt hebbe ick eme lange na ghebragen,
2880 He wert nu nicht meer ouer my klagen".

[116ᵃ.] Reynke, syne kyndere vnde syn wyff
Eten vnde pluckeden sus Lampen lyff.
Wo vaken sprack do de vossynne:
„Danck hebbe de konnynck vnde konnygynne!
2885 God gheue en beyden gude nacht,
De vns sus wol hebben bedacht
Myt desser spyse, gud vnde veth".
Reynke sprack: „etet men beth!
Id recket wol to, hir is ghenoch,
2890 Etet yw sath yuwe ghevoch.
Al schal ik yd ock sus suluen halen,
Se motent doch int leste betalen,
De Reynken beseggen vnde vorklagen".
¶ Vrow Ermelyn sprack: „noch mod ik vragen,
2895 Wo worde gy loß vnde quyd?"
Reynke sprack: „dat neme vele tyd,

Scholde ick dat alle seggen mogen,
Wo ick den konnynck hebbe bedrogen,
Ock des ghelyken de konnygynne,
2900 So dat de vruntschop is gantz dunne
Twysschen vns, dat weet ick wol,
[116ᵇ.] Vnde noch krancker werden schal.
He wert my heten valsche wycht,
Wan he de warheyt to wetten kricht.
2905 Kreghe he my wedder in ghewolt,
He neme vor my neen suluer noch golt.
Ick weet yd, he wyl my volgen brade,
He scholde my doen neyne gnade.
Isset, dat he my wedder kricht,
2910 He leth my vnghehangen nicht.
Wy moten hen in Swauenlant,
Dar wy syn sus vmbekant,
Vnde moten dar holden des landes wysc.
Help! dar is so sote spyse,
2915 Honre, ghose, hazen vnde kanynen,
Dadelen, sucker, vygen vnde rosynen;
Dar synt vele voghele, kleyn vnde groet,
Myt eygeren vnde botteren backetmen dar dat broet.
Dar is gud water, reyne vnde klar,
2920 Help, wat soter lucht is dar!
Dar synt vyssche, de heten gallynen,
De smecken beth, wan hennyghe rosynen;
Ock welke andere alze auca,
[117ᵃ.] Pullus, gallus vnde pauca.
2925 Dyt synt al vyssche van mynen dyngen,
Dar derf ick nicht beepe int water na spryngen.
Sodane ath ick in deme orden,
Do ick klusener was gheworden.
Seet, vrouwe, wyl wy leuen in vrede,
2930 Dar wyl wy hen, gy moten mede.
Vp dat gy yd recht vorstaen,
De konnynck leet my hir vmme ghaen,
Dat ick em louede den groten schath,
Den Emeryck, de konnynck, besath.
2935 Ick wysede en hen to Krekelputh,

Men he vyndet dar wer dat noch dyt,
Al sochte he dar ock hummer mere.
Hir vmme wert he syck tornen sere,
Alze he syck vynt sus bedrogen.
2940   Wat mene gy, wo mannyghe schone loggen
Dat ick dar sprack, eer ick entghynck?
Jd was nauwe, datmen my nicht enhynck.
Jck enleet ock ny mere noet,
Ock entrech ick ny den angst so groet,
2945   Alze ick dar vor mynen ogen sach.
[117ᵇ.] Jd gha my hir na, wo yd ock mach,
Jck en late my dar nicht meer to raden,
To komende in des konnynges gnaden.
Jck hebbe mynen dumen vth syneme munt,
2950   Danck hebbe myn subtyle vunt!"
¶ Vrouwe Ermelyn sprack alto hant:
„Schole wy nu theen in eyn ander lant,
Dar wy elende vnde vromde weren?
Hebbe wy doch hir, wat wy begheren,
2955   Vnde gy synt mester van yuwen gheburen.
Wor vmme wolde gy dan dat euenturen
Vnde nemen dat vnwysse vor dyt gube?
Wy mogen hir leuen myt sekerer hobe.
Vnse borch is yo gud vnde vast:
2960   Al wolde vns doen de konnynck ouerlast .
Vnde leyde myt macht to desse strate,
Dar synt so vele sydelghate,
Wy wolden entkomen an synen danck,
Wente wy wetten hir mannygen ghanck.
2965   Dyt wette gy wol heel vnde al.
Eer vns de konnynck vangen schat
[118ᵃ.] Myt macht, bar scholde vele to horen.
Men dat gy eme hebben ghesworen
To varen verne ouer dat meer,
2970   Dat sulue bedrouet myn herte seer".
¶ Reynke sprack by groter truwe:
„Bedrouet yw nicht, myn leue vruwe!
Beter ghesworen, wan vorloren.
My sede eyns eyn wyß man hir bevoren,

2975   Dar is mh bychteswys mede bereht,
        He sede, dat eyn bedwungen eyt,
        Dat be were nicht vele werd.
        He hyndert mh nicht eynen kattensterb,
        Den eyd mene ik, vorstaet mh recht.
2980   Ick blhue hir, so gy hebben ghesecht.
        Ick hebbe to Rome nicht vele vorloren.
        Ja, habbe ick ock teyn eyd ghesworen,
        Ik en kome ock nummer to Dherusalem.
        Jb is mh alle nicht bequem:
2985   Ick blhue hir na huweme rad,
        Ik mochte yd bynden wol so quad,
        Dar ick queme, alze ick yd hir lethe,
[118ᵇ.] Whl nin be konnynck sus in vordrete
        Bryngen, seker, des mod ick wachten.
2990   Al is he mh to starck van machten,
        Nochtan, wan ick en whl bedoren,
        Whl ick eme anhengen klocken myt oren.
        Ik do eme quad, dat nicht en docht,
        He schalt arger dar bynden, wan he yd socht".

¶ Wo Bellyn Lampen esschede vnde reep, vnde wo Reynke
Bellyne myt loßheyt bedrechlyken tosprack. Dat xxxvi capittel.

2995   **B**Ellyn stunt buten vnde begunde to knuen.
            He reep: „Lampe, whl gy dar blhuen?
            Komet yo wedder vnde latet vns gan!"
            Do Reynke dyt habbe vorstaen,
        He ghynck vth vnde sprack alzo:
3000   „Bellyn, Lampe be búth yw to,
[119ᵃ.] Latet yw dat nicht syn to wedderen,
        He is seer vrolich myt syner medderen.
        Dyt scholde ick yw laten vorstaen,
                [Holzschnitt wie 114ᵃ.]
        Gy mogen wol sachte vorhen ghaen.
3005   Myn whff, be syn medder is,
        Leth en noch nicht ghaen, dat is whß".
[119ᵇ.] Bellyn sprack: „wat was dat gherochte,
        Do Lampe so reep, al dat he mochte

‚Bellyn, helpet my, Bellyn!'
3010   Wat bede gy eme do an vor pyn?"
¶ Reynke sprack: „horet my recht!
Do ick vor myneme whue habbe ghesecht,
Dat ick mod wanderen ouer de see,
Do krech se alberwegen wee,
3015   Dat se lange beswymet lach.
Do vnse vrunt Lampe dyt ghesach,
Do reep he: ‚helpet, Bellyn, des is noet,
Edder myn medder blyft nu doet.'"
¶ Bellyn sprack: „deme sy, wo deme sy,
3020   He reep yo seer droflyken tho my".
„Neen", sprack Reynke, „ick segget vorwar,
Lampen schadet nicht eyn har.
Ick wolde leuer, dat my mysqueme,
Eer dat Lampe schaden neme".

[120ᵃ.](1) In deſſen tween capittelen leret de poete myt
langen worden veer ſtucke. Dat erſte is eyne dumme vn=
vorvarenheyt mannyges ſympelen mynſchen, vnde leth ſyck
vorleyden vnde vorraden myt ſchonen worden, ſo hir
Reynke dem ſympelen hazen dede. ¶ (2) Dat ander is
boßheyt vnde vorradent der quaden, dar myt ſe mannygen
to plaſſe bryngen, vnde menen etlyke ſodane quade, wan
ſe eynen dummen ouervallen, dat ſe eme recht doen, vnde
dencken etlyker ſake, ſo hir Reynke menede, dat Lampe dat
vordenet habbe, dat he ſcholde alzo varen. Alſus ſüd
mannich eyn kleen ghebreck, alze eyne kleyne ſcheue, in
eynes anderen oghe, men he en merket nicht eynen helen
balken in ſynem eghen oghe. ¶ (3) Dat drydde is eyne
lere der vnſteden mynſchen, alzo dat de henne, de wol ſyth,
en ſchal nicht vpbreken to varen in eyn ander lant efte
ſtath efte huß. Men wed, wat men heft vnde wormen is,
men men wed nicht, watmen krycht efte wor men kumpt,
alze hir Reynkens wyff reed int beſte, dar to blyuen, dar
[120ᵇ.]ſe weren. ¶ (4) Dat veerde is, wo eyn boßaftich
mynſche ſyne quatheit myt loggen vaken bedecket, vnde de
eme des louet, varet des tho quatlyker, ſo hyr na beth
wert vorklaret van deme rambocke Bellyne.

¶ Wo Reynke ben rambock Bellyne bebroch vnde ene to
         plaffe brochte.   Dat xxxvii capittel.

3025   Reynke sprak: „Bellyn, horde gy ok bat,
              Dat my be konnynck gysteren bat,
              Dat ick eme eyn par breue schreue?
              Wylle gy se eme bryngen, leue neue?
         Se syn gheschreuen vnde bereth,
3030   Schon dynck hebbe ick bar in gheseth.
         Lampe is vrolich vtermaten,
         Ick mod ene wat betemen laten.
         He is myt syner medderen to sprake,
         Se seggen vuste welke olde sake,
[121ᵃ.] Se eten vnde bryncken vnde synt vro;
         De whle schreff ick be breue alzo“.
              ¶ Bellyn sprack: „leue Reynart,
         Wan be breue wol bleuen vorwart!
         Wat hebbe ick, barmen be in steket,
3040   Vp bat be seggele nicht tobreket?“
              ¶ Reynke sprack: „ick weet wol rab.
         De rentzel is bar to nicht quab
         Van Brunen velle, ben ick broch,
         De is wol bicht vnde starck ghenoch;
3045   Dar whl ik be breue hyw leggen in.
         Dar aff kryge gy groet ghewyn
         Van beme konnynge, vnseme heren.
         He wert yw ock entfangen myt eren
         Vnde scholen eme seer wylkomen syn“
3050   Dyt louebe alle be ram Bellyn.
              ¶ Reynke ghynck haftygen medber in
         Vnde nam ben rentzel vnde stack bar in
         Lampen houet, ben he habbe vorbetten.
[121ᵇ] Men bat en moste Bellyn nicht wetten,
3055   Dat Lampen houet bar ynne stack.
         He ghynck to Bellyn vnde sprack:

[Holzschnitt: im vordergrunde links Bellin, an dessen hals
die tasche hängt; er sieht sich um nach dem rechts stehenden
Reinke. Im mittelgrunde links sitzt Reinke und belehrt den
mit umgehängter tasche vor ihm stehenden Bellin. Hinten
ragen über bewaldete hügel die türme von Malepertus hervor.]

„Seet, henget den rentzel an juwen hals,
Vnde ick vorbede jw als vnde als,
(Vp dat ick jw nicht bybbe vorgheues!)

[122ᵃ.] Nicht schole gy beseen de schryft des breues,
Wente desse breue hebbe ick alzo
Vorwaret; dar vmme latet se to.
Gy möten ock nicht den sack vpboen,
So werde gy vordenen schencke vnde loen.

3065 Wan ju de konnynck so heft ghebunden,
Dat de rentzel is to ghebunden
In sodaner wyse, a ze ick ene jw
Hebbe ghedaen to vorwarende nu,
Höret my recht, jd wert jw vromen,

3070 So wan gy vor den konnynck komen.
Wyl gy, dat he jw schal hebben leeff,
So segget, dat gy suluen den breff
Dychteden vnde hebben ghegeuen
Den rad, dat he so is gheschreuen;

3075 Gy krygen loen vnde groten danck"
Bellyn wart vrolych vnde spranck
Van der stede, dar he stoet,
Hoger dan anderhaluen voet
Vnde sprack: „Reynke, neue vnde here,

3080 Nu weet ick, dat gy my boen ere.
Nu werde ick krygen seer groten loff

[122ᵇ.] By al den heren in deme hoff,
Wan se seen, dat ick so wol kan dychten
In schonen worden vnde in slychten.

[Holzschnitt wie 121ᵇ.]

3085 Wo wol de kunst nicht is by my,
Dat ick kan dychten so wol alze gy,
Se scholent doch menen; ik dancke jw gherne.

[123ᵃ.] Jd was gud, dat ick jw volgede sus verne.
Nu wat rade gy vorder, Reynke vrunt?

3090 Schal Lampe ock mede ghan to desser stunt?"
„Neen", sprack Reynke, „wyl gy jd vorstaen,
Lampe kan noch nicht myt jw ghan.
Nu ghaet vor hen in gudem ghemake.
Ick wyl Lampen noch etlyke sake

8

3095 Vpdecken, be noch syn vorholen".
      Bellyn sprack: „so syd gode bevolen!
      Ik gha hen vp myne vart".
      Sus haftede he feer to houewert.
      Alze he dar quam, do was yd myddach.
3100 De konnynck Bellyne sus komen sach,
      He sach ock, dat de suluefte ram
      Den rentzel droch, den Reynke wech nam.
      De konnynck sprack: „segget vns, Bellyn,
      Van wanne dat gy ghekomen syn?
3105 Wor is Reynke, ik mod yw vragen,
      Dat gy sus synen rentzel dragen?"
      Bellyn sprack: „konnynck, eddele here,
      Reynke bath my fruntlyken sere,
      Ik scholde yw twey breue bryngen,

[123ᵇ.] Dar steyt in van behenden dyngen.
      Alze be syn ghedycht vnde ghescreuen,
      Den rad hebbe ik so vth ghegeuen;
      Dar vynde gy eynen subtylen syn.
      De suluen breue synt hir in".
3115 ¶ De konnynck syck nicht lange bereeth,
      Den beuer he vorboden leeth,
      De was notarius vnde syn klerck.
      Bokert heeth he, dyt was syn werck:
      He las de breue van swarer sake,
3120 Wente he konde mannyghe sprake.
      He sande ok na Hyntzen vnde sprack:
      „Seet, wat Bellyn brynget in deme sack".

¶ Wo Bellyn quam vor den konnynck vnde habbe den
rentzel an deme halze vnde droch dar ynne Lampen houet,
dat he suluen nicht en wuste.   Dat ᚱᚱᚱᚢᚼᚼᚼ capittel.

[124ᵃ.] DO Bokert de beuer habbe vpgedan
               Den sack myt Hyntzen, synem kumpan,
3125   He toch Lampen houet hir vth.
               Do sprack he alsus ouer luth:

[Holzschnitt: links im vordergrunde zeigt Hinze, auf den
hinterbeinen aufgerichtet, dem vor ihm stehenden, das haupt

zum himmel hebenden biber den kopf des hasen. Im mittel-
grunde links sitzt der könig mit dem königsmantel und der
krone, aber ohne szepter, die vordertatzen auf den knien
übereinandergelegt; neben ihm die königin in gleicher klei-
dung, sie stützt sich mit den vorderpfoten auf die erde. Vor
beiden rechts Bellin mit offener, um den hals gehängter
tasche. Hintergrund: hügelige, bewaldete landschaft.]

    „Dyt is to malen eyn seltzene breff.
    Wor is be man, be dessen schreff?
[124ᵇ] We is, be des nicht enlouet?
3130 Vorware, dyt is Lampen houet“.
    ¶ De konnynck vnde be konnygynne
    Worden vorschrecket in ereme synne.
    De konnynck sloch syn houet nebber.
    He sprack: „ach Reynke, habbe ik by webber!“
3135 De konnynck myt ber konnygynne
    Weren beyde van swareme synne.
    De konnynck sprack: „ick byn bebrogen.
    Wo grote loggen heft Reynke logen!“
    He reep vnde was gantz sere vorerret,
3140 So bat al be beren worden vorveret.
    ¶ De lupardus by beme konnynge stunt,
    (He was des konnynges nagheboren brunt)
    He sprack: „wat is boch dyt ghewerd,
    Dat gy yw sus sere vorverd?
3145 Al were de konnygynne ock boet,
    Latet varen besse ruwe groet.
    Grypet eynen mod, yd is anders schande.
    Sy gy nicht here van beme lande?
[125ª.] Jd is yo vnber yw al, bat hir is“.
3150 ¶ De konnynck sprack: „is bat so wys,
    So latet yw bat neen wunder syn,
         [Holzschnitt wie 124ª.]
    Dat nu myn herte lydet pyn,
    Ebder bat ick sus hebbe mysghelaet.
    My heft myt syneme bözen beraet
[125ᵇ.] Eyn quaet schalk so verne ghebracht,
    Dat ick myne vrunde hebbe vorwracht,
    Den stolten Brunen vnde Ysegryn.
    Dat ruwet my in beme herten myn.

Dat wyl seer an myne ere ghaen,
3160   Dat ick so vele hebbe myßghedaen
Tegen myne alber besten barone
Vnde ick deme quaden horensone
Alzo vele scholde betruwen.
Men yd quam al to by myner vruwen:
3165   Se bath vor ene so vele to voren,
Dat ick ere bede moste horen.
Dat is my leet, al ysset to spade.
Al ere rad kumpt my to quade".

    ¶ De lupard sprack: „horet my, konnynck here,
3170   Moyet nw dar vmme nicht alto sere!
Is dar myßghedaen, men schalt sönen,
Men schal deme wulffe vnde Brunen, deme könen,
Ock Ghyremode, der vrouwen syn,
Dessen schalmen gheuen den ram Bellyn,
3175   Wente he bekende suluen openbar vnde bloet;
[126ᵃ.] Dat he rad gaff to Lampen doet.
Dyt schal he wedder betalen vnde kopen.
Denne wyl wy alle na Reynken lopen.
onne wy, he schal werden ghevangen,
3180   Vnde nicht vele worde, men vort vphangen!
Wente he kan syne worde so slycht,
Kumpt he to worden, men hanget ene nicht.
Myt desser soene, dat weet ick wal,
Brunen vnde Ysegrym wol nogen schal"

¶ Wo Brun vnde Ysegrym vth der vencknysse worden
ghelaten, vnde wo en de konnink den rambok vnde alle
syn slechte ghft in ere ghewalt vor eyne soene vnde beterynge.
Dat xxxix vnde ock dat leste capittel des ersten bokes van
Reynken deme vosse.

[126ᵇ.] ALze dyt de konnynck habbe ghehort,
    He sprack to deme luparde vort:
    „Ick wyl doen na yuweme rad.
    Hir vmme bede ik yw, dat gy ghad
Halet vns heer de beyden Heren,
3190   Men schal se wedder myt groten eren

By vns setten in den rad.

Ick bede ock, dat gy des nicht en laet,

Gy scholen vorboden alle de deren,

De hir latesten to houe weren.

3195 Men schal en allen laten vorstaen,

Wo valschlyken Reynke is entghaen

Vnde wo Bellyn vnde Reynke, de rode,

Lampen hebben ghebracht tom dode.

Eyn vslyck schal ock Ysegryme, deme wulue,

3200 Werdicheyt doen vnde Brunen dat sulue.

De sone schal syn, so gy hebben ghesecht,

Bellyn, de vorreder, vnde alle syn slecht"

¶ Do ghynck de lupard altohant,

Dar he Brunen vnde Ysegrym vant.

3205 Se legen ghebunden vnde worden gheloft.

[127ᵃ.] He sprack: „ick brynge yw guden trost,

Dar to des konnynges vast gheleyde.

Vorstaet my recht, gy heren beyde,

Heft myn here teghen yw mysgheban,

3210 Dat is eme leet vnde he leth yw vorstan,

He wyl, dat gy to vreden syn

Vnde entfangen tor sone den rambock Bellyn,

Dar to syn slechte vnde alle syne mage

Van nu an wente tom yungesten dage.

3215 Tastet be an ane alle gelt,

Isset in deme wolde ebber vp deme velt.

¶ Noch ghyft yw dar to mynes heren gnaden

Reynken, de yw heft vorraden.

Den moghe gy ane hennyghe klacht

3220 Vorvolgen myt alle yuwer macht,

Reynken, syn wyff vnde alle syne magen,

So wor dat gy se konnen belagen.

Dyt is eyne seer kostlyke vryheyt,

De my de konnynck yw seggen heyt.

3225 Dyt wyl sus holden de konnynck ryck

Vnde syne nakomelynge ewychlyck.

[127ᵇ.] Gy moten vorgetten alle schulde

Vnde sweren eme vast yuwe hulde.

Dyt moghe gy doen myt groter ere,

3230 He myßdeyt teghen yw nummermere.
      Nemet dyt, ick rade, dat gy yd doen".
      Alzus wart ghemaket de foen
      By heren luparde, deffen tor baten.
      Des moste Bellyn den hals dar laten.
3235 Alzus wert Bellyns flechte alle daghe
      Noch vorvolget van Yfegrymes maghe.
      Deffe twydracht wart· alzo beghunt;
      Se vorbyten fe noch, al wor fe kunt,
      Vnde menen vaft, fe doen yd myt rechte.
3240 Lammer, fchape, ya alle Bellyns flechte,
      Deffe werden van en nicht ghefchonet,
      Ock wert de twydracht nummer vorfonet.
      ¶ De konnynck leet vorlengen den hoff
      Twelff daghe, vmme noch merer loff
3245 Brunen vnde Yfegrym to bonde;
      So blyde was he, dat he ene fonde.

[128ª.] ¶ (1) In deffen dren vorghefechten capittelen
leret de poete mannygerleye ftucke, funderlyken feuen. In
deme erften wert gheroret de grote valfcheyt, dar vele in
deffeme boeke van fteyt, wo de bözen vaken myt rechter
vpfate vnde vorbedachteme mode den fympelen bedregen,
alze hir Reynke den rambock bede myt den breuen, al
legende. ¶ (2) Dat ander is vorheuynge in loue, alze
Reynke louede den bock, vnde he fyck vorhoeff. ¶ (3) Dat
drydde is, dat mannich hopet ghewyn vnde bathe van
eyneme dynge, dat eme doch vaken wert contrarie vnde
kumpt eme to vorderue vnde alleme vnlucke, gelyk alze hir
Bellyn vor. ¶ (4) Dat verde is, dat mannich groff ftump
mynfche by eyneme heren fyk wes vormyth vnde fyck to=
fchrift efte totekent eyn dynck, dat he doch nicht en kan,
vmme profyt efte prys vnde ere by deme vorften to kryghen;
dat vaken vmme erer loggen wyllen eynen vmmeflach
kricht, [128ᵇ.] fo yd hyr myt Bellyne ghynck, do he fede,
dat he den rad vthghegeuen habbe, dat de breue fchreuen
weren. ¶ (5) Dat vyfte is, fo we den quaden gheloeuet,
de wert ghefchouet, alze hir Bellyn Reynken louede, do
he eme vorboet, dat he den rentzel efte fack nicht fcholde
vpboen, vmme to befeen, wat he broch, vnde leet fyk fo

bedregen. ¶ (6) Dat feſte is eyne lere der, de by den
vorſten negeſt ſyn, wo de ſcholen den vorſten troſten, wan-
he is bedrouet ebber vorerret; wente neen vorſte is ſo
mechtich in al der werld, eme is yo wat to webberen,
alzo dat nicht de pawes eſte keyſer, eſte we ſe ſyn, neen
is van en, deme yd na alle ſyneme wyllen gheyt; vnde
ſus behouen ſe troſtlyken rad, ghelyck hir de lupardus
tröſtede den konnynck, alzo dat he webber eynen mod greep.
¶ (7) Dat ſeuede vnde dat leſte ſtucke, dar in leret de
lerer vnde beſlut dar myt dat erſte boek, vnde is, ſo wan
etlyke heren vnde vorſten in der werlde twybrochtich ſyn
vnde ſe ſyck vorlyken vnde myt malckander ſönen vnde ere
vyentſchop wert gheſtyllet, byt [129ᵃ.] wert betalet myt
deme ghemenen volke, myt deme gude der vnderſaten, myt
ereme ſuren ſwete vnde blode, ghelyck hir is gheſecht van
deme rambocke vnde ſyneme ſlechte, dat myt ene de ſöne
wart ghemaket twyſſchen deme konnynge vnde Brunen
vnde Yſegryme.

Hir endighet dat erſte boek van Reynken deme voſſe.

[129ᵇ.] Hir beghynnet dat ander boek van Reynken deme voſſe.

¶ In deſſeme anderen boeke ſprickt de poete ſunderlyken
van deme ſtate der mynſchen vnde ereme ghebreke. Vnde
volget. int erſte, wo to deme houe des konnynges, den he
heelt, quemen nicht alleyne de deren, men ock de vögele
in groter vorſammelynge, klagende ouer Reynken, vnde
ſpreken vnder ſyck, ſo hir na volget.

> ¶ „De konnynck heft vns to entboden,
> Wy möten to houe, dat is van noden.
> Nicht enhelpet Reynken meer ſyne kunſt,
3250 > He is groff in des konnynges vngunſt".

[Holzschnitt: rechts ein schwan, der einen links stehenden
raben anfaucht. — Aus dem „*Dialogus*": *De cigno et coruo*.]

[130ᵃ.] ¶ „So vele vnſer is in deme tal,
　　Quer Reynken wyl wy klagen al,
　　So wan wy komen in den hoff.
　　Dat heft he tegen vns vordenet groff“.

[Holzschnitt wie 75ᵃ.]

3255　„Ja wy ock des ghelyck vnde vnſe kynder,
　　Wente wy ſyner hebben groten hynder;
　　Vnſe eyger vnde jungen he nummer enſpart.
　　Des kricht he nu eyne quade vart“.

[Holzschnitt: rechts eine nach links gewandte taube; links
drei nach rechts gewandte tauben, unter denen zwei mit
langen schwanzfedern, die vorderste von diesen mit ge-
sträubtem kamme. In der mitte blattarabeske. — Aus dem
„Dialogus“ De turture casta.]

[130ᵇ.] „Ja, wy wyllen yw doen vaſt byſtant,
3260　Vp dat he to degen werde gheſchant
　　Vor ſyne loßheyt vnde valſche laghe,
　　Dar he vns mede ſchadet heft vele daghe“.

[Holzschnitt: rechts ein nach links gewandter rabe; ihm
kommt von links her eine schnepfe entgegen. — Aus dem
„Dialogus“: De coruo et ficedula.]

　　„Ja, hadde wy eer vns jus beſproken,
　　Wy hadden vns lange wol ghewroken
3265　An Reynken, deme erlozen deue.
　　Wert he nu ghehangen, ſo gheſchüt vns leue“.

[Holzschnitt: rechts eine nach links gewandte weihe, von links
her kommt ihr ein großer raubvogel entgegen. In der mitte
blattarabeske. — Aus dem „Dialogus“: De herodio et miluo.]

[131ᵃ.] ¶ „Ja, Reynke plecht to ſyn vorbolgen.
　　Men late vns vry vnſe klage voruolgen.
　　Den ſchaden, he vns to bonde plecht,
3270　Dar vor kricht he nu ſyn rechte recht“.

[Holzschnitt: links ein hahn, der auf den rechts stehenden,
ihm zugewandten falken losschreitet. — Aus dem „Dialogus“:
De falcone et gallo.]

　　¶ „Ja, be konnynck heft dat ordel ghegeuen,
　　Reynke ſchal nicht lenger leuen.
　　Eme wert nu alle ſchande vorlenet;
　　Dat heft he vaken noch vordenet“.

[Holzschnitt: rechts eine weihe nach links zuschreitend auf
die ihr entgegenkommenden lerche und wachtel. — Aus dem
„Dialogus“: De qualia et alauda.]

[131ᵇ.] ¶ Dat erſte capittel beſſes anberen bokes ſpryckt van beme groten houe, ben be konnynk helt, vnbe wat mannygerhanbe bere vnbe vögele bar quemen. Sunberlyken ſecht hir be poete van ber treyen eſte karock vnbe van beme kannynen, wo be bar quemen, klagenbe ouer Reynken.

3275

Lze be hof ſus was bereyt,
So hir vor geſchreuen ſteyt,
Vnbe alle binck was wol be=
ſtelt, Dar quam to houe man=
nich helt. De bere weren
bar nicht alleyne, Men ok
3280 vele vögele, grot vnbe kleyne.
Dar quam to houe mannich here
To Yſegrymes vnbe to Brunen ere.
Dar was vraube myt groteme feſte,
Men heelt bar blytſchop be alber beſte,
3285 De ye wart gheſeen van beren.
Men bankebe ben hoffbantz by manneren
Myt trumpen vnbe myt ſchálmeyben.
De konnynck habbe laten bereyben,
[132ᵃ.] Dat eyn yſlyck ghenoch bar vant.
3290 Alle was en boben gheſant,
Dat ſe moſten komen bar.
          [Holzschnitt wie 6ᵇ.]
Vöghele vnbe bere, mannich par,
Reyſeben bar hen by baghe vnbe nachte.
Men Reynke be vos lach vp ber wachte,
[132ᵇ.] De valſche pelegrym vnbe loze wycht
Quam be tyb to houe nicht.
He brukebe al ſyn olbe ſpeel;
De eme bankeben, ber en was nicht veel.
Dar was to houe mannich ſanck,
3300 De ſpyſe vloyebe vnbe be branck,
Dar ſachmen ſchermen vnbe vechten.
Eyn yſlyk quam myt ſynen ſlechten.
Eyn beel bankeben, eyn beel be ſungen,
Dar ſachmen pypen vnbe bungen.
3305 De konnynck ſach van ſyneme ſael,

Eme haghebe seer wol be grote grael.

¶ Do achte baghe al vmme weren,

De konnynck sath myt synen heren

Quer tafelen vnbe ath.

3310   Dat kannyn quam vor en, bar he sath

By syner vrouwen, be konnyghynne,

Vnbe sprack myt eyneme drouygen synne:

„Here, her konnynck vnbe al, be hir syn,

Entfermet yw by der klaghe myn!

3315   Ick mene, men selben heft ghehorb

| 133ᵃ. | Soban vorrabent vnbe argen morb,

Alze Reynke an my beghunbe.

Ghysteren morgen tor festen stunbe,

Do sath Reynke vor syneme huß,

3320   Vor syner borch to Malepertuß.

Ick meenbe myt freben vor em to ghan,

Ick sach en alze eynen pelegrym stan.

MY buchte, bat he syne tybe las,

Dar vmme ick bes to bryster was.

3325   De suluen straten moste ick borch,

Wolbe ick wesen to besser borch.

Do he my sus habbe vornomen,

Beghunbe he my neger to komen.

Jk bachte, he wolbe my vruntlyk moten;

3330   Do greep he my an myt synen poten,

He tastebe my an twysschen myne oren:

Ick meenbe, ik habbe myn houet vorloren.

Syne klawen weren lanc vnbe scharp,

Dar myt he my tor erben warp.

3335   Men (bes weet ick gobe banck!)

Jk was so lycht, bat ick entspranck

Vnbe sus vth synen poten quam.

[133ᵇ.]   He grymmebe seer vnbe was gantz gram,

Dar vmme he my nicht beholben mochte.

3340   Ick swech vnbe makebe altes neen gherochte,

[Holzschnitt: links vorne sitzt der könig mit der krone, in
der rechten das szepter haltend; vor ihm das **kaninchen**,
dessen linkes ohr abgebissen ist, und die krähe. Weiter nach
hinten rechts an einer anhöhe Reinke, in dessen rachen von
links her die krähe mit ausgebreiteten flügeln ihren kopf

stecken hat. **Links** ganz im hintergrunde eine von einem
baume auffliegende krähe, die nach Reinke, also nach rechts
hinschaut.]

      Doch moste ik myn eyne oor dar laten
      Vnde in myneme houede iiii grote ghaten.
      Hir moghe gy seen dyt vnghevoch,
[**134ᵃ.**]   Dar he my myt synen klawen sloch.
  3345 Byl na habbe ik ghebleuen doet.
      Here, latet yw entfermen desse noet,
      Datmen alzus brydt yuwe ghelende.
      We is, de varen dor ouer de heyde,
      Nu Reynke alzus de strate belecht?“
  3350 ¶ Do he dyt sus habbe ghesecht,
      Quam dar Merkenauwe de kreye vord
      Vnde sprack to deme konnynck desse word:
      „Werdyghe konnynck, gnedighe here,
      Ik brynge yw yammerlyke mere.
  3355 Van anxste kan ik nicht vele spreken,
      My duncket, my wyl myn herte tobreken.
      Is dat nicht eyn yammerlyk dynck?
      Huden morgen, do ik vthghynck
      Myt Scharpenebbe, myneme wyue,
  3360 Dar lach ghelyk eyneme doden ketyue
      Reynke de voß vp der heyde
      Vnde habbe syne ogen vorkeret al beyde;
      De tunge henck eme vth syneme munde
      Ghelyk so eyneme doden hunde,
[**134ᵇ.**] Eme stunt de munt wyde open.
      Van anxste beghunde ik to ropen.
      Jo meer ik reep, yo stylre he lach.
         [Holzschnitt wie 133ᵇ.]
      Wo vaken sprack ik: ‚owy vnde owach!
      He is alderdynge doet!‘
  3370 Dar vmme habbe ik ruwe groet,
[**135ᵃ.**] So seer my synes bodes entfermde.
      Ik beklagede en, vnde myn wyff de kermde;
      Meer ruwe habbe wy, wan yennich louet.
      Ik betastede synen buek vnde ock syn houet;
  3375 Myn wyff ghynck staen to syneme kynne,

Se merkede, eft ncht were dar ynne
Tekene des leuendes, groet efte kleyn,
Men he lach doet alze eyn steyn;
Dyt habbe wy beyde wol ghesworen.

3380 Wo se voer, dat moghe gy nu horen.
Do se in forgen fus by eme ſtunt
Vnde er houet helt by fyneme munt,
He merkede, dat fe fyck nicht enhobbe;
He greep fe an, ya, dat fe blobbe,

3385 Vnde ſpleet er ock vort aff dat houet.
Ick vorſchreckede my mer, wan yennich louet.
Ick ſchryede lude: ,owy, owy!'
Do ſchot he vp vnde ſnauwede na my,
Men ick entfloch em myt angſte groet,

3390 Anders were ick ock dar ghebleuen doet;
So nauwe was yd, dat ick entquam.
Vp eynen boem de vlucht ick nam

[135ᵇ.] Vnde ſach van verne, wo deſſe ketyff
Stunt vnde ath myn gube wyff.

3395 He was ſo hungerich, ſo duchte my do,
He habbe noch wol twey ghegetten dar to:
He leet nicht na wer knoken efte been.
Do ick deſſen yammer habbe gheſeen,
Dat he dar nicht habbe ghelaten

3400 Vnde he wech leep ſyne ſtraten,
Ick floch dar, wol was yd my to webberen:
Dar vant ick noch etlyke vebberen
Van myneme wyue Scharpenebben,
Vp dat ick de myt my mochte hebben

3405 Vnde mochte de wyſen yuwen gnaben.
Latet yw entfermen deſſes groten ſchaden!
Here, do gy hir aff neyne wrake
Vnde achte gy nicht beſſe ſake,
Dat ſus yuwe gheleyde wert ghebroken,

3410 Gy werden ſeer dar vmme vorſproken.
Men ſpricht: ,de is mede ſchuldich der daet,
De nicht enſtraffet be myſſedaet,
Vnde eyn yſlyck wyl dan weſen here.'
Dyt were to na yuwer vorſtlyken ere".

[136ᵃ.] ¶ Jn deſſeme erſten capittel bewnſet de voete
merklyken eyn ſtucke, vnde iß be meyſte ſyn deß capittelß,
alze ſo wanner eyn vorſte eſte eyn here nicht enrychtet de
quaden vnde de myſdederß vnde leth dat recht nicht ghan,
denne kumpt yd vaken, dat de quaden arger werden, wan
ſe to voren weren, ſo wan de rechtferdicheyt an en wert
gheſparet; vnde de vorſten, de den bözen alto weeck ſyn
vnde ſe betemen laten ebber de myſdaderß ghan laten
(yd ſyn denne beue eſte rouerß eſte morderß), deſſe vorſten
vorleſen dar vmme vaken ere werdicheyt manck deme
ghemenen volke.   Suß wert denne eyn here eſte eyn vorſte
nicht gheholden ſo werdich, vnde ok enwert he nicht ſo
ghevruchtet, alze eſt he de boßheyt der vnderſaten myt
deme rechte ſtraffede, deß men grote vorvarenheyt heft in
velen landen hüten in den dach.   Wente de hylgen rechte
ſynt nicht alleyne ghemaket vmme den wyllen alleyne, de
ghebroken heft, den to richten, men ſe ſyn ok ghemaket
vmme anderer wyllen, dat ſe ſyck dar ane ſpeygelen, vp
dat ſe vmme [136ᵇ.] vruchten deß rechteß de boßheyt
vormyden.   Wente de werlt iß ſo quad, dat vmme der
leue wyllen, de eyn to deme anderen hebben ſcholde, nicht
ſo vele na blyft vele quadeß, alze vmme vruchten wyllen
deß rechteß.   Wente do Reynke nycht wart gherychtet, alze
vor iß gheſecht, dar vmme ſchach dat dar na, dat he argher
wart vnde mannygen ſchendede, dar tho deß konnyngeß
          gheleyde myt vorſate ok vaken brack.

¶ Wo de konnynck na der klage deß kannynen vnde der
kreyen ſyck tornede vnde wat he ſprack.   Dat ander capittel.

3415   DO alzuß der kreyen word
         Vnde ok deß kannynen weren ghehord,
         Alze ſe er klage ſuß hadden vormelt,
         Nobel de konnink wart ſere vorgrelt.
        He ſprack in torne: „by myner truwen,
3420   De ick ſchuldich byn myner vruwen,
[137ᵃ.] Jck wyl dyt quade ſo erlyck wreken,
        Datmen dar lange ſchal aff ſpreken,
        Dat myn gheleyde vnde myn gheboth

Sus is tobroken. Jck was eyn soth,
3425 Dat ick deſſen ſchalken voß
So wyllygen hebbe ghelaten loß
Vnde ik ſyner loggen ſo lôuede,
Dar mede he my ſo lyſtygen ſchôuede.
Jck makede eynen pelegrym van em,
3430 He ſcholde hen to Jheruſalem.
Wo klauwede he my vp der mouwen!
Men de ſchult was by myner vrouwen.
Doch ick byn des alleyne nicht,
De by vrouwen rade ſchaden krycht.
3435 Late ick Reynken lenger betemen,
Alle wy moten vns des ſchemen.
Jd is to malen eyn ſlymmen droch,
So was he to yar, ſo is he noch.
Gy heren, dencket dar vp myt vlyt,
3440 Wo wy ene krygen in korter tyd.
Nicht en kan he vns entghan,
Wyl wy dat ernſtlyck grypen an".

[137ᵇ.] ¶ (1) Jn deſſeme capittel is nicht ſunderlykes,
doch machmen hir ynne merken twey ſtucke. Dat erſte is,
dat eyne vrouwe ſchal wyß vnde kloek weſen vnde dencken
al enckede ouer, wat ſe ereme heren radet, vppe dat ſe
vyllichte nicht en werde vorſchemet vnde beropen, ſo wan
ere rad to deme argeſten kumpt, ſo hir de konnynck ſyner
vrouwen ſchult gyft. ¶ (2) Dat ander is, dat eyn here
ſchal vorſychtich weſen vnde merken wol ouer, efte yd ock
gud rad is, dat eme ſyn vrouwe reth, dat vyllychte eme
dat dar na nicht enruwe, efte he' ere' rades volgende is,
alze hir de konnynck naruwe habbe. Wente eyn man is
van vaſter complexien wan eyne vrouwe; dar vmme is
eyneme manne meer tho vorwyten, wan he ſchaden efte
ſchande kricht by vrouwen rade, wan alze eyner vrouwen
is tho vorwyten, dat ſe den rad vthghyfft (ſo vern ere
menynge gud is), den ſe in radende menet; wente
vrouwen nicht enſyn ſo vullenkomen, alze de mans, ſo vor
gheſecht is.

[138ᵃ.] ¶ Wo de konninck rede makede in torne myt
alle den deren vnde vōghelen, vnde wolde Reynken sōken,
vnde wo dyt Ysegryme vnde Brunen seer wol behaghede.
Dat iii capittel.

[Holzschnitt: rechts der löwe, stehend mit aufgehobener
rechten, das gesicht dem zuschauer zuwendend, dann das
pferd, der widder (?), der hirsch, alle vier auf die linke gruppe
zuschreitend, welche der rechten seite entgegengeht und aus
vier Vögeln mit papageiartigen schnäbeln sowie einem papagei
mit gesträubtem kamme besteht. In der mitte im hinter-
grunde ein greif, nach links zu gehend, mit hoch ausholender
linker pfote; in der mitte vorn eine pflanze. — Aus dem
„*Dialogus*“: *De leone qui pugnavit cum aquila.*]

[138ᵇ.] Ysegrym vnde Brune, desse beyde
Behagede wol, wat de konink sede.
3445   Se hopeden noch werden ghewroken
    An Reynken, konden se yd tostoken;
Men se endorsten nicht spreken eyn word.
De konnynck was so sere vorstord
Vnde was seer tornich in alle syneme synne.
3450 Int leste sprack de konnyghynne:
„Ick bydde yw, konnynck, myn gnedyghe here,
Tornet yw doch nicht so sere!
Gy scholen ock nicht so lychte sweren,
Vp dat gy blyuen by macht vnde eren.
3455 Noch wette gy nicht waraftyghe sake,
Ock horde gy noch nicht de wedderspdrake.
Were Reynke nu hir tor stede,
Vyllichte hir weren wol mynre rede
Van den, de nu klagen ouer em.
3460 Audi alteram partem!
He klaget vaken, de suluen myßdoet.
Ick heelt Reynken wyß vnde vroet,
Ick hobbe my nicht vor dessieme rochte,
Dar vmme halp ick eme, dat ick mochte.
[139ᵃ.] Dat dede ick, here, alle dorch yuwen vromen,
Wo wol yd nu is anders ghekomen.
Is he quad efte is he gud,
He is van rade wyß vnde vroet,
Dar to ock van groteme gheslechte.
3470 Hir vmme, here, bedencket yd rechte,

Dat gy nicht vorhasten huwe ere.
Gy synt yo al des landes eyn here,
Reynke kan vor yw nicht blyuen;
Wylle gy ene vangen ebber entlyuen,
3475　　Juwe ordel moeb. hummer ghan".
¶ Do sprack de lupard webber an:
„Here, bat kan yw nergen ane schaden,
Dat gy erst Reynken to worden staben.
Wat schadet, bat gy ene horen erst spreken?
3480　　Gy mogen benne doch yw an eme wreken.
Dar vmme volget huwer vrouwen rad
Vnbe ock ber heren, be hir stad".
¶ Isegrym sprack: „bat en kan nicht schaden,
Dat wy bes besten helpen raben.

[139ᵇ.] Her lupard, höret my wes mebe!
Al were Reynke hir vort tor stebe
Vnbe he syck ber sake konbe entleggen,
De besse twey hir vp eme seggen,
Ick wyl eyne sake doch bryngen vort,
3490　　Dar he syn lyff heft mebe vorborb.
Men nu wyl ick ber suluen swygen
So lange, wy ene hir webber krygen.
Des heft he bouen alle bat
Deme konnynck ghewyset eynen schat
3495　　In Husterlo by Krekelput,
Dat noch grotter loggen is ban byt.
He heft ber loggen vele ghelogen,
Dar to heft he vns allen bebrogen,
He heft Brunen sere ghescchenbet vnbe my.
3500　　Dar wyl it myn lyff noch setten by:
Newerlbe he recht be warheyt sebe.
Nu rouet vnbe morbet he vp ber heybe.
Wes beme konnynge vnbe yw bunckt gub,
Dat is byllick, batmen alzo boet.
3505　　Men habbe he hir wyllen to komen,
He heft be mere wol vornomen
[140ᵃ.] Vth bes konnynges houe by synen boben".
¶ De konnynck sprack: „wat is bat van nöben,
Dat wy alle hir na eme beyben?
3510　　Ick ghebebe, gy scholen yw alle bereyben

Vnde volgen my in deme feften dage.
Jt wyl eynen ende hebben der klage.
Wc dunket yw van deme vulen wychte?
He makede wol eyn lant to nichte.
3515 Maket rede, al dat gy moghen,
Myt yuweme harnfche, fpete vnde boghen,
Myt donrebuffen, pollexen vnde barden.
Jck ghebede, dat gy fo vp my warden,
Eft ick yuwer welke to rydder floghe,
3520 Dat de den namen myt eren droghe.
Wy wyllen hen vor Malepertuß
Vnde feen, wat Reynke heft in deme huß".
¶ Se antworden deme konnynge alle: „ya,
Wan gy ghebeden, fo volge wy na".

¶ (1) Seffeye ftucke werden in beffeme vorghefechten capittel
gheleret. Dat erfte is [140ᵇ.] van den, de dachlykes
by den heren fyn; beffe konen vele toftoken to quade vp
eynen, de nicht neghenwordich is vnde beklaget is, wan de,
de by den heren fyn, dem fuluen beklageden ok quad fyn,
ghelyck hir is ghefecht van Yfegrym, wo he int befte fprack
vp Reynken fake. ¶ (2) Dat ander is eyne lere eyner
yffyken vrouwen, wo de myt fachtmodygen worden eren
heren efte eren man fchal tho freden fpreken. ¶ (3) Dat
drydde is eyne lere den heren, dat fe nicht lychtlyken
fcholen louen efte ede fweren. ¶ (4) Dat veerde is, datmen
den beklageden to worden fchal fteden. ¶ (5) Dat vyfte,
dat eyne vrouwe fyk myt temelyken worden wol mach ent-
fchuldyghen, fo hir de konnygynne dede. ¶ (6) Dat fefte
is horfam, den in rechtferdyger fake de vnderfaten fyn
fchuldich eren heren.

¶ Wo de greuynck leep to Reynken vnde en warnede vnde
vormeldede eme den rad, de ouer en was gheghan. Dat
iiii capittel.

[141ᵃ.] Lfe beffe rad fus was ghefloten,
Dat de konnynck vnde fyne ghenoten
Wolden theen vor Reynken huß,
Vor dat flot Malepertuß,

Grymbart was mede in deme rade.

3530 He leep haftygen vnde brade
Na Reynken flot al dat he mochte,
Vp dar he eme de tydynge brochte.
He beklagede ene vnde fprack yo vaken:
„Och, Reynke oem, nu wylt fyck maken!

3535 Du byft dat houet van vnfeme ghelecht,
Wy mogen dy wol beklagen myt recht.
Wente wan du plechft vor vns to fpreken,
So enkonde vns nicht entbreken,
So fchone kanftu dyne fallacien".

3540 Myt fus groter lamentacien
Quam he to Malepertuß ghegaen
Vnde vant Reynken dar buten ftaen.
He habbe vangen twey buuen yunge,
Dar fe to ereme erften fprunge

3545 Vth ereme nefte vlegen wolden;
Se vellen vnde konden fyck nicht entholden,
[141ᵇ.] Wente ere vedderen weren noch to kort.
Reynke fach byt vnde greep fe vort,
Wente he vaken vmme yacht vthghynck.

[Holzschnitt: im vordergrunde zerren Grimbart links und
Reinke rechts an einer taube, indem jener ihre füße, dieser
ihren linken flügel gepackt hat. Weiter nach hinten zu zwei
berge; vor dem rechts liegenden sitzt rechts Reinke und
schaut auf Grimbart, der von links aus dem durch die
beiden berge gebildeten tale hervorkommt. Grimbart scheint
auf eine nicht weit von Reinke zum auffluge bereite taube
losgehen zu wollen. Im berge linker hand eine höhle, in
der zwei füchse; vor dem berge hat Reinke eine taube beim
linken flügel gefaßt. Ganz im hintergrunde zwei türme und
ein haus.]

3550 Sus fach he komen den greuynck.
He vorbeydede fyner vnde fprack ene an:
„Wylkome, neue, vor yennygen man,
[142ᵃ.] Den ick in myneme flechte weet.
Gy lopen fo fere, dat gy fweet —

3555 Wat hebbe gy nyes vornomen?"
Grymbart fprack: „ick byn ghekomen,
Dat yck yw tydynge mochte bryngen,
Wo wol fe is van quaden dyngen.

Lyff vnde gud is al vorloren.
3560 De konnynck suluen heft ghesworen,
He wyl yw laten schendyghen boden
Vnde heft al vmme heer gheboden,
Hir to wesen na ses daghen
Myt bogen, myt swerden, buffen vnde wagen.
3565 Al raden se to yuweme schaden.
Hir moghe gy kortes yw vp beraden,
Wente Ysegrym vnde Brune syn nu
Beth by deme konnynge, dan ick by yw.
Al dat se wyllen, dat is gheban.
3570 Ysegrym heft eme laten vorstan,
Dat gy eyn morder vnde rouer syd.
He brecht vp yw so groten nyd,
He wert marschalk noch eer deme meye.
Ock heft dat kannyn vnde ock de kreye
[142ᵇ.] Vp yw so grote klage ghebregen,
Ik sorge vor yuwe leuent to begen,
Isset, dat yw de konnynck kricht".
¶ „Schyt!" sprack Reynke, „ysset anders nicht,
Dat is wol eyner bonen werd.
3580 Sy gy bar van so seer vorverd?
Al hadde de konnynck noch meer ghesworen
Vnde al, de to syneme rade horen,
Won ick my suluen rad wyl gheuen,
Ick werde noch bouen se alle vorheuen:
3585 Se mogen vele raden, we yd ock sy;
Men dat houet en doch nicht ane my.
Latet dat men varen, leue neue,
Komet in vnde seed, wat ik yw gheue:
Eyn par buuen, yunck vnde veth.
3590 Ick en mach ock neene spyse beth,
Wente se synt gud to vorbauwen.
Men mach se sluken sunder kauwen,
Vnde de knockschen smecken so soet,
Yd is halff melck vnde halff bloet;
3595 Wente ick etze gherne lychte spyse,
[143ᵃ.] Myn wyff holt ock de suluen wyse.
Komet in, se wert vns wol entfaen.

Men dyt enlatet er nicht vorstaen
Van der sake, dat holdet vorborgen.

3600 Se is alto deye van sorgen,
Van klener sake valt se in vare,
Se is van herten alto sware.
Morgen whlle wy to houe ghan.
Leue oem, whlle gy ok by my stan,

3605 Alze eyn oem deme anderen doet?"
¶ Grymbart sprack: „ya, lyff vnde gud
Is to yuwer behoff myt flyt".
¶ Reynke sprack: „danck hebbet alle tyd!
Mach ick leuen, yd schal yw vromen".

3610 ¶ Grymbart sprak: „oem, gy mogen wol komen
Vor de heren vmme yuwe sake
Vnde vorantworden yw myt gudeme ghemake.
Wente de kupard sprack dessen rad,
Dat nemant yw doen schal quad,

⌊ 143ᵇ. ⌋ Eer gy suluen yuwe worde dar
Hebben ghesproken openbar.
Dyt sulfte sprack ock de konnygynne.
Dat moghe gy mede nemen to synne"

[Holzschnitt wie 141ᵇ.]

¶ Reynke sprack: „wat schadet my dan,

3620 Wan my de konnynck des so ghan?
⌈ 144ª. ⌋ Ik hope, yd schal my noch vromen,
Mach ick myt eme to sprake komen".
Myt des Reynke bynnen ghynck.
Syn wyff se beyde wol entfynck:

3625 Se bereyde de spyse al dat se mochte,
De duuen, de Reynke mede brochte.
Eyn yslyck syn deel dar van ath.
Noch worden se nicht gantz sath;
Hadde der duuen meer ghewesen,

3630 Islyk hadde noch wol twey vpghelesen.

¶ Wo Reynke sprack van synen kynderen vnde den anderen
dach vortghynck myt deme greuynge na des konnynges hoff.
Dat v capittel.

DO ſprack Reynke to Grymbard:
    „Seet, oem, dyt is de rechte ard.
    Wo behagen yw deſſe kynder myn
    Alze Roſſeel vnde Reynardyn?
3635 Se werden vnſe ſlechte vormeren.
    Se beghynnen ſyck alrede to gheneren:
[144ᵇ.] De eyne vanget eyn hoen, de ander eyn küken;
    Se konen ock wol int water buken
    Na kyuyten vnde ock na enden.
3640 Ik mochte ſe wol vakener vmme nacht vt ſenden,
    Men ick wyl ſe erſten leren vroden,
    Wo ſe ſyk mogen wyßlyken höden
    Vor de ſtrycke, vor de yegers vnde hunden.
    Wan ſe de art wol vorſtunden,
3645 So habbe ick ſe wol togheruſt;
    Se ſcholden vaken vnſen luſt
    Van mannygerhande ſpyſe böten,
    De wy van nöden hebben möten.
    Vnde ſe ſlachten na my ſeer vele,
3650 Wente grymmende ſpelen ſe er ſpele
    Vppe de, de ſe vorhaten;
    De konen nicht an ene baten:
    Se byten der vele entwey de kele.
    Dyt is de ard van Reynkens ſpele;
3655 Er grypent is ock myt haſtyger vard.
    Dyt dunket my ſyn de rechte ard".
    ¶ Grymbart ſprack: „yd is eyne ere.
[145ᵃ.] Eyn yſlyck mach ſyck vrouwen ſere,
    De kynder heft na ſyneme ſynne,
3660 De ſus mede ſynt na ghewynne.
    Ick vrauwes my ſere, vff myn eyd,
    Dat ick ſe in myneme ſlechte weyd".
    ¶ „Dyt wylle wy nu jus laten ſtaen",
    Sprack Reynke, „vnde wyllen ſlapen ghan.
3665 Gy ſynt mode, Grymbart vrunt".
    Sus ghyngen ſe ſlapen ter ſuluen ſtunt
    Vp den ſael, ghevlegen myt hoye,
    Reynke, ſyn wyff vnde alle de proye.
    Reynke was in anxſte groet.

3670   He dachte, gud rad were nu wol noet.
     Sus lach he in dancken besward
     So lange, dat yd morgen ward.
     Do sprack he syneme wyue to
     Vnde sede: „vrouwe, weset nicht vnvro,
3675   Wente Grymbart heft my laten vorstan,
     Ick moet nyt eme to houe ghan.
     Doch bybde ik, weset wol to frede.
     Eft yw yemant van my wat sede,
[145ᵇ.] Keret dat al in dat beste
3680   Vnde vorwaret wol vnse veste".
     ¶ Se antworde eme vnde sprack alzo:
     „Reynke, wat nödyget yw dar to?
     Dat is yo eyn seltzen dynck!
     Wette gy, wo yd yw latest dar ghynck?"
3685   ¶ Reynke sprack: „yd is hummer waer,
     Ick was do suluest in groter vaer,
     Etlyke weren my nicht seer holt.
     Doch dat euentür is mannichfolt:
     Yd gheyt sumtydes buten gyssen,
3690   De yd menet to hebben, moet des myssen.
     Ick moet hummer dar wesen nu.
     Weset to vreden, des bybde ik yw,
     Wente yd is al sunder anxst.
     Ik kome wedder uppet alder langest
3695   Bynnen vyff dagen, ysset, dat ik kan".
     Hir mede scheyden se van dan.

[146ᵃ.] ¶ Wo Reynke myt syneme ome, deme greuynge,
echt ghynk to deme houe des konnynges vnde wo Reynke
           bychtede.   Dat vi capittel.

     Reynke vnde Grymbart, de veyde,
     Ghyngen to samende ouer de heyde
     Na des konninges slot de rechten straten.
3700   „Yd mach my schaden, yd mach my baten",
     Sprack Reynke, „efte dyt my sus slumpt,
     Dat my desse reyse tom besten kumpt!
     Doch, leue dem, horet my nu!

Synt latesten, dat it bychtede tegen yw,
3705 Horet vorder myne sunde, groet vnde kleyn.
Eſt it my ſodder wes hebbe vorſeyn,
Dat werde it yw ſeggen in deſſer ſtunde.
It leet Brunen eyne grote wunde
Snyden van ſyneme velle vnde lyue.
3710 It leet deme wulue vnde ſyneme wyue
De ſcho van oren voten vyllen.
Dyt dede it al dorch hates wyllen.
Myt myner loggen ſchaffede it dat,

[146ᵇ.] Dat en de konnynck wart ſeer hath.
3715 Ick bedroch den konnynck to voren an
Meer, wan it nu ſeggen kan.
It fynſede vnde ſede em van eyneme ſchat,
Men he en heft des noch nicht lange ghehat.
Lampen it ſyn lyff affrouede
3720 Vnde ſande Bellyn myt ſyneme houede,
Dar myt he krech des konnynges torn.
It duwede dem kannyn ſo twyſſchen de orn,
Dat it em vyl na dat leuent nam;
Id was my leet, dat yd wech quam.

3725 ¶ Noch wyl it ſeggen twyerleye.
Myt rechte klaget ouer my de kreye:
It ath ſyn wyff, vrouwe Scharpenebbe.
Dyt vſſet, dat it bedreuen hebbe
Sodder myner leſten bycht.
3730 Noch hebbe it eyn dynck vthghericht,
Dat it lateſten hadde vorgetten
(Leue om, dat ſchole gy ok wetten)
Vnde wyl dat nu ok ſeggen mede.
Id was eyne hornſcheyt, de it dede;

[147ᵃ.] It wolde nicht gherne, dat my dat ſulue
Schege, dat it dede deme wulue.
Wente wy beyden vp eyne tyd ghyngen
Twyſſchen Kackyß vnde Eluerdyngen;
Dar ghynck eyne merye myt creme volen,
3740 De beyde ſwart weren alze de kolen.
Dat volen mochte wol olt ſyn
Van veer maenden, nicht vele myn.

Ysegrym was vyl na doet,
Van hungers wegen leet he noet.

3745 He bath my, dat ik vragen scholde,
Efte de merye vorkopen wolde
Ere volen, vnde ok wo dúre.
Sus ghynck ik to er vp euentúre.
It sprak: ,segget my, merye vruwe,

3750 Ik weet, dat dyt volen is yuwe;
Wyl gy yd vorkopen? segget my dat'.
Se sprak: ,ya, ik vorkopet vmme schat.
De summe, dar ik dat vmme wyl gheuen,
Steyt achter vnder myneme voete gheschreuen.

3755 Wylle gy yd seen, ik latet yw lesen'.
Do horde ik wol, wor se wolde wesen.

[147ᵇ.] It sprak: ,neen, vruwe, des syd bericht,
Lesen eft schriuen kan ik nicht.
Juwes kyndes ik ok nicht enbeghere,

3760 Men Ysegrym wuste gerne, wo yd were;
De heft my heer ghesant to yw'.
Do sprak se: ,so laet ene komen nu,
So wyl ik eme des maken vroet'.
Do ghynck ik hen, dar Ysegryme stoet.

3765 It sprak· ,wyl gy yw ethen sath?
De merye secht vnde entbuth yw dat:
Dat ghelt steyt vnder ereme vothe schreuen,
Wor se dat volen wyl vmme gheuen.
Se woldet my hebben lesen laten,

3770 Men wat scholde my dat baten?
Wente ik yo nene schrift enweet.
Des lyde ik vaken groet vorbreet.
Om, seet, eft gy dat konnen lesen'.
¶ Ysegrym sprak: ,wat scholde dat wesen,

3775 Dat ik nicht scholde lesen, wat yd ok sy?
Ja, búdesch, walsch, latin, ok franßoß dar by.
Hebbe ik doch to Erfort de schole gheholden!

[148ᵃ.] Ok hebbe ik myt den wysen olden,
Alze myt den mesters van der aubiencien,

3780 Questien ghegeuen vnde sentencien.
Ik was in loye ghelicencieret.

So wat schriftur, datmen viseret,
Kan ik lesen ghelyck myneme namen.
Dar vmme wyl ick wol mede toramen.

3785 Beydet myner hir eyn kleyn,
Jt wyl ghan vnde de schrift beseen'.
He ghynck hen vnde vragede euen,
Wo se dat volen wolde gheuen.
He vragede na deme besten kope.

3790 Se sprack: ,dat gelt steyt to hope
Gheschreuen vnder myneme achteren voet'.
He sprack: ,laet seen!' se sprack: ,ik doet'.
Se borde den voet vp bouen dat gras,
De nye myt yseren beslagen was,

3795 Myt ses hofnagelen, vnde sloch wysse
Vnde rakede ock nicht al mysse,
Wente se sloch ene so vor syn höuet,
Dat he storte vnde lach vordöuet
Vnde vel vor doet tor erden nedder.

[148ᵇ.] Eer he syck recht vorhalede wedder,
Dat was wol eyne grote stunde.
De merye leep wech, al dat se konde,
Vnde leet Ysegryme lyggen vorwunt.
He lach vnde hulede alze eyn hunt.

3805 Jck ghynck to eme vnde heet ene here,
Jck vragede ene: ,wor is de mere?
Synt gy van deme volen ock sath?
Wor vmme belede gy my nicht ock wat,
Wente ick yw doch de bodeschop dede?

3810 Hebbe gy vp yuwe maltyd gheslapen rede?
Wat was yd vor schrift vnder deme voet?
Wente gy synt in wyßheyt seer vroet'.
¶ ,Och Reynke', sprack he, ,spottet doch nicht!
Jck byn ghevaren so eyn arm wycht.

3815 Dat mochte entfermen eyneme steen.
De hore myt deme langen been,
Myt yseren was beslagen er voet,
Yd was neen schrift, de dar vnder stoet.
De nagelen, de dar ynne stunden,

3820 Dar myt sloch se my ses grote wunden'.

[149ᵃ.] ¶ Hir van Ysegrym nauwe syn lyff behelt.
　　　　　Seet, neue, nu hebbe ick yw vortelt
　　　　　Al wat ick weet van myner myssedaet.
　　　　　Id is myslyck, wo yd my nu gaet
3825　　　To houe; wente nu byn ick sunder vaer
　　　　　Vnde dar to van mynen sunden klaer.
　　　　　Ick wyl ock gherne by yuweme rade
　　　　　Beteren vnde komen wedder to gnade".

¶ (1) In deffen dren vorghesechten capittelen leret de
poete vi stucke. Dat erste is, dat neen vrunt schal sparen
arbeyt efte moye vmme synes vrundes wyllen, alze yd
noet is, ghelyck alze hir Grymbart de reyse annam to
Reynken, en to wernende. ¶ (2) Dat ander is lycht=
synnicheyt in quader tydynge, vmme dat eyn synen vrunt
nicht sachaftich make, alze Reynke bede. ¶ (3) Dat iii is,
dat eyn yyne sones nicht schal van syck senden, er he se
wol heft gheleret vnde vnderwyset, wo se syck scholen
waren vor varlicheyt der sele vnde des lyues, so Reynke
hir secht, dat he erst syne sones wolde bet vnder=[149ᵇ.]
wysen, wo se syk scholden waren vor de strycke vnde
yagers vnde hunde. ¶ (4) Dat verde is, dat eyn man
nicht en schal syneme wyue to erkennen gheuen syne last,
de groet is, yffet, dat he kumpt in sware last, ghelyck
Reynke hir syneme wyue dat beste vorsede. ¶ (5) Dat
vyfte is gubdunckelheyt, so dat mannich menet, he sy wyß
vnde wol gheleret, so Ysegrym menede, do he sede, dat
he konde vele sprake vnde schrift, vnde denne noch de
merye kloker was wan alze he, vnde dar to noch spot
lyden moste van deme voffe. — (6) Dat sefte is eyne
lere, so dat alle, de annemen eyne sorchlyke reyse to lande
efte to water, dat is rab, dat de erst ere bycht doen vnde
beruwen ere sunde.

¶ Wo Reynke noch bychtet vnde etlyke sunde entschuldygen
wyl vmme quader exempele der prelaten. Dat vii capittel.

3830　　G̃rimbart sprak: „yuwe sunde sint grob.
　　　　　De doet is, moet blyuen bod;
　　　　　Dat were gud, mochten se noch leuen.
　　　　　Men, om, dyt wyl ik yw vorgeuen

[150ᵃ.] Vmme den angſt vnde vmme de noet,
Wente ſe ſtan vaſt na huweme doet.
3835 Hir wyl ik yw abſolueren van.
Men dat meyſte, dat yw hynderen kan,
Is Lampen houet vnde ſyn doet.
Juwe dryſticheyt, de was ſeer groet,
Dat gy deme konnynck ſanden dat houet;
3840 Dat wyl yw meer ſchaden, wan gy löuet".
¶ „Neen, ſchyt", ſprack Reynke, „nicht eyn haer!
Dem, ik ſegge yw dat vorwaer,
De nu dorch de werlt ſchal varen,
De en kan ſyck nicht ſo hyllych bewaren,
3845 Alze de in eyn kloſter höret.
Ik wart van Lampen ſo ſeer beköret,
He ſpranck vor my vnde was wol veth —
Sus wart de leue to rugge gheſeth.
Bellyne ik ok nicht ſeer wol gunde.
3850 Sus hebben ſe den ſchaden vnde ik de ſunde.
Se ſynt ock eyn deel ſo rechte plump,
In allen ſaken groff vnde ſtump.
Ik ſcholde do vele myt en credencien?
[150ᵇ.] Des hadde ik do nene grote conciencien,
3855 Wente ik myt angſte ſcheyde vth dem hoff.
Ik vnderwyſde ſe, men yd was to groff.
Ik ſchal yo leff hebben myn ghelyken;
Wente der warheyt kan ik nicht entwyken:
Der en achtede ik do nicht ſeer groet.
3860 Doch de doet is, mod blyuen doet;
So ſpreke gy ſuluen vp der ſtede. —
Lathet vns ſeggen van anderer rede!
¶ Jd is nu eyne varlyke tyd;
Wente de prelaten, de nu ſyd,
3865 Se ghan vns vore, ſo men mach ſeen.
Dyt merke wy anderen, groet vnde kleen.
We is, de des nicht enlouet,
Dat de konnynck ok nicht mede rouet?
Ja, yſſet, dat he yd nicht en nympt ſuluen,
3870 He leth yd doch halen by baren vnde wuluen.
Doch menet he al, he doet myt recht.

Neen is, de eme de warheyt fecht
Edder de vor spreken: ‚yd is ouel gheban’,
Nicht fyn bychtfader, noch de kappellan.

[151ᵃ.] Wor vmme? wente fe ghenetens al mede,
Al were yd ock men to eyneme klebe.
Wyl yemant komen vnde wyl klagen,
Ja, he mach vufte nayagen,
He vorfpyloet men vnnutte tyd.

3880 Watmen eme nympt, des is he quyd,
Syne klage wert nicht vele ghehord,
He dor int lefte nicht spreken eyn word.
Wente deffes is he ftedes anbechtich,
Dat em de konnynck is to mechtich.

3885 ¶ Wente de lauwe is yo vnfe here
Vnde holt yd al vor grote ere,
Wat he to fyk rapen kan.
He fprickt, wy fyn alle fyne man.
Dat is noch neyne grote ebbelycheyt,

3890 Dat he den vnderfaten fchaden deyt.
Seet, oem, wan ik yd feggen dorfte,
De konnynck is eyn ebbel vorfte,
Men he heft leeff den, de eme vele brynget
Vnde de fo danket, alze he vore fynget.

3895 Yd en is noch nicht al fo klare,
[151ᵇ.] Dat nu de wulff vnde ok de bare
Myt deme konnynge webber ghan to raden;
Dat wyl noch mannygem fere fchaden.
He feth vppe fe groten louen,

3900 Se konnen vele ftelen vnde rouen,
Eyn yflyk denne mede ftylle fwycht.
Yd is alleyns, wo men dat kricht.
Sus heft de lauwe nu, vnfe here,
Deffer meer by fyk, ban vere;

3905 De ftan nu feer in fyneme loue
Vnde fynt de grotften in fyneme houe.
Arm man Reynke, nympt de men eyn hoen,
Dar wylt fe alle denne vele vmme doen,
Den wylt fe denne foeken vnde vangen,

3910 Ja, fe ropen alle, men fchal ene hangen.

De kleynen deue hengetmen wech,
De groten hebben nu starck vorhech,
De mothen vorstaen borghe vnde lant.
Seet, oem, so ick dyt hebbe bekant
3915 Vnde wan my dyt kumpt to synne,
So spele ick ok na myneme ghewynne.
Ik dencke vaken, yd is so recht.
[152ᵃ.] Wente men nu des vele plecht.
Doch vrage ick vaken myne conciencien
3920 Vnde dencke denne vp godes sentencien,
(Datmen vnrecht gud, wo kleyn yd ok is.
Wedder gheuen mod, dat is wys)
So kome ick denne to groter ruwe.
Men nicht lange ick hir vp buwe,
3925 Wan ik see der prelaten stad,
De etlyker wegen nu is seer quad.
Doch synt vele prelaten in deme talle,
De doch gherechticheyt beleuen alle.
Dyt were wol best, konde ik my vorwynnen,
3930 Dat ik den volgede myt al mynen synnen".

¶ (1) In desseme capittel leret de poete vi stucke. Dat
erste is, dat eyn sunder vaken vnde mannich werue syne
sunde wecht seer lycht, alze Reynke hir bede. ¶ (2) Dat
ander is: mannich sunder is, de der synlicheyt volget
vnde vmme rynge bekorynge valt in grote sunde, de he
nicht wedderstan wyl, so Reynke hir secht, dat he leet
bekorynge van Lampen wegen. [152ᵇ.] ¶ (3) Dat
drydde is dat boze vorgandent etlyker prelaten eren vnder-
saten. ¶ (4) Dat verde is, dat mannich is, de menet, dat
de sunde dar vmme klene syn, dat he weet, dat de prelaten
sundygen, ebber he lecht yd dar mede aff, dat he süd efte
weet, dat de ouersten ebber andere syne ghelyck sundighen;
alze Reynke hir secht, dat he sach, dat de prelaten eme
duel vore gyngen. Adam, vnse vader, entschuldyghede ock
syne sunde vnde wart gheworpen vth deme paradyse; syne
sunde wart darvmme nicht lichter, men meer beswaret.
Dat eyn sunder süd efte weet, dat vele lüde sundygen
vnde he darvmme des to drystyger ock sundyget, dat en
wyl syne vordomenysse nicht vorlichten; wente dat vur

enbrant des to myn nicht, wan dar vele holtes wert vp
gelacht, men yd wert grotter vnde brant ock meer vnde
heter.   Alzo yffet ock myt den vorbomeden: yo meer der
funders in de helle komen, yo grotter dat vuer erer vor=
bomenyffe wert.   ¶ (5) Dat vyfte is van deme baren
vnde wulue, dar de lauwe konnynck fynen [153ᵃ.] rad
mede habbe, betekent de ghyrygen rouers by deme wulue
vnde by deme baren, bede mede vmme guber baghe vorteren
vnde vordrucken dat fure arbeyt, dat fwed vnde bloet der
vnderfaten.   ¶ (6) Dat fefte is, wo de armen vmme rynges
brokes wyllen vnde vmme klener fake, fo wert myt en
gheftarket dat recht, vnde der groten mechtyghen broke
wert fo nicht gheachtet vmme den wyllen, dat fe wol
konnen fpelen rapiamus.   Ok is de meyfte fyn deffes
capittels van den heren, bede vpholden de vnrechtferdigen
rouers, vnde dat ere bychtfabers vnde ere cappelans efte
nemant alfobanen heren dor ftraffen, vnde byt laten fe,
vmme dat fe den heren wyllen behagen efte vorbeel to
erkrygen; ya, fodanes is nu vele in etlyken landen, dar
mede de ware leue is ghewanbelt in vmplycht.

¶ Noch van Reynken bycht, vnde is eyne ftraffynge veler
  quaden vnde eyn loff der guben.   Dat viii ghefette.

[153ᵇ.] Seet, Grymbart om", fprak Reynke vorban,
              „De nu borch de werlt mod ghan
              Vnde fuet alzo der prelaten ftab,
              (Eyn deel fyn gub, eyn deel fyn quab)
    3935   He vallet in funde, eer he yd weet,
              Wan he deme bözen nicht webberfteyt.
              Vele prelaten fynt gub vnde gherecht,
              Noch blyuen fe barvmme nicht vmbefecht
              Wan der meenheyt in beffen baghen,
    3940   De nu dat quabe erft konnen vthvragen
              Vnde fe ok bar nicht by vorgetten
              Vnde konnen ok bar meer tofetten.
              So böze is nu ok de meenheyt.
              Darvmme yd fus ok vaken gheyt,
    3945   Dat vele nu nicht fyn werbich

To hebbende heren gud vnde rechtferdich.
Dat quade se vaken spreken vnde syngen;
Men wetten se wat van guben byngen
Van welken heren, groet efte kleyn,
3950　Dat wert vorswegen int ghemeyn;
Nicht spreken se dat so draden ouerlud.
Wo scholde hummer der werlt scheen gud?

[154ᵃ.] De werlt is vul van achterklapperye,
Vul loggen, vul vntruwe, vul deuerye.
3955　Vorradent, valsche ede, roeff vnde mord,
Alsodanes wert nu gantz vele ghehort.
Valsche profeten, valsche ypocriten,
Ja, desse de werlt nu meyst beschyten.
De meenheyt süd der prelaten stad,
3960　De vormenget syn beyde gud vnde quad.
Nicht volgen se den guden, men den quaden.
Dar myt se syk meyst suluen vorraden.
Werden se ghestraffet vmme de sunde,
Se spreken vort tor suluen stunde:
3965　,Nicht en syn de sunde so swar,
Alze de ghelerden prediken hir efte dar.
Wan dat so were', sprikt mannich arm wycht,
,De papen deden dat suluen nicht'.
Se entschuldygen syck myt den quaden papen,
3970　Dar myt se ghelykent synt der apen,
De na wyl doen, wat se suet,
Dar vmme er vaken neen gud enschuet.
¶ Id is waer, vele papen syn in Lomberdyen,

[154ᵇ.] De ghemeenlyken hebben ere egene amyen;
3975　Men nicht en syn de in desseme lande.
Desse dryuen vele sunde vnde schande:
Se ghewynnen kyndere, so my is ghesecht,
Alze andere mynschen doen in deme echt.
Se denken denne meyst der kyndere bate
3980　Vnde bryngen se ok to groteme state.
Anderen gheuen se des nicht to voren,
Wo wol se syn vnechte gheboren.
Se ghan heer stolt, so vprichtygen recht,
Ja, eft se weren van eddelem gheslecht.

3985 Se menen fuluen, ere fake fy flycht.
      Men en plach der papen kynder nicht
      So vor to teende vnde to eren,
      Men nu hetet men fe vruwen vnde heren.
      Dat ghelt heft nu de oueren hant.

3990 Men vyndet nu felben eynes vorften lant,
      Dar nicht de papen boren den tollen;
      Se raden ouer dorpere vnde mollen.
      Deffe de werlt erft vorkeren.
      Wan fus de meenheyt dat quabeste leren

3995 Vnde feen, dat deffe fus hebben wyuer,
[155ᵃ.] So fundygen fe myt en des to ryuer.
      Eyn blynde fus den anderen leydet,
      Vnde werden fus beyde van gode ghefcheydet.
      Nicht en wert nu in beffer tyd

4000 Ghemerket myt fo groteme vlyt,
      Watmen fuet van guden werken
      Van vromen prefteren in der hylgen kerken,
      De vele guder exempele gheuen.
      Weynich nu na deffen leuen,

4005 Vnde dyt wert nicht fo braden ghemerket.
      Men dat quabe wert meyft ghefterket,
      Dat nu fus ghefchüd manct der ghemeen.
      Wo fcholde der werlt gud ghefcheen?
      Doch fpreke ik vorder, wyl gy yd horen:

4010 De alzus in vnechte is gheboren,
      De hebbe hir ynne gude ghebult,
      Wente he heft hir ane nene fchult.
      Men dat ik hir mene, dat is dyt:
      De fus is, de othmodyghe fyk myt vlyt;

4015 Nicht fchal he bouen andere vthbreken,
      Datmen nicht van en dorue fpreken
      So alze hir vor is ghefecht.
[155ᵇ.] Spricht yemant dan vp fe, de deyt vnrecht.
      De ghebort maket nicht vneddel efte gud,

4020 Men döghede efte vndoget, de yflyk boet.
      ¶ Eyn gud pape, wol ghelerd,
      De is aller ere werd;
      Men eyn ander van quabem leuen,

De kan vele quader exempele gheuen.

4025 Prediket ock sodanen vaken dat beste,
So spreken doch de leyen int leste:
,Wat hsset, dat desse predyket eft leret,
Wente he suluen is vorkeret?
Der kerken deyt he suluen neen gud,

4030 Men to vns spricht he. «ya, legget men vth!
Buwet de kerken, dat is myn raet,
So vordene gy gnade vnde afflaet.
Ja, synen sermoen slut he alzo, —
Suluen lecht he dar weynich to

4035 Edder ock wol nichtes myt allen,
Scholde ock de kerke dar nebber vallen'.
Sodanen holt dyt vor de wyse:
Schone kledere vnde leckere spyse,

[156ᵃ.] Grote bekummerynge myt wertlyken dyngen.

4040 Wat kan sodanen beden efte syngen?
Men gube presters, de dencken alle tyd,
Wo se gode mogen denen myt flyd
Myt velen hylgen guden werken.
Desse synt nutte der hylgen kerken,

4045 Desse ghan den leyen best vore
Vnde bryngen se in de rechten dore.
¶ De bekappeden, de ock myt alleme vlyd
Bydden, gylen alle ere tyd,
De mene ik hir mede in deme suluen ghelyken.

4050 . Meyst synt se leuer by den ryken;
Se konen ere worde so lystygen kleben
Vnde alto lycht synt se ghebeden:
Byddetmen eynen, so komen dar twey.
Noch synt to deffen twey efte drey

4055 In deme kloster best van worden;
Desse werden vorhauen in deme orden
To lesemester, custode, prior efte gardian,
De anderen moten by syden stan.
So wan men dar to reuenter eth,

[156ᵇ.] Vnlyke werden de schottelen gheseth;
Wente desse moten des nachtes vpstan,
Syngen, lesen vnde vmme de grauer ghan.

10

De anderen eten de guden morſeel
Vnde krygen wech dat beſte vordeel.

4065   ¶ Wat ſpricktmen van des paweſes legaten,
Van abbeten, proueſten efte anderen prelaten,
Beghynen, nonnen, ya we ſe ok ſyn?
Jd is al: geuet mi dat iuwe, latet my dat myn.
Men vyndet manct teynen nauwe ſeuen,

4070   De recht in ereme orden leuen:
So ſwack is nu de gheyſtlyke ſtad".
¶ Do ſprack de greuynk: „oem, dyt is quad,
Dat gy ſus der anderen ſunde
Vor my bychten in beſſer ſtunde.

4075   Des bychtent helpet nicht eynen dreck,
De nicht enbychtet ſyn eghene ghebreck.
Wat vrage gy na der gheyſtlicheyt,
Wat de eyne efte de ander beyt?
Jſlyck moet dragen ſyne eghene borden

[157ᵃ]   Vnde rede gheuen vor ſynen orden,
Wo eyn yſlyck den heft gheholden,
Jd ſy manct den yungen efte manct den olden.
Dar wyl ick nemande buten ſluten,
Jd ſy in klöſteren efte dar buten.

4085   Doch, Reynke, gy ſpreken van velen dyngen,
Gy ſcholden my draben in erredom bryngen.
Gy wetten encket der werlde ſtaet
Vp dat nauweſte, wo alle dynck ghaet.
Van rechte ſcholde gy ſyn eyn pape

4090   Vnde laten my vnde andere ſchape
To yw bychten vnde van yw leren,
Dar myt wy mochten tor wyßheyt keren.
Wy ſynt eyn deel ſtump vnde groff".
Hir mede quemen ſe vor des konnynges hoff.

4095   Do wart Reynke halff vorzaget,
Doch ſprack he do: „vb is ghewaget!"

¶ (1, Jn deſſeme capittel menet de lerer v ſtucke. Dat
erſte is, dat de ſtaet gheyſtlyck vnde wertlyck is vormenget
myt prelaten vnde vorweſeren, [157ᵇ.] beyde gud vnde
quad, vnde wo de ghemenen mynſchen meyſt anſeen vnde
merken de boßheyt vnde 'be ſunde der quaden vnde dar

vmme myt ene ſundyghen. ¶ (2) Dat ander is achter=
klapperie der mynſchen vp de prelaten vnde ock eyn vp
den anderen, dat tho malen eyne quade ghemene boze
ſunde is, vnde dat vmme deſſer ſunde wyllen vaken de
meenheyt wert gheplaghet myt bozen heren vnde vorweſers,
wente ſe nicht werdich ſyn to hebbende gude heren. ¶ (3)
Dat drydde is eyn ſtraffent etlyker papen, bede vntuchtyghen
leuen, vnde ock ere kyndere, vnde wo de leyen ſyck nicht
beteren dar van, eſt ſodanen preſter vele prediket efte
leret; wente ſunte Jeronimus ſecht, dat den leyen nutter
is vnde dat ſe ſyck meer beteren dar an, wan ſe ſeen dat
leuent vnde de werke eynes guden preſters, wan dat eyn
ſundich boze preſter behende vnde koſtlyken prediket vnde
leret, vnde doch in den werken he ſuluen nicht gud is.
Eyn gud leuent vnde nicht ghepredikel is beter, wan alze
eyn quad leuent vnde vele ghepredikel efte leret. [158ᵃ.]
Ock en is gode nicht anname alſodane predekye; wente
god ſprickt to deſſen dorch den profeten alzus: „Worvmme
nympſtu in dyne ſundygen munt myn hylghe teſtament
vnde predikeſt deme volke myne hylghen worde, de du in
dynen bozen werken doch hateſt alle dogentlyke tucht?“
Doch is hir eyne lere, dat neyn leye alſodanen preſter
ſchal beſeggen efte quad van eme ſpreken, wente de leyen
ſynt nicht rychters der gheyſtlyken. Merke dyt: de dar
quad ſprydt van eyneme leyen, de ſundyget; men ſpricht
he quad van eyneme geyſtlyken, he ſundiget vele ſwarer;
wo wol yd ock war is, nochtan is yd quad, dat yemant
alzo vortelt dat ghebreck eynes anderen vnde vormeret ſyn
egen. ¶ (4) Dat verde is de vnlyke belynge der prouene
in den kloſteren, dar vth vaken ſyck ſaket grot hath vnde
nyth. ¶ (5) Dat v is valſche bycht, de mannich deyt, in
deme dat he ſecht anderer ghebreck, ſo Reynke hir bede;
de ſo bychtet, de bychtet vnrecht: eyn yſlyk ſunder ſchal klagen
ſyne eghene ſunde, alze Dauyd leret in deme xxxi ſalmen:
„Dixi, confitebor aduerſum me iniuſticiam meam domino“.

[158ᵇ.] ¶ Wo Marten de ape reyſede na Rome vnde
Reynken motte vnde ſyne ſake myt ſyk nam, vnde van
etlyken to Rome. Dat ix capittel.

Marten de ape dyt habbe vornomen,
Dat Reynke wolde to houe komen.
He wolde reysen den wech na Roem.
4100   Do he eme motte, he sprak: „leue om,
Hebbet vry eynen guden mod!"
He wuste wol, wo syne sake stod,
Doch vragede he na eyneme stucke.
¶ Do sprak Reynke: „my is dat gelucke
4105   In dessen dagen seer entyegen.
Ick byn echt vorklaget tobegen
Van etlyken beuen, we se ock syn,
Van der kreyen vnde deme orlozen kannyn.
De eyne heft syn wyff vorloren,
4110   De ander de helfte van synen oren.
Mochte ick suluen vor den konnynck komen,
Dat scholde en beyden weynich vromen.

[159ᵃ.] Dat meyste, my wert schaden dar an,
Is, ick byn in des pawes ban.
4115   De prouest heft der sake macht,
De by deme konnynge is in groter acht.
Dar vmme ik in deme banne byn,
Is, dat ick Ysegryme gaff den syn,
Do he monnyk was gheworden,
4120   Dat he wech leep vth deme orden,
Do he tor Elemar was begheuen.
He swor, he konde alzo nicht leuen
In alzo hardem strengen wesen,
So lange to vasten, so vele to lesen.
4125   Ick halp eme wech, dat ruwet my sere;
Dar vor deyt he my wedder vnere
Jegen den konnynck to voren an
Vnde deyt my quad, al wor he kan.
Schal ik to Rome, dat wyl seer hynderen
4130   Mynem wyue vnde mynen kynderen,
Wente Ysegrym de leth des nicht,
He deyt ene quad, wor he se krycht,
Myt anderen, de my syn seer quad
Vnde soeken vp my seer bözen rad.

[159ᵇ.] Were ick vth deme banne gheloft,

So habbe ick sus wol beteren trost
Vnde mochte vprychtich myt ghemake
Spreken vor myne eghene sake".
¶ Marten sprack: „Reynke, leue oem,
4140 Ick wyl recht nu vp na Roem.
Ik wyl yw helpen myt schonen stucken
Vnde wyl yw nicht laten vordrucken.
Byn ick doch des byschoppes klerck!
Ja, gantz wol vorsta ick my vp dat werck:
4145 Ick wyl den prouest to Rome citeren
Vnde wyl tegen en alzo pliteren,
Seet, oem, vnde boen yw execucien
Vnde bryngen yw eyne absolucien
Synes vnbandes, were yd eme ock leet.
4150 Wente ick to Rome ben loep wol weet,
Wat ik schal laten efte doen.
Dar is ock myn oem Symon,
De mechtich is vnde seer vorheuen;
He helpet deme gherne, de wat mach gheuen.
4155 Her Schalkevunt is dar ock eyn here,
[160ᵃ.] Ock doctor Grypto vnde der noch mere,
Her Wendehoyke myt her Lozevunde,
Dyt synt alle dar vnse vrunde.
Ik hebbe gelt vor henghesant,
4160 Hir mede werde ick best bekant.
Ja, schyth, men secht vuste van citeren —
Dat gelt hsset al, dat se begheren.
Al were de sake noch so krum,
Myt ghelde wyl ick se kopen vm.
4165 De gelt brynget, krycht to hantes gnade,
De dat nicht heft, de kumpt to spade.
¶ Seet, oem, dar vmme gy syd in deme ban,
Alle de sake the ick my an.
Ik neme de vp my vnde gheue se yw quyd.
4170 Ghaet vry to houe, vnde so gy dar syd —
Dar is myn wyff, vrouwe Rukenauwe;
Wente de konnynck, vnse here, de lauwe,
Heft se leeff vnde ock de konnygynne,
Wente se seer behende is van synne.

4175 Spreket se an, se is seer vroet,
Wente se gherne dorch vrunde wes doet.

[160ᵇ.] Gy vynden an er vruntschop groet,
Dat recht heft vaken hulpe noet.
Dar synt by er ere sustere twey

4180 Vnde ock dar to myne kyndere drey,
Noch vele dar to van yuweme slecht,
De yw wol bystan in deme recht.
Mach yw dan sus neen recht bescheen,
So schole gy dat in kort ok seen.

4185 Doet my dat yo draden to weten:
Alle de int lant syn beseten,
Isset konnynck, vrouwe, kynt efte man,
Alle wyl ick se bryngen in den ban
Vnde senden en interdict so swar,

4190 Men schal dar wer hemelyck efte openbar
Syngen, grauen, döpen, wat yd ock sy.
Neue, hir vp so troestet vry.
¶ De pawes is eyn old kranck man,
He nympt syck nenes dynges meer an,

4195 Alze datmen syner nicht vele acht.
Men alto male des houes macht
Heft de cardinal van Vnghenöghe,

[161ᵃ.] Eyn man yunck, mechtich, van behendem töge.
Ick kenne eyne vrouwen, de heft he leeff,

4200 De schal eme bryngen eynen breff;
Myt der byn ick seer wol bekant,
Ja, wat se wyl, dat blyft neen tant.
Syn schryuer heth Yohannes Parthe,
He kennet wol olde münte vnde nye.

4205 Horkenauweto is syn kumpan,
De is des houes kurtesan.
Slypenvndewenden is notarius,
In beyden rechten eyn bacalarius;
Wo desse noch eyn yar dar blyft,

4210 He wert mester in practikenschrift.
Moneta vnde Donarius
Synt twey richter int sulue hus:
Wem desse twey affseggen dat recht,
Deme blyftet ock wol alzo ghesecht.

4215 Alsus is dar mannyghe lyst,
    Dar an de pawes vnschuldich ist.
    De moet ik alle holden to vrunde,
    Dorch se vorghyftmen nu de sunde
    Vnde löset dat volck vth deme ban.

[161ᵇ.] Seet, Reynke oem, hir holdet yw an.
    De konnynck heft yd rede ghehord,
    Dat ick yuwe sake vore vort;
    He wed, dat ick dat wol kan weruen,
    Men mach yw nicht laten vorderuen.

4225 Dyt wyl de konnynck bedencken recht,
    Dat vele synt apen vnde vosses slecht,
    De vaken eme gheuen den nauwesten rad.
    Dyt wert yw helpen, wo yd ock ghad".
    ¶ Reynke. sprack: „dat is gud trost,

4230 Ick dencke des wedder, werde ick vorlost".
    Hir myt eyn van deme anderen scheyde.
    Reynke ghynck vord ane ghaleyde
    Myt Grymbarde in des konnynges hoff,
    Dar in he hadde seer klenen loff.

¶ (1) In desseme capittele leret de lerer mannigerleye, sunderlyken veer stucke. Dat erste is de schalckaftyghe boßheyt mannyges vntruwen, in deme dat he de bespottet, de he to schaden heft ghebrocht; alze hir de voß dede dar he [162ᵃ.] dat kannyn heet eynoor vnde de kreyen anewyff. ¶ (2) Dat ander is, dat eyn mach soeken gheystlik recht, de in wertlykem rechte nicht kan manen. ¶ (3) Dat drydde is, dat eyn vaken by etlyken heren mach vorkrigen hulpe efte ghehoer dorch myddele der vrouwen. ¶ (4) Dat veerde is andreyende der gheystlicheyt, de myt deme rechte vmmeghan, de he nomet Symon vnde her Lozeuunt vnde Johannes Partie et cetera. Van dessen secht he nicht vele in desser vthleggynge, yodoch is de menynge, dat yd in der heren houe is to donde vmme den pennynck: de den mylbidichlyken vthghyft, kricht eer recht, eer eyn ander by gheystlyken vnde by wertlyken in etlyken landen. Dar vmme nomet he sunderlyken Symon, dat is
ſymonye et cetera.

Hir endyghet dat ander boek van Reynken deme vosse.

[162ᵇ.] **Hir beghynnet dat drydde boek van
Reynken deme vosse.**

¶ (1) Jn besseme drydden boeke wert sunderlyken gheleret
vnde bewyset, dat eyn here eynes landes vaken wert ghe=
leydet vnde ghebracht vth deme weghe der rechtferdicheyt,
vnde bat dryerleye wyß. Erst, so wanner he nicht en=
straffet, be ghebroken hebben, vnde be loß ghyft, alze hir
van Reynken is ghesecht. ¶ (2) Dat ander, wan he ansüb
be gheslechte vnde mechtygen des, bede heft ghebroken.
¶ (3) Dat drydde, so wan he ben loggeneren horet vnde
louen ghyft, sunderlyken ben, be berochtyget syn. Doch is
be meyste syn besses drydden boekes be valsche kloke ent=
schuldynge bes vosses yeghen alle klaghe in yegenwordicheyt
ber, be he bedroghen habbe.

[163ᵃ.] ¶ Wo Reynke myt Grymbart, deme greuynge,
quemen in ben hoff, vnde wo Reynke syne worde makede
vor deme konnynge. Dat erste capittel.
[Holzschnitt wie 72ᵃ.]

4235   **R**Eynke quam echt in ben hoff,
     Dar in he was vorklaget groff.
     Bele, be eme nicht wol engbunden
     Vnbe be na syneme leuende stunden,
[163ᵇ.] De sach he bar, wor yslych stob.
4240   He krech wol halff eynen twyfelen mob,
     Doch makebe he syck suluen köne
     Vnbe ghynck wech borch alle be barone.
     Harbe by eme ghynck be greuynck.
     Sus quemen se beybe vor ben konnynck.
4245   ¶ De greuynck sprack: „Reynke vrunt,
     Weset nicht blöde in besser stunt!
     Deme blöben is bat ghelucke düre,
     Deme könen helpet bat euentüre,
     Dat mannich moet soeken hir vnbe bar".
4250   ¶ Reynke sprack: „gy segget waer.
     Jk bancke yw vor guben trost,
     Jk bencke bes webber, werbe ick vorlost".

He sach sych vmme hir vnde dare
Vnde sach dar vele manck der schare
4255 Van synen magen, de dar stunden,
De eme nochtant nicht wol enghunden
(Vnde dyt konde he ock wol vorbenen)
Ja, van otteren, van beueren, van groten, van
[164ᵃ.] Myt den he vaken vosses art dreff.   [klenen,
4260 Doch weren dar vele, de en hadden leff,
De he dar sach in des konnynges sale.

[Holzschnitt wie 72ᵃ.]

¶ Reynke knyede sych tor erden dale
Vor den konnynck vnde sprack to hant:
„Gob, deme alle dynck is wol bekant
[164ᵇ.] Vnde alles mechtich blyft ewychlick,
Bewar mynen heer, den konnynck ryck,
Vnde myne vrouwen, de konnyghynnen,
Vnde gheue ene wyßheyt, recht to besynnen,
We dar recht heft este ock nicht.
4270 Men vyndet nu mannyghen valschen wycht,
Ja vele, de van buten bragen schyn
Anders, dan se van bynnen syn.
Ick wolde, dat gob dyt mochte gheuen,
Dat vor er houet dat were schreuen
4275 Vnde myn here, de konnynck, dat seghe;
Denne worde gy seen, dat ick nicht enleghe.
Wo denstlyck ik sy to yw gheuöghet
Alle tyd, denne noch byn ick ghewröget
Myt loggen vor yw van den quaden,
4280 De my gherne nu wolden schaden
Vnde my so bryngen vth yuwer hülde
Myt vnrecht vnde sunder alle schülde.
Men, here, ick weet, gy synt bescheyden,
Gy laten yw so nicht vorleyden,
4285 Dat gy deme rechte ycht wedderstan;
Wente newerlde hebbe gy dat gheban".

[165ᵃ.] ¶ Wo dat rochte quam, dat Reynke was ghe=
komen in den hoff, vnde wo Reynke alle syne bedregerye
vnde boßheyt entschuldygede, sundergen van der kreyen
vnde kannyn. Dat ii capittel.

Lze eyn ŋſlŋk dat vornam,
Dat Reŋnke voß to houe quam,
Dat duchte mannŋgem weſen wunder.

4290   Eyn ŋſlŋk drengede ſŋk to bŋſunder,
Vp dat ſe hoiden ſyne ſprake
Vnde wo he antworde to der ſake.

¶ De konnŋnck ſprack: „Reŋnke, boze wŋcht,
Dŋne lozen worde helpen dŋ nicht.

4295   Du hefft des alto vele gheplogen
Vnde mŋ vaken vorghelogen
Mŋt lozen vünden ſeer behende;
Dat ſchal nu mŋt dŋ nemen ende.
Bŋſtu mŋ truwe, dat is wol ſchŋn

4300   An der kreŋen vnde an deme kannŋn.
Hadde ick anders nene ſake to dŋ,
Deſſer ſuluen is ghenoch twŋſſchen dŋ vnde mŋ.

[165ᵇ.] Dŋne vndaet kumpt alle dage vth,
Du bŋſt eyn ſchalck in dŋner hud.

4305   Al ſŋnt dŋne vünde valſch vnde behende,
Jb mod doch eyns nemen eynen ende.
Jk wŋl nicht vele mŋt dŋ kŋuen".

¶ Reŋnke dachte: „wor ſchal ik nu blŋuen?
Och, were ik nu in mŋnen borgen!

4310   (Sus was he in anxſte vnde ſorgen)
Nu bende mŋ wol eyn nauwe rad;
Jk moet dar dorch, wo ŋb ock ghad".
He ſprack: „konnŋnck, ebbele vorſte groet,
Al hebbe ick ok vordenet den doet,

4315   So gŋ menen na huweme waen,
Gŋ hebben de ſake nicht recht vorſtaen
Des bŋdde ick ŋw, dat gŋ mŋ horen.
Jck hebbe doch ŋw hir bevoren
Mannŋgen nutten rad ghegeuen

4320   Vnde bŋn in der noet bŋ ŋw ghebleuen
Raken, wan etlŋke van ŋw weken,
De nu ſŋk twŋſſchen vns beŋden ſteken
Jn mŋneme afweſende ane ſchulde

[166ᵃ.] Vnde mŋ ſus berouen ŋuwer hülde.

4325   Ebbel konnŋnck, wan ick hebbe gheſecht.

Byn ick dan schuldich, so gha dat recht.
Horet myne word! hebbe ick denne schult,
So denet my nicht beth, dan gude ghedult.
Nicht vele hebbe gy vp my ghedacht,
4330   Baken wan ick heelt yuwe wacht
In velen enden in yuweme lant.
Mene gy, wan ick habbe bekant
Eynyghe sake in my, kleyn noch groff,
Dat ick hir dan queme in den hoff
4335   In yuwe yegenwort openbare
Vnde ock manckt myner vyende schare?
Neen, nicht vmme eyne werlt van golde.
Wente ick was, dar ick wesen wolde,
Vp myn rum, dar ick was vry.
4340   Ick en weet ock nene sake in my;
Wente alze ick was vp der wachte,
Vnde Grymbart, myn oem, de tydynge brachte,
Dat ick to houe scholde komen,
Do habbe ick vor my ghenomen,
4345   Dat ick wolde wesen vth deme ban.
[166ᵇ.] Desse sake leet ick Marten vorstaen:
He louede my vp allen louen,
Dat he nicht enwolde touen,
He wolde doch na Rome, vnde sprack to my:
4350   ,Alle de sake neme ik vp my.
Ick rade, gy scholen to houe ghan,
Ick loue yw to helpen vthe deme ban'.
Marten gaff my dessen raet,
Wente he was des bysschoppes aduocaet
4355   Van Anegrunt wol ꝛ yar.
Seet, alsus scheyde my vns dar,
Vnde byn nu ghekomen hir in den hoff
Vnde byn vor yw vorklaget groff
Van deme kannyne, deme ogheler.
4360   Hir is nu Reynke, he kome heer
Vnde klaghe nu hir openbar!
Ick weet, dat yd nicht is so klar,
So etlyke hir in myneme afwesen
Ere valschen breue ouer my lesen.

4365 Na klage　nde na antworde schalmen rychten.
Ick hebbe dessen tween valschen wychten
Gud gheban, by der truwe myn.
[167ᵃ.] Alze der kreyen vnde ok deme kannyn.
Wente eerghysteren morgen dat gheschach,
4370 (Jk was noch vro vp den dach)
Do quam dat kannyn vor myn slot
Vnde grotede my, dar ik stoth.
Ick habbe beghynnet myne tyde to lesen.
He sede, he wolde to houe wesen.
4375 Ick sprack: ,gha hen, ik beuele dy gode!'
He klagede, he were hungerich vnde mode.
Ick vraghede, efte he wolde wat ethen.
,Ja', sprack he, ,gheuet my eynen betten!'
Ick sprack: ,ennoch gheue ik dy ghern'.
4380 Sus halede ik eme gude kersebern.
Dar sothe botter vppe lach;
Wente yd was mybbeweken dach,
Dat ik neen vlesch pleghe to ethen.
Do he sus habbe wol ghegetten
4385 Van gudeme brode, botteren vnde vyssche,
Do ghynck myn yunge sone to deme dyssche
Vnde wolde bewaren, dat ouer bleff,
Wente yunge kynder hebben dat etent leff.
Do he totaste, tor suluen stunt
[167ᵇ.] Sloch dat kannyn ene vor de munt,
Dat yd bloet leep ouer synen kyn
Do dat sach myn ander sone Reynnardyn,
He greep dat kannyn by der kele
Vnde spelde myt eme her Nyterdes spele.
4395 Sus ghynck dat to, noch meer noch mynder.
Jk leep to vnde sloch myne kynder
Vnde scheydede se van malckeyn;
Krech he do wat, dar mach he vmme seen.
He habbe noch wol meer vordenet,
4400 Wan ik ene habbe ouel ghemenet;
Wysse hadden se eme dat lyff ghenomen,
Were ik eme nicht to hulpe komen.
Dyt is nu myn danck dar vor:

Nu ſpricht he, dat ick eme nam ſyn or.

4405 Wo gerne habbe he des eynen breff
Sodaner ere, alze he dar dreff!

¶ Seet, her konnynck, gnedyghe here,
Do quam vort de kreye vnde klaghede ſere,
Wo he habbe vorloren ſyn wyff.

4410 He ſprack: ,ſe ath den doet int lyff.

[168ᵃ.] Se wolde eren hunger ſaden
Vnde ath eynen vyſch vp myt den graden.
Wor dat ſchach, dat mach he wetten.
Nu ſpricht he, ick hebbe ſe vorbetten.

4415 Byllychte heft he ſe ſuluen vormord;
Ja, wan he worde recht vorhord,
Mochte ick en vorhoren, alze ick wolde,
Byllichte he anders ſeggen ſcholde.
Wo ſcholde ick er nummer komen ſo na?

4420 Wente ſe vleghen vnde ick gha.
Wyl yemant ſus van vnrechten dyngen
Myk guden tughen vp my bryngen,
So yd ſyck behord vp eynen ebbelen man,
Latet my na rechte beteren ban.

4425 Edder mach ick des nicht hebben vordrach,
Men ſette my kamp, velt vnde dach
Vnde eynen guden man teghen my,
De my ghelyck gheboren ſy.
Eyn yſlyk dar ſyn recht bekhue:

4430 De de ere wynnet, by deme ſe blyue.
Dyt recht heft hir alle tyd gheſtaen
Here, ick wyl yw ock nicht entghaen.".

[168ᵇ.] ¶ Alle, de dar weren vnde dyt horden,
Wunderden ſyck van Reynken worden,

4435 Do he alſus konlyken dar ſprack.
Dat kannyn vnde de kreye vorſchrack,
Se dorſten beyde nicht ſpreken eyn word
Vnde ghyngen vth deme houe vord.
Se ſpreken: „dyt is vns nicht bequem,

4440 Nicht kone wy vechten yegen em.
He menet, wy ſcholent eme ouertughen:
Wy moghen vaſte nygen vnde bughen,

He is vns myt worden ouer be hant,
Wente beſſe ſake is nemande bekant
4445   Dan vns allene; bar was nemant by.
We wolbe benne tůghen twyſſchen by vnbe my?
Hebbe wy ſchaben, wy môten beholben.
De důuel mothe ſyner wolben
Vnbe môthe eme gheuen eynen quaben ramp!
4450   He menet myt vns tho ſlan eynen kamp:
Neen, vorware, bat is neen rab!
He is valſch, behenbe, loß vnbe quab.
Ja, were vnſer od noch vyue,
Wy moſtent betalen myt beme lyue".

[169ᵃ.] ¶ (1) Jn beſſen twen vorgheſechten capittelen
leret be poete vyff ſtucke byſunbergen. Dat erſte is, bat
nemant ſchal vallen in twyfelen mob, beme bange is, men
ſyck ſuluen troſten vnbe grypen eynen konen mob; bar
van wert ſyne ſake nicht arger, men beter. ¶ (2) Dat
anber is, bat be vrunbe bes bebruckeben ene ſcholen kon=
lyken troſten, ſo be greuynck Reynken bebe. ¶ (3) Dat
brybbe is, bar vaken van ſteyt in beſſeme boke, bat eyn
richter ben vlytich horen ſchal, bebe is beſecht. wo wol he
nicht alle ben worben berff louen; wente wor bat gylt
lyff, ere eſte bat gub, bar wert vaken groet vnbe behenbe
ghelogen, alze Reynke hir ſyne entſchulbynge ſprak alle
myt groten behenben loggenen. ¶ (4) Dat veerbe, bat
hir wert bewyſet, is, ſo wanner eyn ſympel mynſche klage
heſt vor eyneme groten heren ouer eynen anberen, be em
to mechtich is, vnbe benne beſſe, be mechtyger is, wan be
to worben kumpt vnbe ſyne worbe ghehoret werben, benne
ſchúb yb vaken, bat be ſympele ſwicht tyner klage vnbe
enbor be nicht [169ᵇ.] vorvolgen vnbe wyket beme, be
mechtyger is, wan he, vnbe vruchtet ene, ſo hir be kreye
vnbe bat kannyn beben; wente bo Reynke to worben quam
vnbe he ok ghehoret wart, bo weken ſe wech vnbe borſten
ere klage nicht vorvolghen. ¶ (5) Dat vyfte is eyne lere
to ben, bebe ſyn bebrucket van ſobanen bôzen, bat yb beter
is, en to wyken, wan yb is, myt en tho kyuen ebber to
vechten, ſo alze hir beben beſſe twey, alze be kreye vnbe
bat kannyn.

¶ Wo de wulff vnde de bare sunderlyken worden bedrouet,
do se seghen, dat de kreye vnde kannyn nicht bleuen by
örer klaghe vnde sus wech rümeden; vnde wo de konnynck
       Reynken vorhöret.   Dat iii capittel.

4455   **J**Segrym was to mode wee
         Vnde Brunen, do se desse twee
         Vth deme houe rümen saghen.
         De konnynk sprak: „wyl yemant klagen,
     De kome vort vnde lathe vns horen!
4460   Hir quam der gysteren so vele to voren —
[170ᵃ.] Reynke is hir, wor synt de nu?"
     „Here", sprack Reynke, „dyt segge ick yw:
     Mannich klaget seer vnde hart,
     Ja, seghe he syn wedderpart,
4465   Byllichte de klaghe achter bleue.
     So doen ock nu desse twey lozen deue,
     Alze de kreye vnde dat kannyn,
     De my gherne brochten in schande este pyn.
     Doch wyllen se gnade van my begheren,
4470   Jk vorgheuet en vor dessen heren.
     Men nu ik to rechte byn ghekomen,
     Hebben se dat refugium ghenomen
     Vnde dorsten hir nicht lenger blyuen.
     Den slymmen, bözen, lozen ketyuen,
4475   Scholdemen den horen, dat were schade,
     So kreghe yb mannich gud to quade,
     De yw synt truwe beyde dach vnde nacht.
     An my alleyne leghe klene macht,
     De ick vnschuldyghen hir byn besecht".
4480   ¶ De konnynck sprack: „hore my to recht,
     Du vntruwe, loze, böze deff!
[170ᵇ.] Wat was yb, dat dy dar to dreff,
     Dattu Lampen, den truwen deghen,
     De myne breue plach to breghen,
4485   Deme du, slymme böze ketyff,
     Vnschuldyghen hefft ghenomen dat lyff?
     Wente ick dy alle dyne schulde vorgaff
     Vnde leet dy gheuen rentzel vnde staff.

Jb was so ghesecht, du scholdest tohant
4490 Wanderen in dat hylghe lant
To Yherusalem ouer dat meer,
Van dar to Rome vnde wedder heer.
Dyt sulue ick by alle ghunde,
Vp dattu beterbest dyne sunde.
4495 Dat erste, dat ick krech to wetten,
Was, dattu Lampen habbest vorbetten;
Wente suluen de cappellan Bellyn
Moste hir van dyn bode syn.
He brachte my den rentzel efte den sack,
4500 Dar ynne Lampen hôuet stack.
He sprack openbar vor dessen heren,
Dat in deme rentzel breue weren,
De he myt Reynken habbe gheschreuen,

[171ª.] Vnde he den syn habbe vthghegeuen.
4505 In deme sacke was meer noch myn,
Men Lampen hôuet stack dar in.
Dyt dede gy beyden my to schande.
Dar omme bleff Bellyn to pande
Vnde heft myt rechte vorloren syn lyff;
4510 So schalt ock dy ghan, du bôze ketyff!"
¶ Reynke sprack: „wo mach dat syn?
Is Lampe doet vnde ok Bellyn?
We my, dat ick byn gheboren!
So hebbe ick den grotsten schat vorloren!
4515 Wente ik sande yw by dessen boden,
By Lampen vnde Bellyne, de dûrbaresten klenôden;
Nicht konnen de beter vp erden syn.
We habbe ghelôuet, dat de ram Bellyn
Sus scholde morden den guden man,
4520 Alze Lampen, synen egghenen kumpan,
Vp dat he de kleynôde vndersloghe?!
We hobbe syk vor desseme tôghe?"
¶ Noch de whyle Reynke dyt sprack,
[171ᵇ.] Ghynck de konnynck in syn ghemack.
4525 He was vortornet vnde seer gram,
Alzo dat he nicht endet vornam,
Wat Reynke do sprack van den dyngen.

De konnynck ghedachte Reynken to bryngen
To deme dode myt aller schande.
4530 In syneme ghemake vant he stande
De konnygynne, syne vrauwe,
Myt der apynnen, vrouwe Rukenauwe.
De konnynck myt der konnygynnen
Hadden seer leff desse apynnen,
4535 Se was by en in groteme state.
Dyt quam do Reynken essen to mathe.
Se was in wyßheyt seer gheleret,
Dar vmme was se ok hoch gheeret,
Men entsach se, al wor se quam.
4540 Do se den konnynck sach sus gram,
    ¶ Se sprack: „ick bydde yw, eddele here,
Wyllet yw doch nicht tornen so sere!
Reynke horet mede in der apen slechte.
Is he doch nu komen to rechte!
[172 .] Syn vader plach in yuweme loue
Groet to wesende hir to houe,
Beter wan Ysegrym nu is gheheten
Efte Brun, wo wol se nu syn beseten
Seer hoch by yw myt ereme slecht.
4550 Doch wetten se weynich van ordel efte recht“
    ¶ De konnynck sprack: „horet my bysunder!
Duncket yw dat wesen wunder,
Dat ick deme deue Reynken byn gram,
De Lampen kortes dat leuent nam
4555 Vnde brachte Bellyne mede in den dantz
Vnde wyl syck der sake entleggen gantz?
Dar bouen he noch myn gheleyde dor breken!
Horde gy, wat klaghe se vp eme spreken
Van rouen, nemen, van beuerye,
4560 Van morde vnde ock van vorreberye?“
    ¶ De apynne sprack: „gnebyghe here,
Reynke wert beloghen sere.
He is seer kloek, wo yd ock ghad,
Dar vmme synt eme der vele quad.
[172ᵇ.] Gy wetten wol, des is nicht lange,
Do hir de man quam myt der slange;

11

       Nemant konde desse beyden
       Myt rechtem rechte vor yw schenden;
       Men Reynke bede dat myt eren.
4570 Des prysede gy en vor alle de heren.

¶ Wo de apynne spricht vor deme konnynge van deme
lyntworme efte slangen vnde van deme manne; vmme dat
se den konnynck sachtmodich mochte maken vp Reynken, so
sprack se dyt Reynken to eren. Dat iiii capittel.

Alze de konnynck desse worde
    Van der apynnen sus horde,
    He sprack: „dat is my half vorgetten.
    Latet my de sake wetten,
4575 Dat lustet my noch eyns to horen.
       Ick weet wol, de sake was vorworen.
       Wette gy de, segget se hen!"
       Se sprak: „myt yuweme orloue schal dat schen.
[173ᵃ.] Yd is nu twey yar, alze dat gheschach.
4580 Hir quam eyn lyntworm vp eynen dach;
       Desse sulue slange efte worm
       Klaghede hir myt groteme storm,
       Wo em eyn man entghynge in deme recht,
       Dat eme twey mal was affghesecht.
4585 Ock was hir yegenwordich de man.
       Alzus ghynck de klaghe ersten an.
       ¶ De slange krop dorch eyn ghat,
       Dar em eyn stryck was ghesat
       By eynen thun, vnde bleff sus behangen,
4590 An eyn stryck vast ghevangen.
       He moste dat lyff dar hebben ghelaten,
       Men dar quam eyn man de suluen straten.
       De slange reep: ‚ick bydde dy,
       Laet dy entfermen vnde lóze my!'
4595 ¶ De man de sprack: ‚dat do ick ghern,
       Wultu my louen vnde swern,
       Dattu my nicht doen wult quaet;
       Wente my entfermet dyn byster ghelaet.
[173ᵇ.] De slange was des bereyt

4600   Vnde swor em eynen düren eyd,
       Em nummer to schaden in yennyger sake.

[Holzschnitt: rechts, mehr nach der mitte zu, ein mann, der
um ein bis über die kniee herabhängendes gewand einen
gürtel trägt, an welchem eine tasche und ein messer (?) hängen;
eine zurückgeschlagene kapuze und die tonsur kennzeichnen
ihn als geistlichen. Er wendet sich mit ausgestreckten händen
auf eine von links her kommende, sich ringelnde schlange
zu, die auf ihrem kopfe drei zacken mit knäufen trägt. Zwi-
schen beiden liegt am boden ein schwert ohne scheide. Hinter
dieser gruppe ein einstöckiges haus mit hohem unterem
geschoß und, mit diesem durch eine mauer verbunden, etwas
weiter. nach links ein turm; noch weiter, ganz auf der linken
       seite, ein baum mit drei ästen.]

       Do lozede he en vth beme vnghemate.
       Se ghyngen to samende eynen wech entlanc.
       De slange was van hunger kranc,

[174ª.] He schoth to na deme man
       Vnde wolden toryten vnde ethen en dan.
       Myt nauwer noet be man entspranc.
       He sprac: ,is dyt nu myn danc,
       Dat ic dy halp vth dyneme vorbreet,

4610   Dar du my swore st eynen düren eyt,
       Dattu my nummer woldest schaden?'
       De slange sprac: ,,ik byn beladen
       Myt hunger, be my bryngèt dar to.
       Ik mach yd vorantworden, dat ik do;

4615   Lyues noet brykt dat recht'.
       Alze de slange dyt habbe ghesecht,
       ¶ Do sprac be man: ,ic bybbe by,
       Dattu so lange my gheuest vry,
       Wente dat wy by etlyke komen,

4620   De nicht‧vmme schaden efte vmme vromen
       Recht efte vnrecht recht konen scheyden'.
       De slange sprac: ,so lange wyl ic beyden'.
       Se ghyngen vort ouer eynen grauen.
       Dar motte en Pluckebubel be rauen

4625   Myt syneme sonen Quackeler.
[174ᵇ.] De slange sprac: ,komet heer!'
       He sebe eme alle be sake hir van.
       De raue rychtede to eten ben man;

                                        11*

He dachte mede vp ſyn ghelucke,

4630 He habde ock gerne ghehath eyn ſtucke.
¶ De ſlange ſprack: ‚ick hebbe ghewunnen,
Nemant kan my des vorghunnen’.
¶ De man de ſprack: ‚neen, nicht vul node!
Scholde my eyn rouer wyſen tom bode?

4635 Ock ſchal he dat recht nicht ſpreken alleyn,
Jck gha myt dy vor veer efte teyn’.·
¶ De ſlange ſprack: ‚ſo gha wy dare!’
Do motte en de wulff vnde de bare.
De man ſtunt manck deſſen allen,

4640 He dachte: ‚yd wyl ſyk hir ouel vallen’.
He ſtunt manck vhuen, he was de ſeſte;
Neen van deſſen meende ſyn beſte.
De ſlange, beyde rauen, wulff vnde bare,
Hir manck ſtunt he in groter vare.

[175ᵃ.] De bare vnde wulff vnder ſyck beyden,
Do ſe deſſe ſake ſcholden ſcheyden,
Se ſpreken: ‚de ſlange mach boden den man,
Wente hungers noet ghynck eme an.·
Noet vnde dwanck brylt eyde vnde truwe’.

4650 Do trech de man ſorghe vnde ruwe,
Wente alle ſtunden ſe na ſyneme lyue.
Do ſchoet de ſlange na eme ryue
Vnde ſchoet vth ſyn quade ſennyn,
Doch entſpranck de man myt groter pyn

4655 Vnde ſprack: ‚du boeſt my vnrecht groet,
Dattu ſus ſteyſt na myneme doet.
Du heſſt noch neen recht to my ghehath’.
¶ De ſlange ſprack: ‚worvmme ſechſtu dat?
Dy is tweywerff ghewyſet dat recht’.

4660 ¶ Do ſprack de man: ‚dat hebben de gheſecht,
De ſuluen rouen vnde ſtelen
Myne ſake wyl ik deme konnynge bevelen.
Brynget my vor en; wat he dan ſecht,
Dat do ick, yd ſy krum efte recht.

| 175ᵇ.] Schal ick dan lyden vngheovch,
Jk hebbet denne noch quad ghenoch’.
¶ Do ſprack de wulff myt deme baren:

,Dat fulue fchal dß webbervaren.
De flange fchal anders nicht begheren'.
4670 Se meenden, queme dßt vor be heren
In ben hoff, benne fcholbe bat recht
So ghan, alze fe habben ghefecht.
Here, if fegge dßt mßt orloff,
Se quemen mßt beme manne in ben hoff,
4675 De flange, be bare, ber rauen twey
Vnde ber wulue quam bar brey,
Wente be wulff habbe bar twey fyner kynber;
Deffe beden beme manne ben meyften hynber,
Alze Ybelbalch vnde Nummerfath,
4680 Quemen mßt ereme vaber, vmme bat
Se meenden ben man mebe to eten,
(Se mogen vele, fo gß wol wetten)
Se huleben vnde weren plump vnde groff,
Dar vmme vorböbe gß en ben hoff.
4685 ¶ De man reep an huwe gnaben.
[176ª.] He klagebe, be flange wolbe em fchaben,
Der he grote böget habbe gheban,
Vnde wo he webber habbe entfan
Sekerheyt vnde fware eyde,
4690 Vp bat he em nenen fchaben bebe.
¶ De flange fpract ,bat is alzo:
Des hungers noet bwanck mß bar to,
Debe gheyt bouen alle noet'.
Here, gß weren bekummert groet
4695 Vmme be fake, alfus ghefecht,
Dat eyn yflyk kreghe fyn rechte recht.
Juwe ebbelicheyt fach bat nobe,
Datmen ben man wyfebe tom bobe,
De fus bewyfebe hulpe in noet.
4700 Of bachte gß an ben hunger groet.
Hir vmme ghynge gß to rabe;
Meyft reben fe to bes mannes quabe,
Vp bat fe mochten na ereme wyllen
Den fuluen man helpen vyllen.
4705 ¶ Des hebbe gß bo alto hant
[176ᵇ.] Na Reynken voffe boben ghefant:

Wat be anberen ock sus reben,
Se konbent boch nicht rechte scheben.
Dyt lethe gy alle Reynken vorstaen.

4710   Gy spreken, bat recht scholbe alzo gaen,
Alze bat Reynke int beste rebe.
¶ Reynke sprack myt grotem beschebe:
,Here, latet vns ghan to hant,
Dar be mon be slange vant.

4715   Seghe ick ben slangen in besser stunben,
Dat he alzo stunbe ghebunben,
So he was, bo he ene vant,
Denne spreke ick bat recht to hant'.
Alzus wart be slange ghebunben

4720   In alle ber mathe, so he en habbe vunben,
Vnbe ock in be suluen stebe.
¶ Reynke sprack: ,nu synt se beybe
Jslyk so he was to voren,
Se hebben wer wunnen efte vorloren.

4725   Dat recht wyse ick yw nu snel.
[177ᵃ.]   De man mach nu, efte he wel,
Den slangen lôzen vnbe laten syck sweren.
Wyl he ock nicht, he mach myt eren
Den slangen sus laten bunben stan

4730   Vnbe mach vry syne straten ghan,
Wente be slange an em vntruwe wrachte,
Do he se loß vth beme stricke brachte.
Alsus heft nu be man ben kore,
Ghelyck so he habbe vore.

4735   Dyt buncket my wesen bes rechtes syn,
De yd anbers weet, be segge hen!'
¶ Seet, here, byt orbel buchte yw gub
Vnbe ock yuweme rabe, be by yw stob.
Reynke wart bo ghepryset sere.

4740   De man wart quyb vnbe banckebe yw sere.
Reynke is seer kloek van synne,
Dyt sulsste sprack ock be konnygynne.
Se spreken, bat Ysegrym vnbe Brun
Weren gub vor eyn schampelun.

4745   Men vruchtet se beybe na vnbe verne,

Bÿ der freterÿe ſynt ſe gherne.

[177ᵇ.] Jð iß waer, ſe ſynt kône, ſtarck vnde groet,
Men van klokeme rade hebben ſe neen noet.
Reÿnken rad iß ÿw wol bekant,

4750   Der anderen radent iß men eÿn tant;
Se bregen ſyck meÿſt vp ere ſtarke,
Men wan men kumpt mÿt en to werke
Vnde wan men kumpt mÿt en to velde,
Ja, ſo môten her vor de ſchamelen helde.

4755   Hir ſynt ſe ſeer ſtarck van mode,
Men benne waren ſe de achterhobe.
Vallen dar ſlege, ſo ghan ſe ſtrÿken,
Men de armen helde môten nicht wÿken.
Varen vnde wulue vorderuen de lant,

4760   Se achten weÿnich, weß huß dar brant,
Mogen ſe ſyck bÿ den kolen wermen.
Se laten ſyck ock nicht entfermen,
Mogen ſe men krÿgen vette kroppe;
Den armen laten ſe nauwe de doppe,

4765   Wan ſe en der eÿger hebben berouet.
En dunckt beſt er eghen hôuet.
¶ Men Reÿnke voß vnde al ſyn ſlecht

[178ᵃ.] Bedencken wÿßheÿt vnde recht.
Eſt he ſÿk nu weß heſt vorſeen —

4770   Seet, here, he en iß ÿo neen ſteen.
Wan gÿ nauwen rad begheren,
So kône gÿ ſyner nicht entberen.
Hir vmme bÿdde wÿ, nemet en to gnaden!"
¶ De konnÿnck ſprack: „ick wÿl mÿ beraden.

4775   Dat ordel ghÿnck ſo vnde dat recht
Van der ſlangen, ſo gÿ hebben gheſecht.
Dat iß ÿo waer; men he iß nicht gud,
He iß eÿn ſchalck in ſyner hud.
Al mÿt weme he maket vorbunt,

4780   De bedrucht he alle tor leſten ſtunt.
Dar kan he ſÿk dan ſo lÿſtÿgen vthdreÿen,
Wulff, bare, kater, kannÿn mÿt der kreÿen,
Alle deſſen iß he to behende
Vnde heſt int leſte eÿnen beſchetten ende.

4785 He beyt ene schaden, spot vnde schande,
Ja, de eyne leth eyn or to pande,
De ander eyn oghe, de brydde dat lyff.
Ik weet nicht, wo gy vor dessen ketyff
Sus bydden vnde vallen eme by".

[178ᵇ.] ¶ De apynne sprack: „here, horet my!
Ghedencket, dat Reynkens slechte is groet".
¶ Myt des de konnynck vpstoet
Vnde ghynck wedder oth van deme sale;
Dar beybeden se syner alto male.

4795 He sach dar vele, de Reynken bestunden
Van synen angheboren vrunden,
De Reynken to troste dar weren ghekomen,
De ick nicht alle hir wyl nomen.
De konnynck sach an syn grote gheslecht,

4800 De dar weren komen to recht;
He sach ock to der anderen syden
Vele, de Reynken nicht mochten lyden.

¶ (1) In dessen twen vorghesechten capittelen leret de dychter vii stucke. Dat erste is vngunst, den mannich heft, de to rechte gheyt, van etlyken, de dat recht mede holden, so hir by deme wulue vnde baren wert betekent. ¶ (2) Dat ander is, dat de quade, de besecht is, desse, wan he sud, dat de sympele vorbluffet wert vnde syne klage [179ᵃ.] nicht vorvolget, desse spricht benne gerne kon= lyken, entschuldygende syne boßheyt vnde synen weddersaten to beseggende, alze Reynke hir besede de kreyen, dat kannyn, den hazen vnde den rambock myt groten loggen van den kleynöden. ¶ (3) Dat brydde is, dat hir de lerer secht van der apynnen, wo de seer na was by deme konnynge, doch sunderlyken by der konnygynnen. Dyt menet de lerer dar mede, dat de kameralken, de vrowen by den vorstynnen ebber ander vrowen in den steden, de syck vthmalen vnde vthvlyen bouen den schreue, desse dat syn apen efte rechte apynnen, ghelyck alze eyn ape gherne na beyt, wat se sud. So is nu de lichtferdicheyt der wuuer in den steden vnde vp den slöten: kumpt eyn borynne myt eyneme nyen vunde der klebynge, der haer efte höuetwumpele, ya, draben sud men der teyne efte eyn hundert, de ock dat so hebben wylt.

Se wyllen fyck anders maken, wan so alze se be almechtyghe
god heft gheschapen. Heft god ene ghegeuen swart haer,
se wyllent wyt hebben; nicht allene myt den [179ᵇ.]
haren, men myt anderen ledematen, de schicken se anders:
se mogen wol apynnen syn. Ok lyken se wol der wumpelulen
efte deme schufute; wente deffe vogele vnde alle, bede grote
koppe hebben, deffe dogen nicht. ¶ (4) Dat veerde is,
dat yd nutte is (de dat so don kan), dat eyne vrouwe,
de wol ghehoret is, eynen vorsten sachtmodich make vnde
vor eynen spreke, de besecht is, so hir de apynne vor
Reynken dat beste sprak vnde den konnynck sachtmodich
makede. ¶ (5) Dat v is eyn straffent alle der, de den
quad doen, de en gud hebben gheban; dat is to malen
eyne grote boßheyt, alze hir de flange deme manne quad
wolde wedder doen vor gud. ¶ (6) Dat vi is, dat eyn
rychter nicht en schal louen efte to tughe nemen den, de
berochtyget is in vndaet, alze de rauen, de wulff, de bare.
Alsus wert by deme rauen betekent de vntruwe, by deme
wulue de ghyryge, by deme baren de groue vnlympyghe
vnde vnghelerde; alsobanen schal men nicht horen, ock
schalmen sodane neen ordel affspreken laten, wente se raden
vaken [180ᵃ.] to orlyghe vnde to kriue vmme eres
eghenen profites wyllen ebber ok van vnwettenheyt, dar
vaken groet vorderff na volget, vnde wan yd benne kumpt
to orloge, so staen alsobane gerne aff. ¶ (7) Dat vii is,
dat eyn vorste vaken vruchtet eyn flechte syner ebbelen
vnde deyt nene rechtferdicheyt efte nene wrake ouer den,
de groet beslechtyget is; hir van is hir vor in deffeme
boke eer gheleret.

¶ Wo de konnynck anderwerff Reynken vraget in deme
rechte vmme Lampen doet, vnde wat grote loggen Reynke
loch, syck mede to entschuldyghende. Dat vyfte ghesette
efte capittel.

4805

DE konnink sprak: „Reynke, hore my nu!
Wo quam dat to, dat Bellyn vnde du,
Gy beyden, des so ouer quemen
Vnde dem vromen Lampen syn leuent nemen?

[180ᵇ.] Dar to gy beyden quaden deue
Offerden my fyn hůuet alze breue;
Wente bo wy vpdeden den fack,

4810 Nicht anders bo dar ynne ftack,.
Men Lampen hůuet, my to hoen.
Bellyn heft ghekregen dar vor fyn loen.
Dyt hebbe ick alrede eyns ghefecht:
Quer by fchal ghan dat fulue recht".

4815 ¶ Reynke fprack: „wee my der noet!
Were ik men alrede doet!
Horet my! hebbe ick denne fchult,
So is my beft gude ghebult.
Hebbe ick fchult, latet my dȫben,

4820 Ik kome doch nummer vth den nȫben
Vnde vth den forgen, dar ick ynne byn;
Wente de vorreder, de ram Bellyn,
Heft vnderflagen eynen fchat fo ryck,
Nicht is vp erden des ghelyck.

4825 Wente de kleynȫde, de ick eme bede,
Do he myt Lampen van my fchede,
De hebben Lampen vorraden dat lyff;
[181ᵃ.] Wente Bellyn, de quade ketyff,
Heft de kleynȫde vnderflagen.

4830 Och, mochtemen de wedder vpvragen!
Men ick vruchte, dar wert nicht aff werden".
¶ De apinne fprak: „fynt de klenȫde bouen erden,
Wy wyllen fe vpvragen by vrunde rade.
Alle wylle wy beyde vro vnde fpade

4835 Dar na vragen manck leyen vnde papen.
Segget vns, wo weren de ghefchapen?"
¶ Reynke fprack: „fe fynt fo gud,
Ik vruchte, wy vragen fe nummer vth.
De fe heft, de vorleth der nicht.

4840 So wan myn wyff dyt to wetten krycht,
Nummer kome ik in ere gnade;
Wente dyt was nicht myt ereme rade,
Dat ik deffe klenȫde deffen twen
So rechte wyllygen bede hen.

4845 Hir byn ick beloghen vnde befecht,

Wo wol ick moet lyden dyt grote vnrecht.
Werde ick loß beſſer groten vnſchult,
[181ᵇ.] So late ick my doch nene dult:
Ik werde reyſen dorch alle lant
4850   Vnde vragen, eſt yemande ycht ſy bekant
Van deſſen klenöden, dürbar vthermaten,
Scholde ick myn lyff dar ok vmme laten“.

[Holzschnitt: links ein ring mit einem stein, rechts ein kleiner
runder edelstein. — Aus dem „*Dialogus*“: *De smaragdo et anulo.*]

¶ Wo Reynke ſpricht vnde lucht ſeer vthermaten van deme
erſten kleynöde, vnde ſecht, yd ſy gheweſt eyn rynck myt
eyneme edbelen ſteyne, des böget he al myt loggen vth=
ſpricht lanck vnde breet. Dat vi capittel.

[182ᵃ.] Reynke ſprack: „o konnynck here,
               Ik bydde yuwe ebbelicheyt ſere,
4855   Dat gy my ghunnen to beſſer ſtunden,
               Dat ik moge ſpreken vor minen vrunden
Van der ebbelicheyt mannygerhande
Der durbaren kleynöde, de ik yw ſande,
Wo wol ſe yw nicht ſyn gheworden“.
4860   ¶ De konnink ſprak: „ſegge hen mit korten worden!“
¶ Reynke ſprack: „ick hebbe vorloren
Gheluke vnde ere, dat moghe gy horen.
¶ Dat erſte kleynöde was eyn rynck,
Den Bellyn de rambock entfynck,
4865   Den he deme konnynge ſcholde bryngen.
Van ſeltzene wunderlyken dyngen
Was de rynck to hope gheſath,
De werdich weren eynes vorſten ſchat.
Van ſynem golde was de rynck,
4870   Vnde bynnen, dat teghen den vynger ghynck,
Dar ſtunden boekſtaue gheambeleret,
De weren myt laſur behende vyſeret.
De ſchrift was hebreyſche ſprake
[182ᵇ.] Vnde weren dre namen dorch ſunderlyke ſake.
4875   In deſſen landen was neen ſo vroet,
De deſſe ſchryft gruntlyck vorſtoet,

Men allene mester Abryon van Trere.
Dyt is eyn yode van sodaneme mannere:
He vorsteyt alle tungen vnde sprake borch
4880   Van Poytrow an wente to Luneborch.
De doget aller kruder vnde steyne
Kennet desse yode alle int ghemeyne.
Jk leet eme seen den suluen rynck.
He sprack: ,hir ynne is eyn kostlyk dynck.
4885   Desse dre namen, hir in ghewracht,
Heft Seth vth deme paradyse ghebracht,
Wente he do suluest de myt syk brochte,
Do he den oly der barmherticheyt sochte'.
He sprack: ,de desse by syck draget,
4890   De blyft alle tyd vngheplaget
Van donre, van blyxem, van allem quaden,
Ok kan neen touerye eme schaden'.
De meyster sprack, he ha bet ghelesen,
De ben rynck droge, konde nicht vorvresen,
4895   Al were yd ok. int hardeste kolt;
[183ᵃ.] He leuet ok lange vnde wert olt.
          ¶ Eyn steyn, de enkonde nicht beter syn,
De stunt buten an deme vyngerlyn,
Eyn karbunkel, lycht vnde klar.
4900   Des nachtes sachmen dat openbar,
Al datmen ok yummer wolde seen.
Noch habbe meer doget de sulue steen:
Alle kranckheyt makede he ghesunt;
Wanmen ben anrorde, ya, tor suluen stunt
4905   So wart wech ghenomen alle de noet,
So vern yd nicht enwas be doet.
          ¶ De steen habbe ok be macht vorware,
(Dat sprack be meyster openbare)
So we ben droge in syner hant,
4910   De queme wol borch alle lant;
Water efte vur konde eme nicht schaden,
Nicht worde he ghevangen efte vorraden,
Neen vyent synen wyllen ouer em kreghe;
So wan he ben steen nochteren an seghe,
4915   He scholde se vorwynnen ouer al,

[183ᵇ.] Weren oď der hundert in deme tal.
  ¶ Vorgyft vnde ander böʒe sennyn,
  Dar van scholde he oď vorwaret syn.
  Were yemant, de en oď nicht mochte lyden,
4920 De krege ene leff in korten tyden.
  Nicht kan ik dat alle spreken vth,
  Wo kostel de steen was vnde wo gud.
  Ik nam en vth mynes vaders schat
  Vnde sanden deme konnynge vmme dat,
4925 Dat ik my nicht duchte werdich to syn,
  To hebben sodanen kostlyken vyngerlyn,
  Vnde hadden deme konnynge dar vmme ghesent:
  He is de ebbelste, den men kent,
  Wente alle vnse wolvart an eme steyt,
4930 He is al vnse ere vnde salycheyt,
  Vp dat syn lyff vor den doet
  Bewaret worde vnde vor alle noet".

¶ Wo Reynke spricht eyne andere loggen vnde secht erst
van eyneme kostlyken kamme vnde denne vort van deme
    speygele. Dat vii capittel.

[184ᵃ.] Ik sande oď by Bellyne, deme ram,
  Der konnyginnen eynen kam
4935 Vnde einen speygel, des nicht syn gelik
  Mach wesen vp alle deme ertryk.
  Dessen speygel vnde dessen kam
  Ik oď vth mynes vaders schatte nam.

[Holzschnitt: links ein runder spiegel (?), in der mitte ein
vierblättriges kleeblatt (?), rechts ein blatt. — Aus dem
  „Dialogus" De carbunculo et speculo.]

  Wo vaten hebbe ik vnde myn wyff
4940 Hir vmme ghehat groten kyff!
  Wente se neen gud vp desser erde
  Men allene desse klenöde van my begherde.
  Nu synt se ghekomen van der hant.
  Desse twey klenöde habbe ik ghesant
[184ᵇ.] Myner vrouwen, der konnyginnen.
  Dyt bede ik myt wolbedachten synnen,

Wente ſe heft my vaken gud gheban
Bouen alle yo to voren an.
Se ſpricht vor my vaken eyn word,
4950   Se is ebbel, van hoger ghebord,
Tüchtich, vul dögede, van ebbelem ſtam
Se were wol werdich des ſpeygels vnde kam.
Nu is deme leyder ſo nicht gheſcheen,
Dat ſe de mochte krygen to ſeen.
4955   ¶ De kam was van eyneme pantere.
Dat is to malen eyn ebbel bere;
Des ſulueſten beertes wongnge is
Twyſſchen Yndia vnde deme parabys.
Jd heft ferwe van aller manneren,
4960   Syn röke is ſöte vnde guderteren,
Alzo dat de bere int ghemene
Deme röke na volgen, groet vnde klene,
Ja, alderwegen wor dat gheyt,
Wente en ſuntheyt van deme röke entſteyt;
4965   Dat bekennen vnde völen ſe int ghemeen.
[185ᵃ.] Van deſſes beres knoken vnde been
Was de kam ghemaket myt ſlyt,
Klar alze ſuluer, reyn vnde wyt,
Wol rukende bouen alle ſynamomen;
4970   Wente des beres röke plecht to komen
Jn ſyne knoken, wan dat ſterft.
Nummermeer des beres knoke vorberft,
Vaſt vnde wolrukende he alle tyd blyft
Vnde yaget wech alle fennyn vnde vorgyft.
4975   ¶ Vp deſſeme kamme ſtunden ghegrauen
Etlyke bylde hoch vorhauen,
De weren alle koſtlyken gheźyret
Vnde myt deme fyneſten golde borchwyret,
Roth ſynober vnde blaw lazur,
4980   Vnde was de hyſtorye vnde dat euentur,
Wo Parys van Troye eyns lach
By eyneme borne vnde dar ſach
Dre afgobynnen, ghenomet alſus:
Pallas, Juno vnde Venus.
4985   Se habben eynen appel int ghemene

Vnde yslyk wolde den hebben allene.

[185ᵇ.] Lange whyle se hir vmme keuen.

Int leste syn se des ghebleuen

By Paryß vnde seden, dat he scholde

4990 Gheuen den suluen appel van golde

Eyner der schonesten van en dren,

Dat se den scholde beholden alleyn.

¶ Paryß dachte hir vp myt beschede.

Juno de eyne to eme sede:

4995 „Is, dattu my den appel towysest

Vnde my vor de schonesten pryseist,

So gheue ik dy rydkheyt vnde schat,

So vele des nemant heft ghehat .

¶ Pallas sprack: ‚gheschůd dat so,

5000 Dattu den appel my wyseist to,

Du schalt entfangen so grote macht,

Dat dy scholen vruchten dach vnde nacht

Dyne vyende, dyne vrunde, alle to samen.

Al wor’ men nomende wert dynen namen’

5005 ¶ Venus sprack: ‚wat schal de schat

[186ᵃ.] Efte grotterer ghewalt? segget my dat!

Is nicht de konnynck Priamus syn vader?

Syne brödere ryke vnde starck alle gader,

Hector vnde der anderen noch meer?

5010 Is he nicht ouer de stad Troye eyn heer?

Hebben se nicht de lande vmme betwungen,

Ja verne, beyde de olden vnde de yungen?

Wultu my vor de schonesten prisen

Vnde my den gulden appel towysen,

5015 De durbareste schat schal dy werden,

De nu is vp aller erden.

Desse schat is dat schoneste wyff,

De ye vp erden entfenck dat lyff,

Eyn wyff, de tuchtich vnde dogentsam is,

5020 Schone vnde eddel. vnde dar by muß;

Nicht kan men sodane to vullen louen,

Se gheyt deme schatte vele bouen.

Ghyff my den appel! gheloue my,

Dyt schone wyff schal werden dy.

5025　Dyt schone wyff, de ick hir mene,
　　　Is des konnynges van Greken wyff Helene,
　　　Ebbel, sedich, ryke vnde wyß'.
[186ᵇ.] Do gaff er den gulden appel Paryß,
　　　Dar to prysede he se sere
5030　Vnde sprack, dat se de schoneste were.
　　　Do halp de godynne Venus,
　　　Dat Paryß deme konnynge Menelaus
　　　Nam Helenen, syne konnygynnen,
　　　Vnde brachte se myt syk to Troye bynnen.
5035　Desse hystorye stunt ghegrauen
　　　Vp deme kamme hoch vorhauen,
　　　Myt boekstauen vnder den schylden
　　　Myt den alder subtylesten bylden.
　　　Eyn yslyck vorslunt, wan he dat laß,
5040　Wat dyt vor eyne hystorye was".

¶ (1) In dessen dren vorghesechten capittelen leret de
dychter ii stucke. Dat erste is de sneydicheyt vnde lyst des
vosses, de he myt loggen hir bruket, in deme dat he heft
ghemerket, wor to de konnynck, de lauwe, meyst gheneget
was: dar hen satte he syne loggen to starken; alze de
naturlyken meysters spreken, dat de lauwe des wynters
grote kulde lyth vnde in kolden lan= [187ᵃ.] den synt
nicht gern lauwen. Sus sprack he, dat de döget des
ebbelen steynes in deme rynge were alzo, dat, so we den
droge, enkonde nene kulde lyden. He secht ock, dat de
steyn scheen des nachtes, wente de lauwe wancket des
nachtes; sus were em de rynck seer bequeme west. ¶ (2)
Dat ander, dat hir de dychter menet, is, so wanner eyneme
loggener wert ghehoret vnde em des ghelöuet, wes he secht,
so sterket he syne loggen myt eyneme ghelyke, so hir Reynke
lucht van deme kostlyken kamme vnde speygel, de he der
　　konnigynnen sande, so he sede, vnde loch to begen.

¶ Wo Reynke syne loggen sterket vnde spricht van deme
wunderlyken schonen vnde kostlyken speygel, van syner döget
vnde wo he ghestalt was, vnde ock van den ystoryen, de
dar vp weren ghewracht; dar de erste van was van eyneme
manne vnde perde vnde herte. Dat viii capittel. Vnde

be figure vnbe gheſtaltnyſſe beś ſpeygelś vynſtu vp beſſeme
ſuluen blabe vp ber anberen ſyben. ʟ 187ᵇ. ⌋ ¶ De figure
vnbe gheſtaltenyſſe beś ſpeygelś [zugleich Seitenüberschrift]

[Ein die ganze seite einnehmender holzschnitt, den spiegel
und den rahmen darstellend, in fünf medaillonbildern: 1. Das
mittlere zeigt ein im hohlspiegel betrachtetes bild einer stube:
an der linken wand, vor welcher auf getäfeltem boden ein
tisch steht und an welcher entlang eine bank hinläuft, sind
zwei fenster, nach vorn zu ist die wand ausgebaut und eine
ofentür (?) sichtbar. Die hinterwand, an welche hinan die
schmalseite des tisches reicht, hat ebenfalls zwei fenster,
auch eine bank. An der rechten wand eine hohe, in der
mitte der hochseite durchbrochene bank und über dieser
ein fenster (?); an der zimmerdecke sieht man vier balken.
2. Oben rechts in der ecke: ein nach links fliehender hirsch,
der von einem das horn blasenden reiter zu pferde verfolgt
wird; im hintergrunde mit bäumen bestandene hügel. 3. Oben
links in der ecke: ein mit vergitterten fenstern versehenes
zimmer; links sitzt auf einem stuhle ein mann mit langem
gewande und einem käppchen auf dem kopfe, auf seinen
schoß legt ein esel von rechts her seine vorderbeine. 4. Unten
links in der ecke: links einige bäume; auf einem von diesen
sitzt der kater und wird von dem fuchs von unten her an-
gebellt; im hintergrunde ein das horn blasender, in der
linken hand einen stab haltender mann. 5. Unten rechts
in der ecke: links einige bäume, aus denen kopf und hals
des wolfes hervorragen; in dessen rachen steckt der kranich
seinen kopf. Im hintergrunde hügel. Zwischen 2 und 3
und zwischen 4 und 5 sowie an beiden seiten von 1 sind
ranken.]

[188ᵃ.]   Nᴮ vyret van beme ſpeygel gub!
            Dat glaś, bat bar ane ſtob,
            Waś eyn bryl, ſchone vnbe flar,
            So batmen bar ynne ſach openbar
5045   Al, wat ouer eyner mylen gheſchach,
         Yb were nacht, yb were bach.
         Habbe yemant in ſyneme antlate ghebreck
         Ebber in ſynen ogen yennich fleck,
         Wan he benne in ben ſpeygel ſach,
5050   Dat ghebreck ghynck wech ben ſuluen bach
         Vnbe alle be vlecken; bat waś nicht myn.
         Iſſet wunber, bat if myſmobich byn,

De it myffe fobanen büren fchat?

¶ Dat holt, bar bat glas was in ghefat,

5055 Heeth fethym vnbe is vaft vnbe licht,

Van wormen wert yd gheftelen nicht,

Jd tan nicht roten, bat fulue holt,

Jd is od beter gheacht ban golt;

Ebenusholt is beffeme ghelyt.

5060 Dar aff ghemalet was feer wunberlyt

Eyn holten perb by Kromparbes tyben,

Des konnynges, bar myt he konbe ryben

[188ᵇ.]   [Holzschnitt wie 187ᵇ.]

[189ᵃ.] Hundert myle in eyner ftunde.

Scholbe id byt euentür vthfpreten to grunde,

5065 Dat tonbe in torter tyb nicht fcheen,

Wente ne wart bes perbes ghelyte feen.

¶ Dat holt, bar bat glas ynne ftoet,

Was breet anberhaluen mannes voet,

Buten vmme ghanbe alle runt,

5070 Dar mannyghe vrombe yftorye vppe ftunt,

Vnber yflyter yftoryen be worbe

Myt golbe borch, fo fyt bat behorbe.

¶ De erfte yftorye was van beme perbe.

Jd was nybich, wente yd begherbe,

5075 Dat yd mochte entlopen eyneme herte

Vnbe nicht entonbe; bes habbe yd fmerte.

Dat perb ghynd to eyneme herben.

Jd fprad: ‚by mad ghelude werben!

Sytte vp my, id brynge by brabe,

5080 Iffet, battu volgeft myneme rabe,

Du fchalt vangen eyn herte wol veth,

Dar van fchal by werben beth.

Syn vlefch, fyne horne vnbe ot fyne hub

[189ᵇ.] Machftu al büre noch bryngen vth.

5085 Sytte vp my vnbe lathe vns yagen!'

De herbe fprad: ‚id wyl yd wagen'.

Se rebben hen myt alleme vlyb

Vnbe quemen by bat herte in torter tyb;

Se rebben eme na vp beme fpor,

5090 Se eme bat na, bat herte leep vor.

[Holzschnitt: links im hintergrunde ein nach links laufender hirsch mit großem geweih; ihn verfolgt im vordergrunde vor einem felsen auf rennendem rosse ein reiter, der mit der linken die zügel und in der rückwärts gezogenen rechten ein langes schwert hält. Rechts im mittelgrunde einige bäume.]

Dat perd ſyck wol halff begaff.
Jk ſprack to deme manne: ‚ſytte wat aff!
Jt byn mode, laet my wat rowen!‛
[190ª.] De man ſprack webber: ‚neen ick, trowen!
5095   Jd is nu ſus: du moeſt my horen,
Dar to ſchaltu vôlen de ſporen.
Du heſſt my hir ômme ſus ghebracht
Seet, ſus wart dat perd gedwungen mit macht.
He lont ſyck ſuluen myt velem quaden,
5100   De ſyk pynyget ômme eynes anderen ſchaden".

¶ (1) Jn deſſeme capittel is de menynge des dichters, dat eyn loggener, wan he heft ſynen wyllen in ſyneme ſeggende vnde em des wert gehöret vnde ſo denne etlyken dunckt wunderlyk weſen dat ſeggent des loggeners, alze hir de yſtorie van Parys van Troye, ſo kumpt denne eyn ertzeloggener her van der ſeltzen materyen to der profhyte= liken materyen. Wente myt dyngen, dat vordel vnde profyt inbryngen mach, dar myt werden vorleydet heren vnde vrouwen. ¶ (2) To deme anderen male wert hir gheleret by deme perde, datmen ſchal vormyden nyd; wente de nyd is alſo, dat de yenne, de myt nyde ſynt vorworen, de ſynt ſyk ſulueſt to ſwar, alze hir dat perd; dat was nydich vp dat herte, vnde yd was ſyk ſuluen to ſwar, wente ſyn wylle ghynck nicht vort.

[190ᵇ.] ¶ Wo Reynke ſpricht van deme ezel vnde hunde vnde ſucht to begen noch van deme ſpeygel. Dat ix capittel.

[Holzschnitt: rechts sitzt auf einem stuhle mit hohen lehnen ein mit kappe und langem gewande bekleideter mann, der mit der linken ein hündchen, das ihn lecken will, auf seinem linken beine hält. Von links her hat ein esel sein rechtes vorderbein auf des mannes schoss gestellt: dieser sucht den esel mit der rechten hinunterzuschieben. Hinter dem esel steht, indem er mit seiner linken an des esels mähne zerrt, ein mit kapuze und kurzer jacke bekleideter knecht, der

mit der rechten eine keule auf den esel zu schwingen im
begriff steht und an dessen rechter seite ein schwert herunter-
hängt.]

      Jk sprete ok, dat in deme speygel stunt,
        Wo dat eyn ezel vnde eyn hunt
        Deneben beyde eyneme ryken man,
        Men de hunt de meysten gunst ghewan.
5105   He sath by synes heren dysch
        Vnde ath myt eme vlesch vnde vysch.
        He nam en vaken vp den schod
[191ᵃ.] Vnde gaff eme eten dat beste brod.
        So wyspelde de hunt myt deme start
5110   Vnde lyckede syneme heren vmme den bard.
        ¶ Dyt sach de ezel Boldewyn;
        Dat dede eme wee in deme herten syn.
        He sprack to syck suluen allenen:
        ‚Wat mach myn here hir mede menen,
5115   Dat he desseme vulen canis
        Alzo rechte vruntlyck is,
        De ene sus lycket vnde vp en sprinckt?
        My men tom swaren arbeyde bwynckt,
        Ick moet dragen de sacke swar.
5120   Myn here scholde nicht in eyneme yar
        Myt vyff hunden doen, ya were der ock teyne,
        Dat ik in veer weken do alleyne.
        He eth dat beste, ick kryghe men stro
        Vnde mod vp der erden lyggen dar to.
5125   Wor se my bryuen efte ryden,
        Dar mod ick vele spottes lyden.
        Jt wyl nicht lenck sus vorderuen,
        Men ik wyl ok mynes heren hulde vorweruen.
        ¶ Myt des quam de here, de werd.
[191ᵇ] De ezel hoeff vp synen sterd,
        Vp synen heren dat he spranck,
        He reep, he rarde vnde he sanck,
        He lyckede synen heren vmme de mulen
        Vnde stotte eme twey grote bulen
5135   Vnde wolden kussen vor de munt,
        Alze he hadde seen doen den hunt.

¶ Do reep de here myt anxſte groet:
,Nemet den ezel vnde ſlat ene doet!'
De knechte ſlogen den ezel al
5140 Vnde yagheden ene wedder in den ſtal;
Do bleff he eyn ezel, alze he was.
Noch vyntmen mannygen ezelsdwas,
De eynem anderen ſyne wolvart vorgan,
Wo wol he dat nicht beteren kan.
5145 Ja, al kumpt alſobanen mede to ſtate,
So vöget eme doch dat ſulue ghelate
Alſe eyner ſögen, de myt leppelen eth,
Ja, vorware nicht vele beth.
Men lathe den ezel dragen den ſack
5150 Vnde gheuen eme ſtro, dyſtel in ſyn ghemack.
Deytmen eme ock andere ere,
[192ᵃ] He plecht al ſyner olden lere.
Wor ezels krygen herſchopyen,
Dar ſûd men ſelben vele dyen.
5155 Meyſt ſe er egene vordel ſöken,
Vp anderer wolvart ſe weynich röken.
Doch is dyt de meyſte klaghe,
Se ryſen in macht alle daghe"

¶ Dyt vorgheſechte capittel heft ſunderlyken anders·nene
vthbûdynge, men ſo alze int leſte ſteyt, vnde is de ſyn,
dat groue lûde, de vmbeſlypet vnde vnghe.lerd ſyn, beſſe,
wor de dat radent krygen, dar drecht de ezel de kronen;
wente beter yſſet vor eyn lant efte ſtath, dat de wyſen
vorvaren dat radent hebben vnde de grouen vnghe.lerden
ezels ſcholen ſacke dregen. Wor dat anders is, dar is
efte blyft nicht lange eyne gude ordinancie.

¶ Hir ſprickt Reynke de drydden yſtoryen, de vp deme
ſpeygel ſtunt gemaket, ſo he ſede al legende, vnde is van
ſynem vader, deme olden voſſe, vnde van dem wylden
kater, de in deme holte lopt, den he hir ſchendet myt worden.
Dat x capittel.

[192ᵇ]   Onnynck here, gy scholen ok wetten,
5160   (Latet myne rede iw nicht vorbreten!)
      Wente vp dem speygel stunt ok gegrauen
      Behende myt bylden vnde boekstauen,
    Wo myn vader vnde Hyntze de kater
    To samende ghyngen by eyneme water.
5165   Se sworen to samende myt swaren eyden,
    Dat se wolden vnder syk beyden
    Lyke delen, wat se ok vengen.
    Wolde se yemant yagen efte bwengen,
    So scholde eyn blyuen by deme anderen.
5170   Sus ghyngen se vele weges wanderen.
    Jd gheschach syk eyns, dat se vornemen,
    Wo etlyke yagers na ene quemen,
    De hadden ok vele quade hunde.
    Hyntze do to spreken beghunde.
5175   He sprack: ‚gud rad is hir dur’.
    Myn vader sprack: ‚yd is euentur.
    Eynen sack vul rades ik. wol weet;
    Wy wyllen malckander holden den eyt
    Vnde wyllen vaste to samende stan.
5180   Deffen rad fette ik to voren an’.
[193ᵃ]   ¶ Hyntze sprack: ‚wo yd vns gaet,
    Jk weet allene eynen raet,
    Den moet ik bruken, dat segge ik yw, om’.
    Alzus spranck he vp eynen bom,

[Holzschnitt: links wird der fuchs von zwei hunden an-
gefallen, hinter ihnen reitet von rechts kommend der hirte,
mit der linken hand die zügel haltend, mit der rechten das
horn blasend. Im hintergrunde und links und rechts je ein
baum: auf dem linker hand sitzt der kater.]

5185   Dar eme de hunde nicht konden schaden.
    Sus wolde he mynen vader vorraden,
    Den he in angste leet staen.
    Myt des quemen en de yegers an.
    Hyntze sach byt vnde sprack:
[193ᵇ]   ‚Wat, oem, boet nu vp yuwen sack!
    Gy hebben dar doch vele rades in,
    Bruket den nu, dat is yuwe ghewyn’.

Men bleß int horn vnde men reep: ‚ſſa!'
Myn vader leep vor, de hunde eme na.
5195   He leep, dat em vthbrack dat ſweet,
So dat he ok achter glyden leet.
Sus wart he do ychteswat vorlycht,
Anders were he entkomen nicht.
Hir moghe gy horen, we ene vorreet:
5200   Dat dede de, dar he ſyck meyſt to vorleet.
De hunde weren eme to ſnel,
Byl na hadden ſe eme gherucket dat ſel;
Men dar was eyn gath, dat wuſte he wol.
Sus entquam he int ſulue hol.
5205   ¶ Des ghelyk vyntmen noch mannygen broch,
De ſus dat ſulue bruken noch,
Alze Hyntze hir dede, de quade deeff;
Wunder were yd, hadde ik en leeff.
Doch ik hebbet em halff vorgheuen,
5210   Sus is dar noch wes achter bleuen.
Deſſe yſtorye myt deſſen reden
[194ᵃ.] Stunt klar vp deme ſpeygel gheſneden".

¶ (1) In deſſeme capittele leret de dychter ii ſtucke. Dat
erſte is, ſo wanner eyn loggener ſyk vtſchemet in der heren
houe vnde vor eynen beſeggen efte belegen, ya, ſo he denne
vornympt, dat eme ghehord wert, ſo belucht efte beſecht
he wol ok eynen anderen myt eyner anderen ſake; ſo hir
vor Reynke den ezel beſecht heft vmme ſyne grofheyt, ſo
beſecht he nu in deſſem vorgheſechten capittel den wylben
kater vmme de vntruwicheit vnde ſchuldyget ene vor eynen
meeneder. ¶ (2) Dat ander, dat hir gheleret wert, is,
dat eyn ſyk waren ſchal vor ſynen vorſoneden vyent; wente
al yſſet ſo, dat he yd eme vorgyft, ſo vorget he des doch
nicht, alze hir Reynke ſecht, dat yd wunder is, dat he ene
leff heft, vnde ſecht, he hebbet eme halff vorgheuen.

¶ Noch lucht Reynke eyne ander yſtoryen vnde ſede, dat
de ok ſtunt vp deme ſpeygel, alze van deme wulue vnde
deme krone. Dat ꭗi geſette.

[194ᵇ.] Och ſtunt vp deme ſpeygel mede
              Van deme wulue eyne andere rede,
5215   Wente he vor gud nů ſede danck.
                  He leep eyns ouer eyn velt entlanck,
          Dar vant he eyn boet gheuyllet perd;
          Dat fleſch was van den knoken vorterb.
          De wulff begunde de knoken to gnagen.
5220   Em quam eyn knoke dwers in den kragen,
          Wente he habbe den hunger groet.
          Hir van krech he ſware noet.
          He ſande velen arſten boden,
          Nemant konde eme helpen vth nöben.
5225   He boet vuſte vth eyn groten loen.
          Dar quam ock to em Lütke de kroen;
          He droch ock eyn roet bereet,
          Dar vmme he ene ock doctor heet
          Vnde ſprack to em: ‚help my myt flyb
5230   Vnde make my beſſer wedaghe quyb!
          Kanſtu, the my den knoken vth,
          So gheue ick dy eyn groten gud‘.
              ¶ De kron den ſchonen worden lôuebe
          Vnde ſtack den ſnauel in myt dem hôuebe
[195ᵃ.] Vnde toch em alzo den knoken vth.
          Do reep de wulff ouer lub:
          ‚We my, wee, du beyſt my ſeer!
          Men ick vorgheuet dy, bo des nicht meer!
          Wan my dat eyn ander ſo bede,
5240   Nummer ick bat van em lede‘.

[Holzschnitt: rechts sitzt der wolf, die vorderfüße auf die
erde gestemmt; in seinen rachen hat der kranich seinen kopf
                  gesteckt. Rechts und links je ein baum.]

              ¶ ‚Weſet to vreden‘, ſprack Lütke de kron,
          ‚Gy ſynt gheneſen, gheuet my myn lon!‘
[195ᵇ.] ¶ Do ſprack de wulff: ‚horet deſſen ghed!
          Ick byn ſuluen in deme ghebreck
5245   Vnde wyl van my gud hebben to!
          He bencket nicht der böget, de ick eme do,
          Wente he ſtack ſyn hôuet in myne munt
          Vnde it letet em wedder vththeen gheſunt,

Vnde heft my dar to wee gheban!
5250 Jt mene, scholde yemant bathe entfan,
De behorde my myt allen rechten'.
Sus lonen schelke ören knechten.
¶ Seet, desse ystorye vnde der noch meer
Stunden vp deme speygel vmme heer
5255 Ghewracht, ghesneden vnde ghegrauen
Myt bylden vnde guldenen boekstauen.
Jk helt my vnwerdich vnde alto rynck,
By my to hebben sodanen kostlyken dynck.
Dar vmme sande ick se to groten eren
5260 Der konnyghynnen vnde konnynge, myneme heren,
Wo grote ruwe myne kyndere beyde
Hir vmme hadden myt groteme leyde.
Sus was ere sorge mannygerhande,
[196ᵃ.] Do ick den speygel van my sande.
5265 Se plegen dar vor to spelen vnde spryngen
Vnde segen, wo en de sterken hyngen,
Vnde ock, wo en ere muleken stunt.
Men leyder! byt was my seer vnkunt,
Dat Lampen so na was syn doet,
5270 Wente ick vppe truwe vnde louen groet
Eme de kleynöde mede bevoel
Vnde myneme vrunde Bellyne alzo wol.
Dyt weren beyde myne truwesten vrunde,
De ick ye krech to yennyger stunde.
5275 Jk mach wol ropen ouer den mordener.
Ok wyl ick dar aff wetten meer,
Wor hen de kleynöde syn ghestolen,
Wente mord blyft nicht ghern vorholen.
Jb mach lychte, he hir by vns steyt
5280 Manck dessen, de dar wol aff weyt,
Wor ghebleuen syn desse kleynöde
Vnde ok, wo Lampe ghekomen is tom bode".

¶ (1) Jn dessem capittel straffet de lerer grot de sunde
der vnbandknamicheyt. ¶ (2) To deme anderen [196ᵇ.]
straffet he de, bede vngern vthgheuen dat vorbenede loen,
alze hir de ghyryghe wulff nicht lonen wolde dem krone
vnde mende noch danck dar vor to hebben, dat he eme
nicht den kop affbeet.

¶ Wo Reynke spricht vor deme konnynge van der böget
synes vaders in eertyden ghescheen, vnde alle ghelogen efte
myt loggen spricht he vort besse fabelen van deme wulue
van seuen haren.   Dat ȝii capittel.

Seet, gnedyghe here konnynck,
Jw kumpt vor so mannich dynck,
5285   Dat gy yd nicht al beholden möget.
Ghedencket yw nicht der groten böget,
De myn vader, de olde voß, dede
By yuweme vader in desser stede?
Went yuwe vader kranck lach to bedde
5290   Vnde myn vader em syn leuent redde.
Noch spreke gy, dat myn vader vnde ick mede
Jw efte den yuwen ne gud endede.

| 197ᵃ.] Here, ik spreke yd myt yuweme orloue:
Myn here vader was hir to houe
5295   By yuweme vader in groter gunst,
Wente he wuste vast de rechten kunst
Van artzedyende, dat water beseen,
Vtbreken fystelen, ogen, bródere efte thene vththeen.
Jk loue wol, here, gy wetent nicht encket,
5300   Ok weet ik nicht, eft yw dat dencket;
Gy weren do men dre yar old
Vnde yd was in eyneme wynter kold,
Juwe vader lach kranck in groten plagen,
Men moste ene boren vnde dragen.
5305   Alle de arsten twysschen hir vnde Romen
De leet he halen vnde to syck komen;
Se gheuen ene ouer altomalen.
Jnt leste leet he mynen vader halen,
He klagede em seer syne noet,
5310   Wo he kranck were wente in den doet.
Dyt entfermde myneme vader seer.
He sprack: ,o konnynck, myn gnedyghe heer,
Mochte ik yw myt myneme lyue baten,
Here, lóuet my, dat wolde ik nicht laten.
[197ᵇ.] Maket yuwe water, hir is eyn glas'.
Juwe vader, de vele kranckhyt was,

Dede, so eme heet myn vader.
He klagede, he kreghe yo lenck yo quoder.
¶ Dyt sulue ok vp deme speygel stunt.
5320 Wo yuwe vader wart ghesunt.
Wente myn vader sprack: ,wyl gy ghenesen,
So mod dat yummer entlyk wesen.
Eynes wulues leuer van seuen haren,
Here, hir an moghe gy nicht sparen;
5325 De schole gy eten, este gy synt doet,
Wente yuwe water töghet al bloet.
Dar hastet mede vor alle bynck'.
De wulff stunt mede in deme rynck,
He horde vast to, yd hagede eme nicht.
5330 Juwe vader sprack, des syd berycht:
,Horet, her wulff, schal ick ghenesen,
So mod yd yuwe leuer wesen'.
¶ De wulff sprack: ,here, ick segget vorwar,
Ik byn noch nicht olt vyff har'.
5335 ¶ Do sprak myn vader: ,yd helpet nicht, neen,
Ik wylt wol an der leuer seen'
[193ᵃ] Do moste de wulff tor koken ghan,
Vnde de leuer wart eme vthgheban.
De konnynck ath se vnde ghenaß
5340 Van aller kranckheyt, de in eme was,
Vnde danckede des sere myneme vader
Vnde gheboet syneme ghesynde alle gader,
Dat eyn yslyk mynen vader doctor hethe
Vnde dyt nemant by syneme lyue lethe.
5345 Sus moste myn vader to allen tyden
Ghan to des konnynges rechter syden.
Ok gaff em yuwe vader, so ik wol weet,
Eyn guldene span vnde eyn roet bereyt,
Dat moste he dragen vor alle den heren,
5350 De en alle helden in groten eren
Vnde beden eme ere to allen dagen.
Men myt my is dat nu vmme slagen,
Men dencket nu nicht mynes vaders döget:
De ghyrygen schelke werden nu vorhöget.
5355 Eghene nutte vnde gheiwyn men nu betracht,
Men recht vnde wyßheyt men klene nu acht.

Wor eyn kerleman wert eyn here,
Dar gheyt yd ouer de armen sere.

[198ᵃ.] Kricht he denne grote macht,

5360 So weet he suluen nicht, weme he slacht,
Dencket nicht, van wannen he sy ghekomen.
Men syn eghen vordel vnde vromen
Dat gheyt vort in al öreme spele.
Desser synt nu by den heren vele.

5365 Sobane hören ock nemandes bede,
Dar en volge denne de ghyfte mede.
Ere menynge is meyst: ‚brynget men heer!
Dyt vort ersten vnde denne noch meer!'
Desser ghyrygen wulue der is vele,

5370 Se prysen vor syck de besten morsele.
Konden se redden myt klenen saken
Eres heren leuent, dat scholde syk nicht maken.
Desse wulff wolde ock nicht entberen
Syne leueren to gheuen syneme heren.

5375 Noch seghe ik leuer, wyl gy yd hören,
Dat twyntich wulue er lyff vorlören,
Wan dat de konnynck efte syn wyff
Icht scholden vorlesen ere lyff;
Vnde yd were ok mynre schade,

5380 . Wente, wat dar kumpt van quadem sade,

[199ᵃ.] Schal selden synes danckes doen böget.
¶ Her konnynck, dyt schach in yuwer yöget.
Dyt weet ick vorware vnde encket,
Dat gy dyt alle nicht enbencket.

5385 Men ik weet yd wol al myt eyn,
Ghelyk efte yd gysteren were scheen.
Desse ystorye vnde dyt gheschicht
Was vp beme speygel ok angherycht
Myt ebbelen steynen vnde myt golde,

5390 So myn vader dat hebben wolde.
Mochte ik den speygel wedder vpvragen,
Dar wolde ik lyff vnde gud vmme wagen".

¶ Vp dyt vorghesechte capittel is sunderlyk nene vthleggynge
ghesath, wente al, wat de lerer dar ynne menet, machmen
klar vorstan in bem capittel, wente hath vnde nyd is be
gantze syn dar ynne.

¶ Noch wo Reynke ſprydt bedredhlyke worde, bar myt he
ſyk ſuluen entſchuldiget vnde andere belaſtet, vnde is, wo
be wulff vnde voß to ſamende vengen eyn ſwyn vnde eyn
kalff.　Dat xiii capittel.

[199ᵇ.] Ｄｅ konnynck ſprack: „Reynke, be word
　　　　　Hebbe ik vorſtan vnde wol ghehorb.
5395　　　Was yuwe vader ſo vorhöget
　　　　　Vnde bebe he hir alſobane böget,
Des mach lange ſyn, ik bencke des nicht,
Ok is my bat nicht eer bericht.
Men yuwer ſake der weet ik vele,
5400　　Wente gy ſynt vaken mebe in beme ſpele,
So men vaken hir van yw ſecht.
Doen ſe yw ban bat myt vnrecht,
Dat is quab yo to voren.
Mochte ik ok gub van yw horen
5405　　Neen, bat en ſchüb nicht vaken".
　　　　¶ „Here, ik antworde to ben ſaken",
Sprack Reynke, „wente ſe my anghaen.
Ik hebve yw ſuluen gub ghebaen —
Nicht, bat ik yw bo ycht vorwyb,
5410　　Wente ick byn ſchuldich to aller tyb
Dorch yw to boen, al wes ik mach.
Ghebendet yw nicht, wo yb eyns gheſchach,
Dat ik vnde be wulff, her Yſegryn,
Habben to ſamende ghevangen eyn ſwyn?
[200ᵃ.] Do yb reep, bette my yb boet.
　　　　　Gy quemen to vns, gy klageben yuwe noet,
Gy ſpreken, yuwe frouwe queme bar achter,
Habbe wy wat ſpyſe, ſo worbe yb ſachter;
,Gheuet vns mebe van yuweme ghewynne'.
5420　　,Ja', ſprack Yſegrym bynnen beme kynne,
So batmen bat nauwe vorſtunt.
Men ik ſprack: ,here, yb is yw wol ghegunt,
Ja, weren ber ſwyne ock vele.
Wene bunctet yw, be vns byt bele?'
5425　　,Dat ſchal be wulff', ſo ſpreke gy bo.
Deſſes was Yſegrym ſeer vro.

He belebe bo na syner olben sebe,
Men bar enwas nicht vele schemebe mebe:
Eyn vernbel gaff he yw, bat anber huwer vrowen,

5430   De anberen helfte begunbe he to kouwen.
He ath so ghyrygen vtermaten,
Men be oren myt ben nezegaten
Vnbe halff be lungen, byt gaff he my,
Dat anber behelt he al; byt seghe gy.

5435   Sus tögebe he syne ebbelheyt, so gy wetten.
Doch bo gy huwe beel habben vpghegetten,
[200ᵇ.] Dyt weet ik wol, gy weren noch nicht sath.
Dyt sach be wulff wol, men he ath
Vnbe boet yw nicht, noch kleyn noch grob.

5440   Do krech he van yw eynen stob
Van huwen poten twysschen be oren,
So bat em bat sel moste schoren.
He blobbe vnbe krech grote bulen
Vnbe leep wech myt grotem hulen.

5445   Gy repen eme na: ‚kum webber heer
Vnbe scheme by yo eyn anber tyd meer!
Isset, battu by ok nicht enschamest
Vnbe myt beme belenbe bat anbers ramest,
So wyl ik by anbers wyllomen hethen!

5450   Gha hastyghen, hale vns meer to ethen!'
¶ Do sprack ik: ‚here, ghebebe gy bat,
So gha ik myt em; ik weet wol wat'.
Here, gy spreken: ‚ya, gha myt em!'
Do helt syk Ysegrym seer vmbequem,

5455   He blobbe, he anckebe, he konbe vele klagen.
Sus ghynge wy echt to samenbe yagen.
Eyn veth kalff venge wy, bat gy wol mochten;
Do lachebe gy seer, alze wy bat brochten,
[201ᵃ.] Gy spreken bo vnbe loueben my groet,

5460   Jt were gub vthghesent tor noet.
Gy spreken, it scholbe belen bat kalff.
Jt sprack: ‚here, yb is huwe rebe halff,
De anberen helfte ber konnygynnen.
So wat benne is bar enbynnen,

5465   Dat herte, be leuer myt ber lungen,

Dyt beel horet to huwen hungen.
Mn höret to de veer vöthe
Vnde Yſegryme dat hőuet, wente dat is ſőthe’.
Alze gy dyt horden, ſprete gy do:

5470 ‚Reynke, we lerde dy belen alzo,
So rechte houeſchlyken? laet my vorſtaen!’
Jk ſprack: ‚here, dat heft ghedaen
Deſſe, deme ſo roet is de kop
Vnde deme ſo blodich is de top.

5475 Wente hůben, do Yſegrym belede dat verken,
Dar by beghunde ik do to merken
Vnde lerde do den rechten ſyn,
Wo men lyke ſchal belen kalff efte ſwyn’.
Sus krech Yſegrym, de ghyryghe dwas,

5480 Schaden vnde ſchande vor ſynen vras.

[201ᵇ.] ¶ Wo vele vyntmen noch ſobane wulue,
De alle baghe bruken dat ſulue
Vnde ere vnderſaten vorſlynden!
Se ſparen nicht, wor ſe de vynden.

5485 Al wor eyn wulff ſus ouermach,
Des wolvart krycht eynen vmmeſlach.
Eyn wulff ſparet nicht vleſch noch blod,
We em, de en ſabygen mod!
We der ſtath vnde deme lande,

5490 Dar wůlue krygen de őueren hande!
¶ Seet, her konnynck, gnedyghe here,
Sodane ere vnde der noch mere,
De hebbe gy to mannygen ſtunden
Vaken vnde vele by my ghevunden.

5495 Wes ik hebbe vnde mach ghewynnen,
Is alle huwe vnde der konnygynnen;
Dat ſy weynich efte vele,
Ja, dat meyſte is al huwe bele.
Dencke gy des kalues vnde verken,

5500 So wylle gy wol de warheyt merken,
By weme de rechte truwe mach ſyn,
By Reynken efte by Yſegryn.

[202ᵃ.] Nu is de wulff ſeer vorhoghet
Vnde is by yw de grotſte voghet.

5505 Nicht menet he juwe vordel,
     Men syn egen gheyt vor, beyde halff vnde heel.
     He vnde Brun hebben nu dat word,
     Men Reynken sake wert node ghehord.
     ¶ Here, yd is war, ik byn vorklaget.
5510 Jk mod dar dorch, yd mod syr ghewaget.
     Js hir to houe yennich man,
     De my de sake ouertüghen kan,
     De kome myt den tüghen tor sprake
     Vnde klaghe hir eyne vaste sake
5515 Vnde sette by, nicht nä, men vor,
     By vorluft des gudes, efte eyn or
     Efte syn lyff yegen myn to vorlesen.
     Sodanen recht plecht hir to wesen.
     Here, alle desse sake hir nu ghesecht,
5520 De sette ik by yw in dyt recht".

¶ (1) Jn desseme vorghesechten capittel leret de lerer
ii stucke. Dat erste, wo etlyke ghyryghe vntruwe vöghede
in der heren höue vor syd [202ᵇ] de besten morsele
beholden; so wan se den heren toyagen der armen sweet
vnde bloet, alze der armen gub, ya, so holden se belynge
myt eren heren alzo, dat se dat beste beholden. Desse
scholdemen vnderwysen, so hir de lauwe den wulff dede.
¶ (2) Dat ander stucke is, dat eyn wyß vornuftich mynsche
schal syl speygelen an eynes anderen schade vnde schande
vnde dar by leren vnde syt waren vor alsobanes, dar
eyn ander mede is to valle komen; so hir Reynke sprak,
dat he lerede so houeschen delen, do he sach, dat Jsegrym
                    de kop blobbe et cetera.

¶ Wo de konnink ghesachtmodyget wart ouer Reynken vnde
louede eme syner loggen vnde nam en echt to gnaden.
    Dat xiiii vnde dat leste capittel des brydden boekes.

DE konnynck sprack: „wo deme ok sy,
     Deme rechte schalmen vallen by;
     Nemande do ik yeghen recht.
        Jd is war, Reynke, du byst besecht,
[203ᵃ.] Dattu weest van Lampen dode,

Wente it vorloß Lampen node,
Vorwar it habbe Lampen leff.

[Holzschnitt: links sitzen könig und königin, beide mit der krone, der könig hält das szepter in der rechten. Vor ihnen eine versammlung von tieren: am weitesten im vordergrunde steht Reinke und hebt den kopf zum könig empor; hinter ihm, etwas nach rechts, hockt die äffin und macht mit beiden vorderarmen eine bewegung nach dem könige zu. Dahinter bär, dachs, einhorn, esel (?), kater. Im hintergrunde spärlich bewaldete hügel.]

  Wo Bellyn dat myt eme dreff!
  He brachte vns hir syn houet:
5530 Jt bedrouede my meer, wan hennich louet.
[203ᵇ.] Js yemant, be nu whl meer
  Klagen ouer Reynken, be kome heer!
  Desse sake, be hir vp em is ghesecht,
  De lathe it staen vp eyn recht.
5535 Wente Reynke is bes by my ghebleuen.
  Myne sake whl it eme vorgheuen.
  Doch eft yemant welke tughe brochte,
  De waraftich syn, van gubeme rochte,
  De komen vort, so hir is ghesecht,
5540 Vnde gheuen syck hir myt Reynken int recht".
  ¶ Reynke sprack: „gnedyghe here,
  Jk dancke yw seer yuwer ere,
  Dat gy yw nicht laten vorbreten
  Vnde whllen my rechtes laten gheneten.
5545 Jk segget by myneme swaren eyde:
  Do Lampe myt Bellyne van my scheyde,
  Do bebe my bat herte so wee,
  Wente it habbe seer leff desse twey.
  Nicht wuste it, bat my vorhelt desse noet
5550 Efte bat Lampen so na was syn doet"
  ¶ Sus konde Reynke de word stofferen,
  So bat alle, be bar weren,
[204ᵃ.] Meneben, he spreke ane beraet.
  Wente he habbe ernstaftich ghelaet
5555 Van ben kleynöben in synen worden,
  So bat alle, be byt horden,
  Meneben ok, bat he waer sebe,

Vnde spreken en int beste to frede.
Sus makede he deme konnynge wes vroet,
5560 Wente deme konnynge de syn seer stoet
Na den kleynöden, de Reynke myt berathe
So groet hadde louet bouen mathe.
¶ Hir vmme de konnynck to Reynken sede:
„Reynke, weset men to frede!
5565 Gy scholen reysen vnde yagen,
Konde gy de kleynöde vpvragen.
Myne hulpe schal yw syn bereyt,
Kone gy vpvragen dar van bescheyt".
¶ Reynke sprack: „ebbele here,
5570 Jk dancke yuwer ebbelicheyt sere,
Dat gy my gheuen trostlyke word.
Jw behord to straffen rooff vnde mord,
De leyder dar vmme is ghescheen.
Jk mod myt flyte dar na seen
[204ᵇ.] Vnde wyl ok reysen nacht vnde dach
Myt hulpe al de ik bydden mach.
Krygghe ik to wetten, wor se syn,
Vnde eft alleyne de hulpe myn
Were to swack, dat ik nicht enmochte
5580 Bullenbryngen de macht, dat ik se brochte
To yuwen gnaden (wente se syn yuwe),
Dat ik denne mochte myt gantzer truwe
Hülpe sölen, eft yd were van nöden,
By yw vmme de kleynöden
5585 Vnde mochte se yw bryngen tor hant,
Denne were myn vlyd noch wol bewant".
¶ Dyt was deme konnynge al wol mede.
He vulborde Reynken vp al de rede,
Wo doch Reynke en heft bedrogen
5590 Vnde myt groten loggen vorghelogen
Vnde heft em eyne waffene neze anghesath.
Al de dar weren lóueden ock dat;
He hadde en de oren vul gheslagen,
So dat he mochte al sunder vragen
5595 Ghan efte reysen, wor he wolde.
[205ᵃ.] Men Ysegrym wuste nicht, wat he scholde;

He wart tornich vnde myſmodich ſeer
Vnde ſprack: „her konninck, edbel heer,
Lôue gy Reynken echt vp dat nye,
5600 De yw kortes vorloch twye eſte drye?
Wunder yſſet, dat gy eme lôuet,
Deme lozen ſchalke, de yw vordôuet,
De yw wyſſe vnde vns allen bedruckt,
Sprickt ſelben war, men alle tyd lucht.
5605 Here, ik late en ſo noch nicht theen.
Gy ſcholen yd horen vnde ſeen,
Dat he is eyn valſchen droch.
Ik weet dre grote ſake noch,
Der he my nicht wol kan entghan,
5610 Scholde ik eynen kamp ok myt eme ſlan.
Id is war, hir is yo gheſecht,
Men ſchal eme ouertügen myt recht.
Ja, mach he hebben ſo langen dach,
So beyt he vort, al wat he mach.
5615 Kanmen alle tyd dar tüghe by nemen?
So machmen vuſte ſus laten betemen,
Bedregen den eynen na, den anderen vor.
[205ᵇ.] Nemant is, de yegen em ſpreken dor
Edder de yegen em dor ſpreken eyn word;
5620 Men ſyne ſake gheyt alle tyd vort.
He is dar to ok nemandes vrunt,
Nicht yw eſte den yuwen to nener ſtunt.
Nicht ſchal he van hir wyken eſte ghan,
He ſchal my hir to rechte ſtan“.

¶ (1) Dre ſtucke menet de lerer in deſſeme capittel. Dat
erſte is, dat eyn rychter richten ſchal na klaghe vnde na
antworde vnde ſchal vaſte vmberochtyge tügen lôuen, ſo
alze hir de konnink ſprack: konde yemant wes tügen myt
alſobanen, de vmberochtyget weren. ¶ (2) Dat ander is,
dat ein richter vaken wert bedrogen, vmme dat he ſyk vor-
hopet, wes to krygen kleynôde edder andere bult bottere,
vnde leth dar vmme na de rechtferdicheyt eſte eynen myſ-
beder varen. Doch ſo hir de konnynck ſtunt in twyfel,
eſt Reynke ſchuldich were eſte nicht, ſo leet he yd ſtan vp
ſobanes, datmen ouer en tügen mochte, edder [206ᵃ.] he

gaff ene loß. Dyt is ok eyne lere allen richteren vnde
vorsten, dat, so wan se twyfelen in eyner myssedaet, de
ouer eynen berochtygen is ghesecht, so scholen se leuer den
suluen loß gheuen, wan dat se ene richten. Wente vnder
twen eyn is beter, dat hundert schuldyghe enwech komen,
wan dat eyn vnschuldich worde vnrechte richtet; wente
vnschuldich bloet to vorgeten myßhaget gode to malen seer.
¶ (3) Dat drydde is: eyn myßbeder, de myt loggen efte
mit loßheyt loß wert ghegheuen, desse schal denne nicht
hastygen menen, dat god nicht en vynden kan eyn ander
wegen, ebber dat eme syne myssedaet nicht eyn ander wegen
wert vorgulden; wente er he syk dar vor hoth, so sendet
eme god ouer eyn ander wegen eyn vnlucke efte eynen
schaden ben, de syk nicht beteren. So na desser wyse ghynck
yd Reynken hir: do he meende loß vnde quyd to wesen,
do quam he erst to plasse vnde moste kempen vp syn lyff.
      Dyt is dat beslutent des drybben bokes.

[206ᵇ.] **Hir endyghet dat drydde boek van
Reynken deme vosse.**

Hir beghynnet dat verde boek van Reynken deme vosse.

      Eyne vorrede ouer dat verde boek.

¶ In desseme verden boeke leret de lerer vnde de dichter
desses bokes vele schoner lere; vnde ghelyk alze hir vor
in dem boeke vele is ghesecht van deme weghe der recht=
ferdicheyt vnde dat eyn ankleger eyner sake myt nochaftygen
tüghen best kan vortghan in der klaghe, vnde so kumpt yd
valen, dat eyn, bede wert besecht, dat eme nicht wert na
gheghan myt tügen ebber dat [207ᵃ.] men nicht vp en
tügen kan. Vnde so plach men oldynges de warheyt vnde
de rechtferdicheit to beschermen myt enneme kampe. Vnde

so alze in den hóuen der heren de ghyrigen vp de eyne
syden vnde de lozen vp der anderen syden tegen malkander
syn vnde theen sück, vmme de oueren hant tho hebben, so
wyl de poete nu bewysen in desseme veerden boke de wyse
vnde dat recht van kempende, vnde wo de wyßheyt de
ghyricheyt vorwynt, dat hir wert vtgelacht myt sabelen
vnde myt velen schonen leren. So alze alle tyd in den
hóuen der heren groet nyd vnde hath is twyssschen den
ghyrigen vnde den lozen, alsus wert hir vorgebracht de
ghyryge wulff vnde de loze voß; vnde so alzemen nicht
lychtlyken ouerspyl este ebrekerye betügen kan, vnde de loze
vaken deme ghyrygen vntruwe deyt in deme dele des ebrokes,
sus so beghynt hir de dychter dyt verde boek van deme
ghyrygen, de ouer den lozen klaget vnde beschuldyget ene
myt ebroke. Hir wert ock bewyset, dat desse sunde, alze
ebrekerye, is in groten sorgen vnde varlicheyden [207ᵇ.]
vnde mod dar tho vele hammers, vorvolghnge lyden, alze
hir de wulfynne leet, ok Reynke mede hir to rechte stan
mod. Dat dyt war is, betüget de hilge schrift van Dauite,
de gode leff was, vnde vel in sunde der ebrekerye, dar he
doch alle syne dage ruwe vnde bothe vor dede, vnde denne
noch vmme der suluen sunde wyllen grote vorvolginge
moste liden. Ok secht de lerer sunte Augustinus veer
latinsche versche, de hir na volgen:

 Quatuor his casibus sine dubio cadet adulter:
 Aut erit pauper, aut morte mala morietur,
 Aut cadet infamia, qua debet carcere vinci,
 Aut aliquod membrum letali vulnere perdet.

¶ Wo Ysegrym de wulff echt klaget ouer Reynken den voß.
    Dat erste capittel.

5625 Ysegrym de wulff klagede echt.
 He sprak: „here konninck, vorstat my recht,
 Reynke is eyn lozen droch,
 So was he to nar, so is he noch.
[208ᵃ.] He steyt vnde vorspricht myn gantze ghesslecht,
5630 Ja, alle schande he van my secht.
 He heft my vele schande gheban

Vnde myneme wyue to voren an.
He brachte se eyns by eynen dyck
Vnde heeth se waden in den slyck.

5635 He sprack, wolde se vele vyssche vangen,
Se scholde den start int water hangen;
Dar scholden so vele vyssche ane betten,
Se scholder sulff verde nicht konen eten.
Dar ghynck se waden vnde se swam

5640 So lange, dat se to deme ende quam.
Dar was yd wol deep, men doch nicht myn!
Dar heeth he den stert er hengen in
(De wynter was kolt vnde yd vroß seer)
So lange, dat se nicht konde holden meer,

5645 Wente de start er so hart bevroß.
Se toch vast, men se enwart nicht loß;
Ja, do er de start wart so swar,
Se menede, yd vyssche weren weßt vorwar.
Do Reynke dyt sach, desse quade deff,

5650 Dat dor ik nicht seggen, wes he do dreff;
[208ᵇ] Wente he ginck to vnde vorwelbigede myn wyff.
My efte em schal dyt kosten dat lyff.
Desses vorsaket he nicht, wo yd ok ghaet,
Wente ik vant en vp der schynbaren daet,

5655 Do ik den suluen wech van vnschycht
An deme amberghe gynck in de ghericht.
Se reep lude, de arme dern,
Se stunt so vast, se konde syk nicht wern.
Do ik dat sach vnde ok horde,

5660 Wunder yssel, dat myn herte nicht toschorde.
Ik sprack: ,Reynke, wat deystu dar?'
Ja, do he myner wart ghewar,
Do ghynck he lopen syne strate.
Do ghinck ik to myt drouygem ghelate

5665 Vnde moste in deme slyke depe waden
Vnde in deme kolden water baden,
Eer ik dat yß konde tobreken
Vnde er den stert dar vth halp trecken.
Doch was yd noch yo nicht to lucken;

5670 Do se den stert vth wolde rucken,

Bleff in deme yse dat verde deel.
Se reep van wedagen (ya, dat was veel!)

[200ᵃ] So lude, dat de bure vthquemen
      Vnde vns dar in deme byke vornemen.

5675 Ja, dar ghynck yd do an eyn ropen,
      Se quemen so wreselyck vp vns lopen
      Myt peken, myt exen vnde myt stocken,
      Ok quemen de wyue myt den wocken.
      Dar reep men: ‚vange, werp, steck, sla to!‘

5680 Jk en krech ne meer anxst dan do.
      Dat sulue secht ok Ghyremod, myn wyff.
      Nauwe brochte wy wech dat lyff.
      Wy lepen, dat vns dat sweb vthbrack.
      Dar was eyn lobber, de na vns stack

5685 Myt eyneme peke, grob vnde lanck;
      Desse bede vns den meysten dwanck,
      Wente he was starck vnde lycht to voet.
      Jd was auent vnde de nacht anstoet,
      Anders were wy seker doet ghebleuen.

5690 Dar lepen de wyue alse olde teuen·
      Se repen, wy hadden ere schape betten.
      Och, de hadden vns so gerne smetten!
      Se repen vns na alle schande.
      Do lepe wy wedder van deme lande

[209ᵇ] Na deme water; dar stunt vele bezen,
      Dar mosten de bure vns do vorlesen
      Vnde dorsten by nachte nicht navolgen.
      Do kereben se wedder seer vorbolgen.
      Jd was so nauwe, dat wy entghyngen.

5700 Seet, here, dyt is van leetlyken dyngen,
      Dyt is vorwelbynge, mord myt vorrade
      Vnde horet yw to straffen ane alle gnade“

¶ Jn dessem ersten capittel des verden bokes leret de poete eyn mercklyk stucke vnde is eyne lere to allen vrouwen vnde hundkfrowen. Dessen wert gheleret, dat se nicht lycht=lyken scholen louen, wente alle de, bede lichtliken louet, wert draben bebrogen, sunderlyken vrouwen vnde hundk=frowen. Wente Eua, vnse erste moder, dar vmme se lycht=lyken vnde draben louede, wart se bebrogen. Vrouwen

efte hunckfrouwen, bebe braben löuen ben lotgeters vnbe
ben ſchenbers, beſſe werben bebrogen vnbe braben erer ere
berouet, be ſe nummer konen webber krygen. Dyt menet
be lerer myt beſſer fabelen, bat be loze voß be wulfyn=
[210ᵃ.] nen myt ſchonen worben in ben byck brachte,
bar ſe myt beme ſtarte vyſſchen ſcholbe, bar ſe nicht wech
quam ane grote ſchanbe vnbe ſchaben.

[Holzschnitt wie 203ᵃ.]

¶ Wo Reynke ſyk vorantworbet echt yegen Yſegrym, ben
wulff, vnbe wo he echt be wulfynnen to plaſſe brachte in
ben ſoet, eyne mercklike fabele. Dat anber capittel.

[210ᵇ.] DE konninck ſprack to beſſer klacht,
          De Yſegrym Reynken hir tolacht:
5705   „Dar wyl wy ouer holben recht;
          Doch wyl ik horen, wat Reynke ſecht".
        ¶ Reynke ſprack: „wan byt war were,
        Dat were to na myner ere.
        Gob vorbebet, bat men yb ſo vunbe!
5710   Yb is war, ik wyſebe er tv eyner ſtunbe,
        Wo ſe vyſſche ſcholbe vaen
        Vnbe eynen guben wech ouergaen
        To beme watere in by ben byck.
        Men ſe leep bar na ſo ghyrichlyk,
5715   Vp bat ſe bar braben mochte komen,
        Do ſe be vyſſche horbe nomen.
        Se en helt nicht ben wech noch be wyſe;
        Ok bat ſe bevroß in beme yſe,
        Was bes ſchult, bat ſe to lange ſath.
5720   Der vyſſche habbe ſe ſachte ennoch gehat,
        Habbe ſe by tyben vpghetogen;
        Men ſe wolbe ſyk ſo nicht laten nogen.
        Alto vele begheren was newerlbe gub,
[211ᵃ.] Ja, be ſulue vaken myſſen mob.
5725   Wes ſyn vnbe ghemöthe bar hen ſteyt
        Vnbe kricht ben gheyſt ber ghyricheyt,
        De is myt velen ſorgen belaben,
        Wente nemant kan ben ghyrygen ſaben.

So ghynck yd ok vrowen Ghyremod,

5730 Do se alzus bevroren stod.
Dyt is nu myn danck to desser stunde,
Dat ik er do halp al dat ik konde,
Dar se alsus stunt bevroren
Vnde ik se dar vth wolde boren;

5735 Men yd was vorgheues, se was to swar.
Do quam Ysegrym van vnschicht dar
An deme ouer, dar he stunt bouen;
He vlokede meer, dan yemant mach louen.
Id is yo war, dat ik vorschrack,

5740 Do he alsus desse seghenynge sprack,
Ja, nicht eyns, men twye efte drye.
He vlokede my dar to de poppelsye,
He begunde van torne ock lude to ropen.
Do dachte ik: ‚vorwar, nu mod ik lopen.

5745 Beter ghelopen, wan vorvulen‘.
[211ᵇ.] My dochte dar do nicht lenger to schulen.
He berde, wo he my wolde toryten.
Id is war, wor syk twey hunde byten
Vmme eynen knoken, eyn mod vorlesen.

5750 Dar vmme duchte my dat beste wesen,
Dat ik wolde wyken syneme torn,
Wente syn ghemothe was vorworn,
He was seer gram, so is he noch;
Secht he anders, he lucht alse eyn droch.

5755 Braget des suluen syneme wyue!
Wat hebbe ik to donde myt deme ketvue?
Seet, here, alze he do des wart wyß,
Dat se bevroren stunt in deme yß,
He schalt, he vlokede ouer luth

5760 Vnde ghynck do to vnde halp er vth.
Dat sulue, dat he ok hir klaget,
Dat en de buren hebben gheyaget,
Ja, dat bede en beyden seer gud
Vnde makede en beyden warm dat blod,

5765 Wente se weren in deme yse vorvroren.
Wat schalmen hir lenger na horen?
Id is to malen eyne groue vntucht,

[212ᵃ.] De alzus ſyn egen wyff belucht.
   Se is yo hir, men mach ſe vragen;
5770 Were yd ſo, ya, ſe wolde wol klagen.
   Jk bydde vmme vryſt eyne weken,
   Dat ik myt vrunden moge ſpreken,
   Dat ik my berade vmme dyt ſulue,
   Wat ik antworden moge beme wulue".
5775 ¶ Do ſprak Ghyremod, des wulues wyff:
   „Seet, Reynke voß, al yuwe bedryff
   Js ſchalkheyt vnde bouerye,
   Leghen, dregen vnde tüſcherye.
   Ja, de yuwen worden gruntlyk louet,
5780 De wert ghewyſſe int leſte ſchouet.
   Juwe worde ſyn loß vnde vorworn;
   Dat vant ik alzo by beme born,
   Dar be twey ammere hengeden an.
   Gy weren in eynen ſytten ghan,
5785 Dar were gy mede nedder ghebreuen,
   Nicht konde gy ſuluen yw dar vth heuen.
   Gy kermeden ſeer; dyt was by nacht.
   Jk ſprak: ‚we heft yw hir in ghebracht?',
[212ᵇ.] Do ik yw horde in beme putte.
5790 Do ſpreke gy wedder, yd were my nutte,
   Jk ſcholde in den anderen ammer ſtygen,
   Ja, ik ſcholde denne vyſſche de vulle krygen.
   Jn vntyd quam ik den ſuluen wech dar,
   Jk meende, gy hadden gheſproken war.

[Holzschnitt: in der mitte eine brunneneinfassung; links
daneben ein senkrechter stützbalken, auf dem der ziehbalken
wagerecht liegt. An letzterem hängt in den brunnen hinein
ein eimer, und in diesem sitzt Reinke. Über der stelle des
ziehbalkens, wo der eimer befestigt ist, eine mondsichel mit
gesicht, das in den brunnen hineinsieht. Links neben dem
stützbalken scheint Reinke einen vogel zu erwürgen. Rechts
neben dem brunnen sitzt die wölfin und sieht Reinke an.
Im hintergrunde rechts auf einer anhöhe ein baum.]

5795 Gy ſworen eynen eyd by yuwer ſele,
   Gy hadden der vyſſche getten ſo vele,
   Dat yw dar van we bede dat lyff.
   Des louede ik yw, ik dulle wyff.

[213ᵃ.] Jk ſtech in den ammer; do gynck he nedder.
5800 Dar gy in ſeten, ghynck vpwert wedder.
Dat wunderde my, dat yd ghynck alzo.
Jk ſprack to yw: ‚wo gheyt dyt to?‘
Dar vp ſpreke gy to my wedder:
‚Alzus gheyt de werlt vp vnde nedder.
5805 Dat is nu ſo der werlde lope.
So gheyt yd ok vns beyden to hope:
De eyne vornedbert, de ander vorhöget,
Dar na eyn yſlyk heft vele döget.
So is nu der werlde ſtate‘.
5810 Do ſprunge gy vp vnde lepen yuwe ſtrate.
Jk bleff dar ſytten den gantzen dach.
Dar to entfenck ick mannyghen ſlach,
Eer dat ick konde komen van dar,
Wente twey bure worden myner ghewar.
5815 Jk ſath dar hungerich vnde bedröuet
Jn grotterem anxſte, wan yennich löuet.
Dyt bath moſte ik dar vthluren.
Do ſpreken vnder ſyk de ſuluen twey buren:
‚Su, hir ſyt de nedden in deme ammer,
5820 De yo to bytende plecht vnſe lammer‘.
[213ᵇ.] De eyne ſprack: ‚hale ene vp hir bouen!
Jk wyl ſeen, kan ik ene töuen.
Hir ſchal he nu betalen de lammer‘.
Wo he my töuede, dat was groet yammer.
5825 Dar krech ik ſlach ouer ſlach,
Newerlde habbe ick brougeren dach.
Doch entquam ik noch int leſte“.
¶ Reynke ſprack: „dat was yuwe beſte,
Dat gy dar worden wol gheſlagen.
5830 Jk konde de ſlege ſo wol nicht dragen,
Vnde vnſer eyn moſte ſe yummer lyden,
(So was yd gheſchapen to den tyden)
Den ſlegen konde wy beyde nicht entghan.
Jk lerde yw gud, wolde gy yd vorſtan,
5835 Dat is, dat gy vp eyne ander tyd
To beth vp yuwe hoede ſyd
Vnde nemande löuen alto wol,

Wente de werlt is der loßheyt vul".

¶ „Ja", sprack Pſegrym, „dat is war,

5840   Dat weet ik van Reynken openbar,
Van eme hebbe ik den meyſten ſchaden.

[214ᵃ.] Wo vaken heft he my vorraden,
Dat ik noch nicht al hebbe gheſecht!
Wy quemen eyns manck der apen ſlecht

5845   In eynen berch in Saſſenlant,
Dar ik vyl na was gheſchant.
He heth my krepen in eyn hol,
Id was dar quad, dat wuſte he wol.
Hadde ik nicht haſtygen ſocht de dor,

5850   Ik habbe dar ſeker ghelaten eyn or.
He heelt de apynnen vor ſyne medderen;
Dat ik der entquam, was eme to wedderen.
He wyſede my in er vule neſt,
Ik meende, dar habbe de helle gheweſt".

¶ (1) In deſſeme capittel is gheleret iiii ſtucke. Dat erſte
is, de alto ghyrich is, de kricht vaken altes nicht. ¶ (2)
Dat ander is, men ſchal deme tornygen wyken, alze Reynke
hir dede, do he yd vp ſyn lopent ſatte. ¶ (3) Dat drydde
is, dat mannygem na deme ſchaden vnde na der ſchande
ſpot mede volget, alze hir Reynke ſprack, he wolde de
wulfynnen vthboren. Dat ſulve menet he [214ᵇ.] ock,
dar he ſecht van den ſlegen, de ſe krech by deme borne.
Ok weren dat ſpotworde, do he ſprack, dat de werlt ſo vp
vnde nedder ghynge. ¶ (4) Dat verde is eyne lere, alzo
eſt eyne vrouwe yo to valle kumpt, ſo yd leyder vaken
ſchüd, deſſe ſchal haſtygen wedder vmmekeren vnde ſyk nicht
ouergheuen, er ere beſchermen myt al der lyſt, de ſe kan;
ſo hir de wulfynne ſprickt van eyner anderen materien.

¶ Wo Reynke ſprickt van den meerapen efte meerkatten,
wo he myt deme wulue manck de quam; noch eyne andere
fabele. Dat iii capittel.

5855   **R**Eynke ſprack to alle den heren,
De myt em dar to houe weren:
„Iſegrym is nicht al by ſynnen.
He ſprickt nu van der apynnen,

Syne worde synt nicht al so klar.
5860　Des is nu wol dryddehalff yar,
Dat ik em volgede int lant to Sassen,
Dar reysede he hen myt groteme brassen.

[215ᵃ.]　Jd is ghelogen, dat he dar secht,
Jd weren van den meerkattenslecht.

5865　He secht vnrecht my to wedderen:
Meerkatten en synt nicht myne medderen.
Brouwe Rukenauwe vnde Marten de ape,
Desse is myn medder vnde he myn pape;
He is notarius, he weet dat recht.

5870　Men dat Jsegrym hir van meerkatten secht
Dat sulue secht he my to hoen,
Myt den hebbe ik altes nicht to doen.
Se weren ok núwerlde myne ghesellen,
Se seen alze de dúuel vth der hellen.

5875　Men dat ik de meerkatten do medder heet,
Ja, dat dede ik al vmme gheneet;
Dar konde ik do nicht an vorlesen,
Sus lete ik se anders wol vorvresen.

¶ Dat verde capittel.

Seet, hèren, wy ghyngen buten den wegen
5880　Vnder dem berghe, dar wy segen
Eyn dúster hol, deep vnde lanck.
[215ᵇ.]　Jsegrym was van hunger kranck,
Wente ik sach en ne so sath,
He hadde gerne meer ghehath.

5885　Jk sprack: ‚dat hol, dat ik yw wyse,
Jd feylt nicht, gy vyndet dar spyse.
De dar wonet, dat schal nicht feylen,
De mod wat spyse myt vns delen‘.
¶ Do sprack Jsegrym: ‚Reynke oem,
5890　Hir wyl ik beyden vnder dem boem.
Gy synt bequemer dar to wan ik‘.
Seet, sus wolde he my wysen int stryck.
He sprack, eft ik dar vunde to eten,
Dat scholde ik eme don to wetten.

5895   Jk ghynck dar in dorch eynen ghanck,
     Dar vant ik eynen wech, krum vnde lanck.
     De angſt, de my dar entſtunt,
     Wolde ik nicht vmme twyntich punt
     Noch eyns anghan; wente dar weren
5900   So vele der ſuluen leetlyken beren,
     Klene, grote, ok eyn deel mynder,
     Vnde weren der ſuluen meerapen kynder,
     Wente de meerapynne lach in deme neſt.
[216ᵃ.] Jk meende, yd were de duuel gheweſt.
5905   Se habbe eyne wyde munt vnde lange tanden
     Vnde lange negele an vöten vnde handen,
     Ok eynen langen ſtart anghesath;
     Jk en ſach nu leetlyker bere dan dat.
     De yungen weren ſwart, van ſeltzener manneren,
5910   Jk meende, dat yd yunge duuele weren.
     Se ſegen my ſeer gruwelyk an,
     Jk dachte: ,och, were ik wedder van dan!‘
     Se was grotter wan Yſegrym was,
     Ere kynder weren etlyke na deme ſuluen pas.
5915   Se legen dar in deme vulen hoye,
     (Jk en ſach ne leetlyker proye)
     Beſlabbert wente ten oren to myt dreck:
     Jd ſtanck dar alze dat helſche peck.
     De warheyt to ſeggen wolde dar nicht benen,
5920   Wente erer was vele vnde ik allenen.
     Of weren ſe alle van quadem ghelad,
     Hir vmme vant ik eynen anderen rad.
     Jk grotte ſe ſchone, (dat ik nicht en meende)
     Jk leet my duncken, wo ik ſe kende,
5925   Jk het ſe medder, de kyndere myne magen.
[216ᵇ.] Jk ſprack: ,god ſpare yw to langen dagen!
     Dyt ſynt yuwe kyndere, dat ſe ik wal.
     Help, ſe behagen my ouer al.
     Wo luſtych ſyn ſe vnde wo ſchone,
5930   Eyn yſlyk mochte ſyn eynes konnynges ſone!
     Dar vmme mach ik yw wol louen myt recht,
     Dat gy alzus meren vnſe ſlecht.
     Grote vraude habbe my dar van ghekomen,

Habbe ik ghewetten van deffen mynen ömen.

5935 Men mach yo to en tyden tor nod
Ja, do ik er sodane ere bod,
De ik doch seker nicht en mende,
Do dede se recht, wo se my kende;
Se heet my oem vnde was seer vro,

5940 Doch horet se my altes nicht to.
Nicht schadet my, dat ik se medder heet,
Wo wol my van angste vthbrack dat swet.
Se sprack to my: ,Reynke vrunt,
Weset wylkomen! sy gy ok ghesunt?

5945 Jd is my eyne vraude alle tyd,
Dat gy to my ghekomen syd.
Gy syn vroet, gy konen wol leren

[217ᵃ.] Juwe ömkens helpen to den eren'.
¶ Seet, do ik alsobanes horde,

5950 Dat vordenede ik myt eyneme worde,
Dar vmme, dat ik se medder heet
Vnde sparde to seggen de warheyt.
Gherne habbe ik gheweft van dan.
Do sprack se: ,om, gy schult nergen ghan,

5955 Gy scholen erst eten eyne gude malthyd'.
Seet, do droch se my vor myt vlyd
So vele spyse, de ik nicht al kan nomen
(My wunderde, wo de dar was ghekomen)
Van herten, van hynden vnde andere wyltbrath.

5960 Jk nam to my vnde ath wol sath.
Do ik was sath vnde habbe ghenoch,
Gaff se my eyn stucke, dat ik myt my droch.
Dat was eyn stucke van eyner hynde,
Dat scholde hebben myn wyff vnde ghesynde.

5965 Seet, hir myt nam ik orloff van er.
Se sprack: ,Reynke, komet vaken her!'
Dat louede ik er vnde ghynck wedder vth,
Wente yd enwas dar nicht seer gud:
Jd rock dar vafte na der wegen,

[217ᵇ.] Jk habbe vyl na den boet ghekregen.
Jd was noch gud, dat yd so vel.
Jk makede my to lopende snel

To deme ghate vth, dar ik in quam,.
Vnde do ik Ysegryme vornam,
5975　He lach vnde stende vnder deme boem
Ik sprack: ,wo gheyt yd myt yw, oem?'
He sprack: ,nicht wol; ik mod vorderuen.
My duncket, ik mod van hunger steruen.'
My entfermde seer synes vnghelucke
5980　Vnde gaff eme to eten dat sulue stucke,
Dat my ghegeuen was in deme hol.
He ath, ya, dat smeckede eme seer wol.
Des wuste he my do groten banck,
Al is de gunst nu worden kranck.

5985　¶ Ysegrym sprack, do he habbe getten:
,Reynke oem, latet my wetten,
We is, bede wonet in deme hol?
Wo ysset dar gheschapen, duel efte wol?'
Do sprack ik war vnde lerede em dat best.
5990　Ik sede: ,dar is eyn seer duel nest,
Doch spyse der is dar vele.

[218ª.]　Wyl gy, datmen de myt yw bele,
So ghaet dar in vnde seet,
Dat gy nicht seggen de warheyt.
5995　Warheyt to spreken môthe gy dar sparen,
Isset, dat gy wol wyllen varen.
De warheyt alle tyd spreken wyl,
Mod ok lyden voruolghynge vyl,
Mod ok vaken buten stan,
6000　Wan de anderen in de herberge ghan.'
Ik heet ene ghan in dat hol,
He scholde werden entfangen wol.
Wat he dar seghe, he scholde to voren
Spreken, dat se gern wolden horen.
6005　Seet, here her konnynck, dyt weren de word,
So ik en lerede; do ghynck he vord
Vnde bede hir al entyegen.
Heft he dar wes ouer ghekregen,
Dat is vorware syn eghene schade,
6010　Wente he volgede nicht myneme rade,
De grouen pluggen, we se ok syn,

Dar enwyl nene wyßheyt in,
Vp wyßheyt achten se nicht to grunde,

[218ᵇ.] Dar vmme haten se subtyle vunde,
6015   Wente se suluen be nicht vorstan.
Jk lerde Jsegryme to voren an,
Wolde he syck vor schaden waren.
So moste he dar de warheyt sparen.
He antworde my, he wuste dat wol.

6020   Myt des ghynck he in dat hol.
Dar vant he sytten de meerapen,
De alze be dúuel was gheschapen,
Myt eren kynderen; he vorverde syk seer.
He reep: ,help, wat leetlyker beer!

6025   Synt byt alle huwe yungen
Edder synt se vth der hellen ghesprungen?
Ghaet, vordrencket se! dat is rad.
Wat, bôze har! schal byt quade sad?
Horden se my, ik wolde se hangen.

6030   Men mochte yunge dúuele hir mede vangen,
Wanmen se brochte vp eyn moor
Vnde búnde se dar vp dat roor.
Wo rechte leetlyk synt se schapen!
Dyt mogen wol heten morapen.'

6035   ¶ De meerkatte sprack altohant:
,Welck dúuel heft yw boden ghesant?

[219ᵃ.] Wat hebbe gy my hir to haffen
Efte wat hebbe gy hir to schaffen?
Synt se eyslyk efte schon,

6040   Wat hebbe gy dar mede to don?
Reynke vos be is doch klok,
De was hir húden by vns ok;
He sprack, dat desse myne kynder weren
Schone, sedich vnde guderteren.

6045   He heelt se vor syne gheborne vrunde,
Des is nicht meer dan eyne stunde.
Hagen se yw nicht, so se eme beden,
Hir en heft yw yo nemant ghebeden.
Dat segge ik yw, Jsegrym, wylle gy yd wetten.

6050   ¶ Do esschede Jsegrym van er to eten.

He ſprack: ‚langet heer, ebber ik helpe yw ſöken!
Id helpet my beth wan deſſen ſpöken'.
He wolde er ſpyſe nemen myt macht;
Do krech he, dat em was ghebacht:

6055 Se ſprank vp en vnde beeth,
Myt eren negelen reet vnde ſpleeth;
Ere kynder beden des ghelyk,
Se betten, ſe kleyeden grumychlyk.

[219ᵇ.] He begunde to hulen vnde to ropen,
6060 Dat blod quam ouer ſyne wangen lopen.
He ſatte ſyk ok nicht tor were
Vnde leep wedder oth haſtygen ſere.
Do ik ene ſach, he was tobetten,
Tokleyet, toſpletten vnde retten,

6065 Eme was gheknepen mannich ghat,
Vmme dat hôuet was he van blode nat.
Eyn or habben ſe eme ſo gheplucket,
Ja, to degen habben ſe ene gherucket.
Ik vrageden, do ik en ſo ſach tokleyt,

6070 Eſt he habbe ſproken be warheyt.
He ſprack: ‚ik ſede, alze ik yd bar vant.
De leetlyke teue heft my gheſchant.
Were ſe hir buten, ſe ſcholdet betalen.
Wo dunket yw, Reynke, ere kynder to malen?

6075 Wo ſlym ſe ſyn, wo eyſlyk ſe ſeen!
Do ik dat ſede, do was yd gheſcheen,
Do vant ik by er nene gnade.
In vntyd quam ik dar to bade.'
¶ Do ſprack ik wedder: ‚ſy gy vorkerd?

6080 Alſus en hebbe ik yw nicht ghelerd.
[220ᵃ.] Gy ſcholden hebben ſecht, horet my nu:
»Leue medder, wo gheyt yd yw
Vnde yuwen ſchonen kynderen ghemeyn?
Se ſynt myne neuen, grob vnde kleyn.«

6085 ¶ Do ſprack Yſegrym to my wedder:
‚Eer ik ſe wolde hethen medder
Vnde ere kyndere myne neuen,
Ik wolde ſe eer deme dúuele gheuen.
Erer vruntſchop hebbe ik neen ghebrack,

6090 Jd is dat alder flymmefte pack.
Seet, vmme dyt Yfegrym entfynck
Sodanen paghment, alze dar ghynck.
Here her konnynck, merket vnde feet,
Secht he nicht vnrecht, dat ik en vorreet?
6095 Braget ene fuluen, eft yd nicht fo was,
Wente he was do dar mede vppet fulue pas"

¶ (1) Jn deffem vorghefechten capittel leret de dychter
ii ftucke. Dat erfte is eyne lere, dat, fo we dar is manck
quader vnghenochlyker felfchop, dar he vruchtet, dat he
nicht wech komen kan ane de warheyt to fparen, deffe fchal
klok wefen vnde [220ᵇ] feen fyck fuluen wol vor, dat
he nicht enleghe fodane loggen, de yemande mochten to
na fyn, men he mach bruken fchoner worde, wo wol de
fuluen nicht al war fyn, vp dat he myt leue van dar
kome. — (2) Dat ander, dat de lerer menet myt beffer
fabelen, is, dat groue vnlympyge mynfchen, de vorftan
nenen whyfen rad, vnde lyfticheyt whyl en nicht to fynne.

¶ Wo Yfegrym Reynken nicht konde vorwynnen myt nener
klage, wente Reynke brachte dar al enthegen fyne practiken,
fyk to entfchuldygen; do boet Yfegrym Reynken eynen
hantfchen vnde effchede en to kampe. Dyt was oldinges
de wife: wan eyn den anderen to kampe effchede, fo boet
he em eynen hantfchen. Dat v capittel.

Segrym fprack wedder an:
„Wylle wy na deme ende flan,
Wat wylle wy fus alle tyd kyuen?
6100 De recht heft, fchal wol richtich blyuen.
Reynke, gy fcholen krygen den ramp!
Jk wyl myt yw flan eynen kamp.
[221ᵃ.] Hebbe gy dan recht, dat vynde gy wol.
Gy fpreken hir van der apen hol,
6105 Wo ik dar was in hunger groet
Vnde gy my brachten fpyfe in noet.
Jd was men eyn knoke, whyl gy yd wetten.
Dat vlefch habbe gy dar aff ghegetten.
Gy fpotten myner, dar ik fta,

14*

6110 Vnde gy spreken myner eren to na.
Gy hebben mannich spottes word
Myt loggen vp my ghebrocht hir vord,
Wo ik deme konnynge syn leuent vorgunde
Vnde wo ik na syneme lyue stunde.

6115 Gy loueden deme konninge to wysende eynen schat,
Men he heft des noch nicht ghehath.
Gy hebben myn wyff, de wulfynnen,
Schendet, dat se nummer kan vorwynnen.
Dyt is de sake, de ik yw tye.

6120 Wy wyllen kempen vmme olt vnde nye.
Ik essche yw to kampe to besser tyd,
Ik spreke, dat gy eyn vorreder vnde morder syd.
Ik wyl myt yw kempen lyff vmme lyff,
Sus mach eyns endygen vnse kyff.

[221ᵇ.] De vthbuth den kamp, dat is dat recht,
Eynen hantschen deme anderen to bonde plecht;
Den hebbe gy hir, nemet to yw!

[Holzschnitt: rechts Isegrim, der mit seiner rechten vorder-
pfote dem links, Isegrim zugewandten Reinke einen hand-
schuh in die linke vorderpfote legt. Dahinter links der könig
und die königin. Im hintergrunde bewaldete hügel.]

Draden schal syck dat vynden nu.
Her konnynd vnde alle gy heren ghemeyn,
6130 Dyt hebbe gy gehoret vnde gy mogent hir seyn.
[222ᵃ.] He schal nicht wyken vth dessme recht,
Eer desse kamp sy nedder ghelecht".
¶ Do dachte Reynke in syneme mod:
„Dyt wyl gelden lyff vnde gud.
6135 He is grob vnde ik byn kleen.
Wert desse kampe nu vorseen,
So is myne lyst al vorloren.
Doch hebbe ik wes vordeel to voren,
(Nicht schal yd ghan na syneme wyllen)
6140 Ik leet eme yo vore de klawen afffyllen.
Al is syn mod noch nicht ghekölet,
Ik hope, dat he yo dat sulue noch vólet."
¶ Myt des sprack Reynke tom wulue wedder:
„Isegrym, gy synt suluen eyn vorredder.

6145. De sake, de gy my hir toleggen,
De leghe gy alle, wan gy de seggen.
Myt yw to kempen, dat mod ik wagen,
Dar vor wyl ik ok nicht vortzagen.
Gy bryngen my, dar ik gherne were,
6150 Dyt was alle tyd myn beghere.
Isegrym lucht hir, dat he secht;
Des sette ik eyn pant hir in dyt recht."

[222ᵇ.] ¶ De konnynck entfenck de pande do
Van Reynken, ok van Ysegryme dar to,
6155 Vnde sprack: „gy twey scholt setten borgen,
Dat gy to kampe komen morgen.
Gy synt in beyden parten vorworen,
Men kan alle tyd yuwe klacht nicht horen."
Isegrymes borgen worden dare
6160 Hyntze de kater vnde Brun de bare.
Moneke de hunge, Marten apens sone,
Wart borge vor Reynken vnde Grymbart de kone.

¶ Oldynges was yd eyne wyse, dat etlyke eddelynge vaken
eyn yegen den anderen plach to kempen, dar vele van steyt
in der ystorien van den Romeren vnde anderen böken vnde
kroniken; vnde ane orloff des konnynges efte heren des
landes so moste nemant kempen efte vechten lyff vmme
lyff. Denne, wan de here efte konnynck des landes den
kamp beorlouede, so mosten de twey gan in gevencknysse,
edder borgen setten, den ghesatteden dach to kampe to
komen. Dyt sulue menet de lerer hir, dat Reynke vnde
Ysegrym borgen satten. [223⁚] Vnde denne in der
myddeltyd twysschen deme dage des kampes heft eyn yslyk
bi synen vrunden ghewest, de em troftlik weren vnde en
vrimodich makeden, vnde dar hadden se denne welke vechters,
dede vorvaren weren in sodanen dyngen; desse lereden de
kempers, wo jc syk scholden hebben. Dyt menet de dychter
hir na in deme capittel.

¶ Wo de ape Reynken lerede, vnde andere syne vrunde
de nacht ouer bi eme bleuen. Dat vi capittel.

DO fprack to Reynken be apynne:
„Reynke vrunt, wefet klock van fynne!
6165 Marten, myn man vnde yuwe oem,
De nu vp ghetogen is na Roem,
De leerde my eyns eyn ghebeth,
Dat be abbet van Slukup heft ghefeth.
De abbet habbe Marten leff
6170 Vnde gaff em byt beth in eynen breff.
He fprack: ‚dat beth is gud alle tyd
Den, be ghan wyllen in ben ftryd.
Den fchalmen byt beth ouer lefen
[223ᵇ.] Des morgens nochteren; fo fchal he wefen
6175 Des bages vry van aller noet
Vnde is behoebet vor ben boet
Den fuluen bach to allen ftunden.
Remant fchal ene konnen wunden,
He wert van alleme quaben vorloft.'
6180 Hir vmme, neue, hebbet guben troft!
Ik wylt ouer yw lefen morgen,
So borue gy vor ben boet nicht forgen."
¶ Reynke fprack: „myn leue medber,
Ik bancke yw feer, ik bencke des webber.
6185 Myne fake is rechtferdich bouen al,
Dat fulue my meyft helpen fchal“
¶ Reynkens vrunde be nacht bar bleuen,
Vp dat fe Reynken be forge vorbreuen.
De apynne, vrouwe Rukenouwe,
6190 Was Reynken gud vnde feer truwe.
Se leet ene twyffchen houet vnde ftart
Vnde ok vmme be borft tom buke wert
Syn har alto malen afffcheren,
Dar to wol beth myt olye fmeren.
6195 Reynke was runt, beth vnde wol ghebo et.
[224ᵃ] Se fprack: „Reynke, feet, wat gy boet!
Horet na guber vrunde rab,
Dat beyt yw gub vnde nummer quab.
Drynckdet nu vele to beffer tyd,
6200 Vnde wan gy in ben kreyt ghekomen fyd,
Holdet yuwe water fo lange myt macht;

Men denne so weset dar vp vordacht,
Pysset denne vul yuwen ruwen starb
Vnde slaet den wulff vmme synen bard.

6205 Konne gy en in de oghen raken,
Gy werden syn gheshchte düster maken.
Dat sulue mochte yw seer vromen
Vnde eme to groteme hynder komen.
Dyt alle möthe gy sus wagen.

6210 Vnde latet en ersten yw vuste yagen
Vnde gy schult lopen sus yegen den wynt,
Darmen vele stoues vnde sandes vynt,
Dat eme dat in de ogen moge weyen.
Denne schole gy yw van eme breyen.

6215 De wyle he denne wysschet syne ogen,
So dencket yuwe vordel, al dat gy moghen,
Ja, in syn angheshchte myt yuwer pyß!

[224ᵇ.] He schal nicht wetten, wor he is.
Seet, neue, yd is nu so gheschapen,

6220 Gy scholen yw leggen nu to slapen:
Wy wyllen yw wecken, wan dat is tyd;
Erst wyl ik ouer yw lesen myt vlyd
De hylgen worde, dar ik van sede."
Myt des se de hant vp em leyde

6225 Vnde sprack: „gaudo stazi salphenio
Casbu gorfous af bulfrio.
Seet, Reynke, nu synt gy wol vorwarb."
So sprack ock de greuynck Grymbard.
Sus brachten se en tor rauwestede,

6230 Dar suluest syk Reynke slapen leyde.
He sleep, wente dat de sunne vpghynck.
Do quam de otter vnde de greuynck,
Se weckeden Reynken samptlyken beyde,
Se spreken, dat he syk wol bereyde.

6235 De otter gaff em eynen antfogel yunck.
He sprack: „ik sprانck dar na mannygen sprunk,
Eer ik den eyneme vögheler nam
By Honrebroet, recht an beme dam.
Den schole gy ethen, leue vedder."

[225ᵃ.] ¶ „Dat is gude hantgyst," sprack Reynke wedder,

„Vorsmade iß dat, so were iß soth.
Dat gy myner dencken, dat lone yw god!"
Reynke ath wol vnde dranck ok to
Vnde ghynck myt synen vrunden do
6245   In den kreyt vnde vp den plan,
Dar men den kamp scholde slan.

¶ (1) In desseme capittel is geleret ii stucke. Dat erste
is, dat eyn kristenmynsche nicht schal dön na rade der
töuerers este töuerschen, de vele valscher seghenynge, swerd=
breue, beswerynge bruken; men wes eyn gud mynsche wyl
begynnen, yd sy to der see to seggelen este in eynen stryd
to gande este wat arbeyt yd sy, dyt schal he alle dön vnde
begynnen in deme namen godes. Vnde eyn leye schal
vorsychtich wesen, dat he syk nene wyue late segenen, men
he mach syk suluen segenen myt deme paternoster vnde
auemaria vnde myt deme hylgen louen; segent he syk myt
anderen worden, dar moet he vorsychtich ynne wesen, dat
he vyllichte nicht gode meer reyse [225ᵇ.] to vmmode
dan to vruntlicheyt. De hylgen segenyngen der prestere
in der hylgen kerken synt ingesath, toghelaten vnde synt
hyllych vnde seer nutte vnde scheen openbar. Men des
düuels prestere, dat synt töuerers, swartekunstyger, de synt
vorboden, vnde de scheen gherne hemelyken, wente se synt
eres werkes nicht bekant. ¶ (2) Dat ander stucke is, dat
eyn vrunt deme anderen schal bystant dön in sorgen vnde
angste, so hir Reynkens vrunde deden

¶ Wo Ysegrym vnde Reynke beyde to kampe quemen vnde
wat se beyden vor eyde sworen vp malckander. Dat
vii capittel.

A Lse de konnynck Reynken vornam,
    Dat he so beschoren quam,
    Datmen ene so to kreyte brochte,
6250   He lachede syner al dat he mochte.
He sach en alsus veth ghesmeret
Vnde sprack: „o voß, we heft dy dat gheleret?
Du machst wol heten Reynke voß,
Du byst en altomalen to loß,

[226ᵃ] Jn allen orden weſtu eyn hol.
Wyl yd dy nu helpen, dat vynſtu wol."
¶ Reynke nech deme konnynge ſere
Vnde bob ok ʼder konnyghynnen ere.
He wyſede ſyk to weſen wolghemeyt
6260 Vnde ſpranck myt des in den kreyt.
Dar was de wulff myt ſynen vrunden,
De alle Reynken des quadeſten gunden.
Se ſpreken mannich vorbolgen word.
De kreytwarders brochten de hylgen vord,
6265 Dat was de luvard vnde de loß.
Dar moſte ſweren beyde wulff vnde voß,
Vmme wat ſe dar quemen in den kreyt.
De wulff de ſwor den erſten eyt.
He ſwor, dat Reynke were eyn vorreder,
6270 Eyn deff, eyn morder, eyn myſbeder,
Eyn ebreker vnde eyn valſch ketyff.
„Dyt gylt vns beyden lyff vmme lyff."
¶ Reynke ſwor wedder in deme ſuluen kreyt,
Dat de wulff ſwore eynen valſchen eyt
6275 He ſwor ok, dat Yſegrym, de here,
Vp eͥn loghe vnde vnrichtich were.
[226ᵇ.] He ſcholde nummer war maken den eyt.
¶ Do ſpreken, de dar bewareden den kreyt:
„Doet, wat gy ſchuldich to donde ſyn!
6280 De rechtferdich is, wert drade wol ſchyn."
Do ghyngen vth beyde kleyn vnde de groten,
Men deſſe twey worden bynnen beſloten.
De apynne vormande Reynken der word,
De he van er hadde ghehord.
6285 ¶ Reynke ſprack myt vryeme mod:
„Jk weet yd, gy ſegent gerne gud.
Nicht to myn! ik wyl dar an.
Jk hebbe wol eer by nachte ghan,
Dar ik alſodanes hebbe ghehalet,
6290 Dat noch nicht al is betalet,
Dar vmme ik moſte wagen myn lyff.
So wyl ik ok yegen deſſen ketyff
Myn lyff nu wagen vnde dôn dat ſulue

Vnde ſchenden ene vnde alle be wulue.

6295 Ik hope to eren myn gantze gheſlecht
Vnde wyl eme indryuen, dat he hir ſecht."
¶ Sus leten ſe beſſe twey alleen.
Dar mochtemen do twey kempers ſeen!

[227ᵃ.] ¶ Wo be kamp wart beghunt vnde wat lyſt
  Reynke brukede. Dat viii capittel.

[Holzschnitt: in der mitte der kampfplatz, umschlossen von
einem sechseckigen gehege; links liegt. nach rechts gewandt,
der wolf und hat mit seiner rechten vordertatze den rechten
hinterschenkel Reinkes angepackt, der sich nach dem wolf
umsieht und mit dem schwanz in die höhe schlägt. Im
vordergrunde vor dem gehege in der mitte stehen einander
gegenüber: links der dachs, ihm gegenüber rechts Reinke;
neben ersterem auf der linken seite die äffin. Weiter nach
dem hintergrunde zu auf der linken seite, an die umzäunung
sich anlehnend, der könig mit krone und szepter, sodann
der hirsch und der kater, der mit seinen vorderpfoten eine
stange hält und auf den hirsch blickt; auf der rechten seite
am gehege zwei sich anlächelnde tiere, hinter diesen ein
hügel mit gebüsch.]

Segrym quam myt groteme nyde,
6300 Syne klawen vnde munt bede he vp wyde.
 He leep vnde ſprank dar ſprunge groet.
 Reynke was lychter dan he to voet;

[227ᵇ.] He entſprank eme al dat he konde.
Doch eer he deſſen kamp begunde,

6305 Byſiede he ſynen ruwen ſtart al vul
Vnde makede en vul ſandes vnde mul.
Do Yſegrym menede, he habbe en wyß,
Do ſloch Reynke to myt der pyß
Myt ſyneme ſtarte eynen ſlach

6310 Em in be ogen, bat he nicht en ſach.
Sus ſeychgede he eme in be ogen.
Dat was van ſynen olben togen,
Wente Reynkens pyſſe was ſo quad,
So bat deme ſelben was gub rad,

6315 Deme ſe in be ogen quam;
Deme ſuluen bat ſyn gheſychte nam.
Reynke habbe to voren Yſegryms kynber
Hir mede gheban groten hynber,

6320 He habbe en de ogen vthghepyst,
Dar van hir vor ghesproken ist.
Sus mende he ok Ysegrym to maken blynt;
Wente so wan he quam yegen den wynt,
So kleyede he dat sant vnde mul
Vnde warp deme wulue de ogen vul.

[228ᵃ] Ysegrym wysschede, dat dede em smerte;
So sloch denne Reynke to myt deme sterte
Vnde blendede ene so myt der mygen.
Ysegrym beghunde dat quad to krygen.
Myt sodaner lyst dede Reynke vlyd;

6330 So wan he sach, dat he habbe tyd
Vnde dat deme wulue de ogen tranden,
So quam he spryngen vnde slanden
Vnde blendede ene yo de meer,
Dar to vorwundede he ene ok seer.

6335 De wulff wart wol halff dorde.
Reynke gaff eme speye worde.
He sprack: „her wulff, gy hebben vorslunden
Mannich vnschuldich lam to velen stunden,
Dar to ok mannich vnnosel deer;

6340 Ik hope, gy dön yd nu nicht meer.
Dyt is yuwer selen to malen gud,
Dat gy hir sus penitencien doet.
Weset duldich, yd nympt draben ende.
Gy synt nu komen in Reynkens hende.

6345 Doch wolde gy bydden vnde sönen,
Ik wolde yuwes leuendes schonen.‟

[228ᵇ] Desse worde sprack Reynke myt der hast
Vnde heelt de wyle Ysegryme vast
By syner kelen vnde dede eme werck.

6350 Men Ysegrym was eme alto starck,
He brack syk loß myt twen togen.
Doch tastede ene Reynke twysschen de ogen,
He vorwundede en sere dorch de hud,
So dat Ysegrym eyn oghe ghynck vth.

6355 Dat bloet leep öme ouer syne nezen.
Vmme dyt sprack Reynke: „ya, so scholdet wesen!‟
De wulff vortzagede in syneme mod,

Do he ſus ſach ſyn eghene blod
Vnde dat he eyn oghe habbe vorlorn.
6360 He wart raſende van groteme torn,
He ſpranck na Reynken, dat he en vatede;
Dat ſulue Reynken nicht vele batede.
Iſegrym ſyner ſmerte vorghat
Vnde warp Reynken vnder ſyk plat.
6365 Reynkens vorvöte dat weren ſyne hende;
Dei krech Yſegrym eyn by deme ende,
In ſyne munt Reynkens hant.
Do wart Reynken ſorge bekant;
[229ᵃ.] He vruchtede der hant to ghande quyd.
6370 Iſegrym heelt vaſte myt groteme nyd
Vnde ſprack to Reynken myt vulleme munde:
„O deff, nu is ghekomen dyne ſtunde!
Gyff ghewunnen, efte ik ſla dy doet!
Dyn bedregent is gheweſt to groet,
6375 Dyn ſtoffkraſſent, dyn pyſſent, dyn ſcherent,
Dyne grote loggen, dyn vette ſmerent.
Du heſſt my ſo vele myßghedan,
Nicht enſchaltu my nu entghan.
Wo vaken heſſtu my gheſchendet
6380 Vnde nu myn eyne oghe vorblendet!“
¶ Reynke dachte: „nu lyde ik noet.
Gheue ik my nicht, ſo byn ik doet;
Gheue ik my ok, ſo byn ik gheſchent.
Doch ik hebbet tegen en vorbent.“
6385 Myt ſöten worden ghynck he öne an.
He ſprack: „leue here oem, ik wyl yuwe man
Gherne ſyn van al myner haue
Vnde vor yw ghan tom hylgen graue,
To allen kerken int hylghe lant,
6390 Vnde bryngen dar van to yuwer hant
[229ᵃ.] Breue vnde des aflates ſo vele
Vor yw vnde yuwer olderen ſele.
Ik wyl yw holden in ſodanen eren,
Ghelyk eft gy de pawes to Rome weren.
6395 Ik wyl yw ſweren eynen eyd,
Juwe knecht to ſyn in ewicheyt;

Dar to al myne angheborne vrunde
Scholen yw denen to aller ftunde.
Dyt fegge ik yw by mynen eyden;
6400 Deme konnynge wolde ik dyt nicht beden.
Wyl gy fus dôn dyt vnvorwandes,
So werde gy here deffes landes,
Vnde al, wes ik fus vangen kan,
Schal erft to yuweme bode ftan.
,405 Jb fyn honre, gôze, ânde edder vyffche,
Jk wylt yw bryngen to yuweme dyffche.
Eer ik des yummer bruken fchal,
Scholen yuwe wyff vnde kynder al
Den kor dar aff hebben alle tyd.
6410 Dar to wyl ik myt groteme vlyd
Alle tyd to yuweme lyue feen,
Dat yw nummer neen quad fchal fcheen.
[230ᵃ.] Jk hethe wat loß, vnde gy fynt ftarck;
Hir mede wyl wy dôn dat werck
6415 (Holde wy to famende, we kan vns fchaden?)
De eyne myt macht, de ander myt raden.
Vnde wy fynt ok fo na gheboren,
Dat fcholde fyk van rechte nicht gheboren,
Dat wy malckander beftryden fcholden.
6420 Jk habbe node kamp gheholden
Teghen yw, habbe ik mocht entghan;
Men gy spreken my to kampe erft an:
Do mofte ik, dat ik node bede.
Doch hebbe ik houeffchen ghevaren dar mede
6425 Vnde myne macht nicht al bewyfet.
Men ik hebbe my meyft ghepryfet
Dar an, yw, mynen oem, to fparen;
Anders habbe gy anders ghevaren.
Habbe ik vp yw ghedragen hath,
6430 Gy habbent vele to quader ghehath.
Hir is noch nicht vele fchade gheicheen;
Men myt yuweme oghe, dat is vorfeen.
Och, dat fulue is my fo leet!
Doch dat befte is, dat ik wol weet
[230ᵇ.] Guden rad, yw mede to helen.

Wes if kan, wyl if myt yw delen.
Blyft dat oghe denne wech vnde werde gy heel,
So yffet yw doch eyn groet vordel:
Gy doruen men eyn venster tofluten
6440 Wor gy flapen, bynnen efte buten,
Dar eyn ander moet twey todón.
¶ Noch wyl if yw dón eyne ander foen.
Wente alle myne vrunde, dar if ouer rade,
Myn wyff, myne kyndere, yflyk na grabe,
6445 Scholen yw nygen dorch yuwe ere,
Dar yd de konnynck fúd, vnfe here,
Vnde bydden, dat gy Reynken vorgheuen
Vnde by yuwer gnade en laten leuen.
Of wyl if bekennen openbar,
6450 Dat if hebbe fproken vnwar
Vnde hebbe fchentlyk vp yw ghelogen,
Dar to mannich werue bedrogen.
Of wyl if yw fweren eynen eyd,
Dat if nicht quades van yw weet.
6455 If beghere of nergens vor yw to leyden.
Wat kan if yw grotter foene beden?
[231ᵃ.] Dóde gy my of nu, wat lycht dar an?
So móthe gy alle tyd yw vruchten dan
Vor myn flechte, vor myne vrunde.
6460 So yffet yw beter in beffer ftunde,
Dem, dat gy fyn kloek vnde wyß
Vnde weruen yw nu ere vnde pryß
Vnde dat gy yw nu maken vele vrunde,
De yw denen alle ftunde.
6465 Id is my nu doch nicht tor baten,
Wer gy my doden efte leuen laten."
¶ Do fprack de wulff: „o, valfche voß,
Wo gherne wereftu wedder loß!
Were alle de werlt van golde roet,
6470 Kondeftu my be gheuen in dyner noet.
If lethe by dar vmme nicht quyd.
Du hefft my ghefworen mannyghe tyd.
Ach, du valfche, vntruwe ghefelle!
Du gheueft my nicht eyne eyerfchelle,

6475 Lethe ik dy loß in beſſer ſtunde.
Jk en paſſe nicht vele vp dyne vrunde;
Wat ſe konnen dôn, wyl ik wagen,
Ere vyentſchop wyl ik wol dragen.

[231ᵇ.] Och, wo ſcholdeſtu my denne focken,
6480 Lethe ik dy loß myt ſodaneme locken!
Wo ſcholdeſtu eynen anderen bedregen,
De ſyk nicht vorſtunde vp dyn legen!
Du ſprickſt, du hebbeſt my gheſpard;
See hir heer, du ſchalk van quader ard,

6485 Js nicht eyn myner ogen vth?
Du heſſt ok vorwundet myne hud
Meer wan an twyntich ſteden.
Du leteſt my nicht ſo lange to vreden,
Dat ik mynen athem mochte vphalen.

6490 Wo ſere ſcholde ik benne dwalen,
Wan ik nu dy bede hennyghe gnade,
De ik van dy hebbe ſchande vnde ſchade,
Nicht my allene, men ok myn wyff?
Dat ſchal dy, vorreder, koſten dat lyff."

6495 ¶ De wyle de wulff teghen Reynken ſus ſprack,
Reynke ſyne anderen hant vnderſtack
Deme wulue twyſſchen ſyne benen
Vnde grep ene vaſte, alze was ſyn menen,
By ſynen — ya, ik en ſegge nicht meer.

6500 Reynke duwede ene vaſte vnde ſeer.
[232ᵃ.] De wulff reep vnde beghunde to hulen;
Do toch Reynke wedder vth ſyner mulen
Syne hant, de dar to voren in ſtack.
Jſegrym hadde grob vnghemack.

6505 Reynke knep vnde toch en, dat he ſchryede
So ſeer, dat Yſegrym blod ſpyede.
Van pynen brack eme vth ſyn ſweet,
Dar to he achter ok glyden leet.
Reynke, de den wulff ſeer hatet,

6510 Hadde en by ſynen bröderen ghevatet
Myt ſynen henden vnde tenen ſo vaſt.
Sus quam vp Yſegrymen alle de laſt.
He hadde ſo grote pyne dar aff,

Se dat he ſyt gantz begaff.

6515 Dat blod leep vth ſyneme ogen vnde hȯuede,
He ſtorte nedder vnde vordȯuede.
Hir vor hadde Reynke ghenomen neen gelt.
Seer vaſte he en by den brȯderen helt,
He begunden to ſlepen vnde to theen,

6520 Dat ſe yd alle mochten ſeen.
He knep en, he ſloch, he kleyede, he beet.
Iſegrym hulede, he reep, he ſcheet,

[232ᵇ.] He dreff alſo grob myſgghebeer,
Dat ſyt al ſyne vrunde bedroueden ſeer.

6525 Se beden den konnynck, weret em bequeme,
Dat he den kamp doch vpneme.
De konnynck ſprack: „dunket yw gud,
Iſſet yw alle leff, datmen dat doet?"

¶ In deſſeme capittel leret de lerer, ſo wan eyneme wert
gheboden van ſyneme vyende eyne mogelyke ſone, de ſchal
he angan, vppe dat ſyn vyent ſyk nicht enſtarke vnde eme
denne na ruwe, dat he nicht enſȯnde, gelyk hir Yſegrym;
habbe he hir tȯghe by ropen, do eme Reynke wunnen gaff,
vnde de ſoene angan, ſo habbe he nicht dorſt dar na ſo
varen, alze he bede, do dat alle krech eynen vmmeſlach.

¶ Wo dat Reynke myt kloker lyſt den kamp wan, in deme
dat he den wulff habbe vatet by ſynen brȯderen, dar he
nicht vele mochte lyden.   Dat iⱬ capittel.

6530 **A**Lſe byt de konnynck hebben wolde,
Datmen den kamp vpnemen ſcholde
Twiſſchen deme wulue vnde deme voſſe,
[233ᵃ.] Do ghynck de lupard myt deme loſſe
To en beyden in den kreyt,
So alze en de konnynck dat heyt.

[Holzſchnitt wie 227ᵃ.]

6535 Deſſe wareden den kreyt, dat was er werck.
Alze ſe quemen in den perck,
To hant ſpreken ſe Reynken to:

[233ᵇ.] „Reynke, de konnynck buth yw to,
He wyl byt orlich twyſſchen yw beyden

6540 Vpnemen vnde ok wyl he yw fcheyden.
He byddet, dat gy eme wyllen vpgheuen
Ifegryme vnde laten ene leuen.
Beue eyn van yw in beffeme ftryde,
Dat were fchade vp yflyke fyde.

6545 Gy hebben doch den pryß beholden.
Dyt fpreken hir beyde yunck vnde olben,
Alle de beften blyuens yw by."
Reynke fprack: „danck hebben fe!
Ik wyl deme konnynck des gherne horen

6550 Vnde dón, wes my mach gheboren.
Ik begheres nicht fchonre dan ghewunnen.
Doch bydde ik, de konnynck my wylle ghunnen,
Dat ik mynen vrunden des erften vraghe."
Do repen alle Reynkens maghe:

6555 „Ja, Reynke, yd duncket vns gud,
Dat gy des konnynges wyllen doet".
¶ Reynkens vrunde quemen ghelopen
(Der was vele) in groten hopen:

[234ᵃ.] De greuynck, de ape vnde ok de mußhunt,
6560 Ottere, beuere weren ok fyne vrunt,
Maarten, hermelen, weffelten, eckhorn;
Ja, vele, de vp Reynken hadden torn
Vnde mochten en to voren nicht nomen,
De fachmen nu alle to eme komen.

6565 Etlyke, de ouer Reynken plegen to klagen,
De fpreken nu alle, fe weren fyne magen,
Vnde quemen to eme myt wyff vnde kynder,
Groet, kleyn, lüttyk vnde ok noch mynder;
Deffe tógheden eme de meyften qunft.

6570 Dyt fulue is noch der werlde tunft:
Deme yd wol gheyt, heft vele vrunt,
To deme fprydtmen: ‚wes lange ghefunt!‘
Men deme yd mыßgheyt, wo vele der is,
Wennich vrunde heft de, dat is wыß.

6575 So was yd ok hir: do Reynke wan,
Do wolde eyn yflyk by eme ftan.
Etlyke flóteden, etlyke jungen,
Se blezen baffunen, fe flogen dar bungen.

15

Reynkens vrunde spreken eme to:

6580   „Reynke," spreken se, „weset vro!

[234ᵇ.] Gy hebben könlyken in besser stunde

Jw gheeret vnde alle juwe vrunde.

Wy weren grod bedrouet to beghen,

Do wy jw vnder lyggen seghen.

6585   Doch yd sloch vmme, dat was eyn gud stucke."

¶ Reynke sprack: „ya, dat was myn lucke."

Reynke danckede synen vrunden alle.

Sus ghyngen se hen myt groteme schalle.

Reynke vor en allen ghynck

6590   Myt den kreytwarders vor den konnynck.

Reynke knyede syk vor ene nedder.

De konnynck heet en vpstan wedder

Vnde sprack to eme vor alle den heren,

He hadde synen dach bewaret myt eren:

6595   „Hir vmme, Reynke, ik late jw vry,

Vnde alle de schelynge neme ik an my

Twysschen jw beyden ane alle straff,

Vnde wyl myn gubbunckent spreken dar aff

By rade van mynen ebbelen lüden

6600   (Dat wyl ik alzo vorseggelen hüden)

Dat erste, dat Ysegrym wedder kan ghan.

So lange schal yd in baghe stan.

[235] ¶ In desseme capittele menet de dychter, dat so der werlde loep is, dat, deme yd wol gheyt, de krycht vele vrunde, den vabbert vnde swagert mannich; vnde sleyt dat aff, so wert he so draven nicht ghekant edder gheachtet. Dat is denne eyn teken, dat se nüwerlde syne vrunde weren, wan alleyne weren se vrunde des geldes edder des gheluckes, dat denne wech is.

¶ Wo Reynke spricht vor deme konnynge eyne fabelen van den hunden, straffende de ghyricheyt.   Dat x ghesette.

REynke sprack: „here, huweme rade

Deme volge ik gerne vro vnde spade.

6605   Hir klagede mannich, do ik erst quam,

De doch nú schade by my en nam.

Isegrym heelt yegen my partye,
Dar vmme repen se ok: ‚crucifie!'
Dat my eyn hslyk to schaden brochte.

6610   Se segen, datmen ouer my mochte,
       Eyn hslyk wolde Psegryme behagen,
[235ᵇ]   Dar vmme beghunden se mede to klagen.
       Se segen, dat Psegrym vp dat pas
       Beth by yw dan ik do was.

6615   Nemant dachte recht den ende
       Ebber de recht de warheyt kende.
       Se synt ghelyk eyneme hoep der·hunden,
       De eyns vor eyner köken stunden.
       Se stunden vuste vp der wachte,

6620   Eft en yemant to eten brachte.
       Do segen se vth der köken komen
       Eynen hunt, de habbe deme koke nomen
       Ghesoden vlesch, eyn grod stucke;
       Doch was yd eme to vngelucke.

6625   De kock beghoet em syn achterpart
       Vnde vorbrandem myt heteme water den start;
       Doch behelt he, wat he dar nam.
       Do he manck de anderen quam,
       Do spreken van eme alle de hunde:

6630   ‚Seet, desse heft den kock to vrunde!
       Seet, welk eyn stucke dat he eme gaff!'
       ¶ Do sprak he wedder: ‚gy wetten dar nicht aff.
       Gy pryssen my vor, dar ik yw behaghe,
[236ᵃ.]   Dar ik eyn stucke flessches drage.

6635   Seet my erst achter vp den sterb
       Vnde pryset my denne, eft ik des byn werb.'
       Do se en do achter besegen,
       Wo he dar was vorbrant to begen,
       (Syn haer ghynck eme vuste vth,

6640   Eme was vorbrant vnde vorschroyet de huth)
       En gruwede dar vor, beyde yunck vnde olde,
       Neen van en in de köken wolde.
       Se lepen wech vnde leten en allenn.
       Here, hir mede ik de ghyryghen meyn:

6645   Wan se komen by ghewalt,

Eyn yslyk se denne to vrunde halt.
Men entsüth se sere alle stunde,
Wente se dregen dat flesch in deme munde.
Islyk mod spreken, dat he wyl horen,
6650 Edder he wert beschat vnde beschoren.
Men mod se louen, wol synt se quaet;
Sus wert ghesterket er bôze daet.
Ja, al de dyt dôn int ghemeen,
Wo weynich se na deme ende seen!
6655 Doch krygen sodane vaken straff,

[236ᵇ.] Er regymente sleyt draben aff.
To lesten machmen se nicht lyden;
Sus valt en dat haer vth to beyden syden.
Dat synt ere vrunde, groet vnde kleen,
6660 De vallen denne aff int ghemeen
Vnde laten en sus allene stan,
Ghelyk so desse hunde hebben ghedan,
Do se segen eren kumpan vorbrant
Vnde achter sus bloet vnde gheschant.
6665 ¶ Here, vorstaet myne worde recht!
Nicht schal van Reynken sus werden ghesecht.
Ik wyl alzo des besten ramen,
Myne vrunde scholen syk myner nicht schamen.
Ik dancke yuwer gnaden myt alleme vlyd.
6670 Wuste ik yuwen wyllen, ik beden alle tyd."

¶ (1) In desseme capittel menet de lerer dyt, dat mannich
wert ghepryset, de hir lucke heft, vnde wert vor angheseen
vnde nicht achter (dat is de ende) vnde wert vorbrant.
Wo mannich is in der helle, de syn gud vnrechte hir wan,
syne eruen sytten in den guderen vnde prysen en darvm=
[237ᵃ.] me, dat he hir konde sodanen gud to hope slan;
se synt ghelyck dessen hunden: se prysen en vor, men achter,
dat is syn ewyghe ende der vordomenysse, dar wert he
vorbrant. ¶ (2) Myt dessen lesten dren navolgenden
capittelen slut de lerer dyt gantze boek van Reynken deme
vosse, bewyset dar ynne, dat dat gheslechte van Reynken,
dat is der lozen, seer grob is in der werlde, dat syn alle
de, bede wyß syn alleyne in wertlyken dyngen; hir van
secht sunte Pawel, dat wyßheyt desser werlde dat is dor=

heyt vor gobe. ¶ (3) To deme anderen male pryset de
lerer rechte wyßheyt bouen golt, alze dat in der warheyt
is, vnde leret vns, dat wy vns scholen vlyten, to leren
wyßheyt vnde to vormyden de ghyricheyt. ¶ (4) Jnt leste
is to merken, dat desse edder desser fabelen ghelik synt
ghedychtet vnde geschreuen nicht darvmme, dat se so syn
ghescheen, edder dat se waer syn, men vmme eyner lykenysse
wyllen vns tor lere, dat wy hir by scholen leren wyßheyt
vnde vorvarenheyt, dôgede to leren vnde vndôget myt vlyte
to vormyden.

[237 .] ¶ Wo de konnynck Reynken antworde vp de
fabelen van den hunden vnde Reynken wedder hoch vor=
hôghede manck synen heren. Dat xi capittel.

DE konnink sprak: „wat helpen vele wort?
　　Jt hebbet alle wol ghehort,
　　Jt hebbe juwen syn ok wol vorstan.
　　Jt wyl ju wedder setten an
6675　Jn mynen rad alsen ebbelen baron.
　　Dar vmme synt gy byt schuldich to dôn,
　　Vnde wyl, dat gy vro vnde spade
　　Komen to myneme hemelyken rade.
　　Jk sette ju wedder in alle juwe macht.
6680　Seet, dat gy ju vor myssedaet wacht!
　　Helpet alle sake tom besten keren!
　　De hoff enkan juwer nicht entberen.
　　Wan gy juwe wyßheyt settet tor dôget,
　　So is hir nemant bouen ju vorhôget
6685　Van scharpeme rade, van nauwen vunden.
　　Jk wyl vort meer to allen stunden
　　Nicht meer horen, de ouer ju klagen.
　　Gy scholt vor my spreken vnde dagen,
[238ᵃ.] Of schole gy syn kenteler desses rykes.
6690　Myn segel bevele ik ju des ghelykes:
　　Wat gy bestellen, wat gy schryuen,
　　Dat schal bestelt vnde gheschreuen blyuen.“
　　¶ Alsus is nu Reynke in der vorsten houe
　　De alber grotste worden van loue;

6695 Wat he flut efte wat he radet,
Jd is alleyns, yd vrome efte fchadet.

¶ Wo Reynke myt groter ere fcheybede vth deme houe
vnde bouen allen anderen des konninges hülde vnde vrunt=
fchop behelt. Dat ʒii capittel.

Eynke banckede deme konnynck fere.
He fprack: „ik bancke yw, ebbele here,
Dat gy my fus vele ere doet.

6700   Jk bencke des webber, byn ik vroet“.
De lerer, de beffe yftorien fchreff,
Schrift vorder, wor Yfegrym bleff.
He lach in deme kreyte, feer ouel gheuaren;
Syne vrunde ghyngen to eme by paren:

6705 Syn wyff vnde Hyntze, ok Brun de bare,
[238'·] Sine kynder, fyn gefynde, fyne vrunde weren dare.
Se brogen en vth deme kreyte myt klagen
Vnde hebben en vp eyner boren ghebragen
Myt hoye, dar he warm ynne lach.

6710 To hant men fyne wunden befach,
Der weren twyntich vnde feffe.
Dar quemen vele meyfters van Krummeffe,
Se vorbunden fyne wunden vnde geuen eme branck.
He was in allen leden krank.

6715 Se wreuen eme krub in fyn eyne or,
Ja, do pruftede he beyde achter vnde vor.
De meyfters fpreken: „eme fchal nicht fchaden,
Wy wyllen en fmeren vnde baden.“
Hir mebe trofteben fe fyne vrunde

6720 Vnde leyden en to bebbe tor fuluen ftunde.
He wart flapende, doch nicht feer lange.
Alder meyft was eme dar hen bange
To fynem teken, an fynen broberen.
He habbet ghelózet myt al fynen goberen,

6725 De he fyne dage habbe vorworuen,
Dat he dar fo nicht were vordoruen.
Byfunderen fyn wyff, vrouwe Ghyremod,
[239ᵃ.] De by eme feer brouich ftod.

Er droffenyſſe was mannygerhande.

6730 Reynke bede er ſchande vppe ſchande.

He hadde Yſegryme ſyne brodere gherucket
Vnde hadde en dar by alzo gheplucket,
Dat he dat nicht konde vorwynnen,
So dat he raſede in al ſynen ſynnen.

6735 Dyt was Reynken al wol mede.

He makede myt ſynen vrunden rede
Vnde ſcheydede alzo vth deme houe
Myt homode vnde myt groteme loue.
De konnynck ſande myt em gheleyde,

6740 Do he alſus van eme ſcheyde.

He ſprack: „Reynke, komet draben webber!"
Reynke knyede ſyk vor eme nebber.
He ſprack: „ik dancke yw myt allen ſynnen,
Dar to myner vrouwen, der konnyghynnen,

6745 Dar to yuweme rade, alle den heren.

Gob ſpare yw lange to yuwen eren!
Ik wyl dôn, wat gy begherd,
Ik hebbe yw leff, gy ſyn bes werd.
Ik wyl reyſen to wyff vnde kynder,

[239ᵇ.] De myner hebben groten hynder,

Here, yſſet, dat yd yw behaget."
De konnynck ſprack: „ya, weſet vnvortzagei,
Reyſet hen ane alle vare!"
Alzus ſcheydede Reynke van dare

6755 Myt ſchonen worden vnde groter gunſt.

¶ Ja, de ſus noch kan Reynkens kunſt,
Syn wol ghehoret vnde leffghetal
By den heren ouer al.
Iſſet gheyſtlyk efte wertlyk ſtad,

6760 An Reynken ſlut nu meyſt de rad.

Reynkens ſlechte is grob by macht
Vnde waſſet alle tyd, ya, bach vnde nacht.
De Reynkens kunſt nicht heft ghelerd,
De is tor werlde nicht vele werd,

6765 Syn word wert nicht draben ghehord;

Men myt Reynkens kunſt kumpt mannich vord
Dar ſynt vele Reynken nu in der warde

(Wol hebben se nicht al rode barde)
Isset in des pawes efte keysers hoff.
6770   Se maket eyn deel nu yo to groff.
Symon vnde Gheuerd holden dat velt,
[240ᵃ]   Men kent to houe nicht beth dan ghelt.
Dat ghelt vlüth alder wegen bouen,
De gelt heft, de krycht ok wol eyne prouen.
6775   De Reynkens lyst nu bruken kan,
De wert ok draben eyn vpperman.
¶ Hir van wert nu nicht meer ghesecht,
Men wo Reynke ghynck myt syneme slecht,
Der wol vertich was in deme talle;
6780   Desse weren vorvrouwet alle.
Se scheydeden vth deme houe myt groter ere.
Reynke ghynck vor en alze eyn here
Vnde he was seer wolghemeyd,
Dat em syn sterth was so bereyd
6785   Vnde dat he habbe des konnynges gnade
Vnde dat he wedder was in syneme rade.
He dachte: „hir schal neen schade aff komen,
Weme ik nu wyl, deme mach ik vromen,
Vnde mach mynen vrunden alle tyd syn holt.
6790   Noch pryse ik wyßheyt bouen dat golt.“

¶ Wo Reynke myt synen vrunden ghynck na syner borch
vnde wo se orloff van eme nemen.   Dat besluth vnde dat
leste capittel.

[240ᵇ.] Alsus gynck Reynke na syneme huß
            Myt synen vrunden to Malepertuß.
            Reynke danckede en allen sere
            Der groten gunst, der groten ere,
6795   Dat se eme bystunden in der noth;
Synen denst he ene wedder both.
Islyk scheyde vnde ghynck to den synen.
Reynke ghynck to vrouwe Armelynen,
De en seer vruntlyk wylkomen heet.
6800   Se vragede en vmme syn vorbreet,
Wo he dar were vth ghekomen.

¶ Reynke sprack wedder: „al myt vromen..
Ik byn groet in des konnynges gnade.
He satte my wedder to syneme rade
6805 In synen hoff bouen alle de heren,
Al vnseme slechte to groten eren.
He makede my to kenteler des rykes
Vnde bevol my syn ynghesegel des ghelykes.
Wat Reynke deyt vnde wat Reynke schrift,
6810 Dat sulue wol ghedan vnde gheschreuen blyft.
Ik hebbe vnderwyset in dessen dagen
Den wulff, dat he nicht meer wert klagen.
[241ᵃ.] Ik hebbe en ok halff gheblendet,
Dar to syn hele slechte gheschendet.
6815 Ik hebbe en ghelübbet, ya, alzo seer,
Der werlde wert he neen nutte meer.
Wy slogen kamp, ik helt en vnder;
Wert he ghesunt, dat deyt my wunder.
Dat hope ik nicht, doch lycht dar nicht an;
6820 Ik byn gheworden syn ouerman,
Dar to ok alle syner ghesellen,
De des myt em helden vnde byvellen.“
¶ Desses was de voffynne seer vro
Vnde syne twey kyndere ok alzo,
6825 Dat er vader sus was vorheuen.
Se spreken: „ya, nu wyl wy leuen
In groten eren, ane sorghe,
Vnde maken vast vnse borghe.“
¶ Sus is nu Reynke hoch gheeret,
6830 So hir myt korte is gheleret.
Eyn yslyk schal syk tor wyßheyt keren,
Dat quade to myden vnde de dogede leren.
Dar vmme is dyt boek ghedycht,
Dyt is de syn vnde anders nicht.
[241ᵇ.] Fabelen vnde sodaner bysproke mere
Werden ghesath to vnser lere,
Vppe dat wy vndoget scholen myden
Vnde leren wyßheyt to allen tyden.
Dyt boek is seer gud to deme koep,
6840 Hir steyt vast in der werlde loep.

Wultu wetten der werlde ſtad,
So koep dyt boek, dat is rad.
Alſus endyget ſyk Reynkens yſtorien.
God helpe vns in ſyne ewygen glorien!

¶ Merke hir ok: welk leſer deſſes bokes ghenöchte heft to
leſen allene de ſproke vnde de fabelen, ſo eft eme vordrote
to leſende de lere vnde de vtdüdynge, de vp de capittele
ſynt gheſeth, deſſe mach wol ouerſlan alle tyd de vth=
leggynge der capittele vnde blyuen by den rymen, deme
dat ſo behaget.

¶ Hir volghet eyne korte tafele efte regiſter deſſes bokes
van Reynken deme voſſe.

¶ Jnt erſte vynſtu dat erſte boek vor an vnde heft xxxix
gheſette efte capittele.
[242ᵃ.] ¶ Dat ander boek begynnet vp deme blade, dar
ſodan tal ſteyt Exxix, vnde heft ix capittele.
¶ Dat drydde boek begynt vp deme blade, dar ſodanen
tal ſteyt Clxii, vnde heft xiiii gheſette.
¶ Dat verde boek heft xiii capittel vnde heuet ſyk an vp
deme blade, dar ſodanen tal ſteyt CCvi, vnde is dat leſte boek.

Anno domini MCCCCxcviii. Lübeck.

[Holzschnitt: wappenschild,   [Holzschnitt: wappenschild,
   deutscher reichsadler.]   quer geteilt, oben leer, unten
                                             arabeske.]

[Holzschnitt: wappenschild,   [Holzschnitt: wappenschild,
schräg nach links liegend,   schräg nach rechts liegend
   drei mohnköpfe.]   mit senkrechtem T, an dessen
                                     rechter seite in der mitte ein
                                             kreuz.]

[Holzschnitt: totenkopf.]

Anmerkungen.

S. 3, 3—9. In B lautet der anfang: Men leſet dat hyr beuðren hyn olðen haren vnðe vor ðer ghebort Criſti vnſeß heren ſint gheweſen usw.

S. 3, 29 lies bogentliken.

S. 4, 21. „In sudore vultus tui vesceris pane" Genesis 3, 19.

S. 4, 35. froien sehe ich in übereinstimmung mit Verdam und Prien (Beitr. 8, 26) für einen druckfehler statt froien an, das im niederl. „zuchtschwein" bedeutet, dialektisch auch „kaninchen". Es ist zwar kein für den winter einsammelndes tier, so wenig als hase und kaninchen, nährt sich aber von den angeführten früchten. weſtwart deutet auf den niederl. ursprung des wortes hin.

S. 5, 13. Die einfachste lösung der schwierigkeit scheint mir die, be statt bē zu lesen und gripen als verbum zu fassen (wie 3548. 3655); dann wären wolf und bär, luchs und leopard als tiere bezeichnet, die zugreifen, packen, rauben (vgl. Nd. jahrb. 43, 56, wo ich die älteren heilungsversuche der verderbten stelle bespreche).

S. 5, 28. berochten erläutert Damköhler Germ. 37, 417.

7. Zur satzverbindung vgl. Damköhler ebenda 37, 418.

63. Diese hyperbolische wendung behandelt Köhler, Kleinere schriften 3, 293.

76. Die bedeutung von horſt „mit strauchwerk bestandene erhöhung, knick" erörtert Lübben Germ. 8, 370.

81. up ðat ist noch nicht genügend erklärt: vgl. Brandes Zeitschr. f. d. phil. 21, 248; Sprenger Nd. jahrb. 10, 107; Damköhler Nd. korresp. 10, 20 und Germ. 37, 418.

127. vnðe kann aus einem vorhergehenden akkusativ das subjekt (vnðe he) aufnehmen wie ähnlich 1404. 1726. 3049. 5245: vgl. meine anmerkung zu Gerh. v. Minden 55, 15.

163. Das relativum ist auch 3269. 4113 gespart: vgl. meine anmerkung zu Gerh. v. Minden 78, 1.

215. Vgl. Nd. jahrb. 43, 58.

241. Zur vertretung des nominativs durch den akkusativ vgl. Hildebrand Zeitschr. f. d. phil. 1, 442; Tobler ebenda 4, 375.

S. 20, 5 Lies benne.

411. Der absolute nominativ ist vorangestellt, ebenso 1742. 2172. 2665. 3817. 3819. 5885. 6725.

423. „Placebo domino in regione vivorum" (psalm 114, 9) ist der beginn der antiphona beim totenamt: vgl. darüber Bolte Nd. korresp. 10, 19.

446. Zur satzverbindung vgl. Nd. jahrb. 43, 58.

503. Vgl. Sprenger Germ. 33, 220.

555. Frischer honig wird als aphrodisiacum empfohlen (vgl. Nd. jahrb. 43, 58). Einen weiteren beleg habe ich seitdem gefunden: ſ̃ye fült ein groſſen kruck mit honig unb ſaʒt in ʒue bem bette, ba ſie in ʒue ir geleit hett Keller, Erz. aus altd. handschr. 467, 12.

556 lies honnichſchyuen.

574. Zur bedeutung von rot (auch 3197) vgl. Sprenger Germ. 21, 350.

S. 28, 7. „Militia est vita hominis super terram" Job 7, 1.

644. Über kraſchen handelt Sprenger Nd. korresp. 32, 80.

713. Zur satzverbindung vgl. Damköhler Zeitschr. f. d. phil. 24, 487.

725. Zur satzverbindung vgl. Damköhler Nd. jahrb. 21, 123. Über ſlinger handelt Sprenger Nd. korresp. 21, 58.

740. Über Stoppelmeter handeln Petters Nd. korresp. 9, 60 und Sprenger ebenda 10, 14.

812. Vgl. Damköhler Germ. 33, 379.

826 lies bar.

829. Zur satzverbindung vgl. Nd. jahrb. 43, 59.

837. Zur satzverbindung vgl. Damköhler Nd. jahrb. 21, 123.

843. Zur satzverbindung vgl. Damköhler Germ. 37, 419.

890. Zur satzverbindung vgl. Damköhler Nd. jahrb. 21, 124.

S. 37, 4. „Cum sancto sanctus eris . . . et cum perverso perverteris" psalm 17, 26.

S. 37. 23. „Ipsi vero . . . introibunt in inferiora terrae, tradentur in manus gladii, partes vulpium erunt" psalm 62, 10.

925. Vgl. Lübben Zeitschr. f. d. phil. 3, 306.

942. Gemeint ist im mnl. original die krähe: vgl. aber Krause Nd. korresp. 10, 48.

975. Vgl. Damköhler Germ. 37, 419.

1002. Vgl. Damköhler ebenda 33, 379.

1062. Vgl. Lübben Zeitschr. f. d. phil. 3, 370.

1083 lies So.

1090—1166. Diese geschichte fehlt im mnl. original.

1136. Über dies merkwürdige und noch nicht erklärte bat na (auch 1490. 5089) vgl. meine erörterung Nd. jahrb. 43, 59.

1151—66 kürzt B folgendermaßen:

> Wat ouers reynke be loſe beeff,
> Myt ber wuluynnen bo ſulues bebreeff

Dat late it dar bi bliuen
Vnde wil nu forder van hynßen fchryuen.

1157 = Freid. 105, 1 *er hât sîn êr niht wol bewart, swer sîn wîp mit einer andern spart.*

1197. 98 lauten in B:

Do makede he fyn beraed nicht land
Sunder haftigen vp ben papen fprand

1200—1203 lauten in B:

Vnde makede eme dar eynes oghen quijd
Ane andere wunden be he eme beet
Vnde wes he eme fuft vome lyue fpleet
Don he eme fo taftede dorch be hûd.

1216. lautet in B: Dat oghe des he usw.

1220 lautet in B, das im vorigen verse leet für fchade hat:
Dat dyn vader kumpt by dyt vordreet.

1291. dat fehlt auch 1398. 1885. 5279.

1308. Aus dem vorhergehenden dativ ist der nominativ zu entnehmen, ebenso 1402. 1587. 2750. 4784.

S. **51, 35.** „Nolite judicare, ut non judicemini" Matth. 7, 1: „Nolite judicare et non judicabimini" Luk. 6, 37.

S. **52, 19.** Matth. 5, 16.

1344 lies fprefe.

1511. Der in dieser zeile zweifellos steckende fehler ist noch nicht gebessert: vgl. meine erörterung Nd. jahrb. 43, 60.

1601. Zum küssen der rute vgl. Schultz und Walther Nd. korresp. 23, 51.

S. **63, 13.** „Beati . . . justitiam" Matth. 5, 6. „Die kommentierenden sätze habe ich in den landläufigen mittelalterlichen Matthäuskommentaren, soweit sie der reihe nach fortlaufende erklärungen geben, vergeblich gesucht. Zu ihrer feststellung ebenso wie zur auffindung der stellen aus Hieronymus (s. 147, 10) und Pseudo-Augustin (s. 197, 23) gehört mehr theologische belesenheit, als ich aufzuweisen habe" Nd. jahrb. 43, 60.

S. **65, 2.** Ähnliche wortwiederholung begegnet auch 2236. 3058, aber vielleicht hat Sprenger Lit. f. germ. u. rom. phil. 1889 s. 47 mit seiner abweichenden auffassung recht.

S. **67, 27.** „Nemo mittens manum suam ad aratrum et respiciens retro aptus est regno dei" Luk. 9, 62.

1695. Vgl. Sprenger Zeitschr. f. d. phil. 27, 115.

1721. Vgl. Damköhler Germ. 37, 420.

1725. Vgl. Sprenger Lit. f. germ. u. rom. phil. 1889 s. 47.

1735. Zur satzverbindung vgl. Damköhler Germ. 37, 420.

1924. Zu half gnade vgl. Sprenger Nd. jahrb. 10, 108; Lit. f. germ. u. rom. phil. 1889 s. 47; Nd. korresp. 22, 89.

S. 80, 3. g̔el̔δuet dürfte druckfehler für gel̔onet sein.

2129. Vgl. Sprenger Germ. 33, 220.

2131. Auslautendes m geht häufig in n über, ebenso 2158. 4483. 4589. 5864.

2267. Hier steckt ein alter fehler schon der mnl. quelle: während Reinaert 1, 2395 das richtige *metter mouden* bietet, hat Reinaert 2, 2417 *mitten monde.*

2287. Vgl. Nd. jahrb. 43, 61.

2302. Vgl. Damköhler Germ. 33, 379.

2373. Vgl. Damköhler ebenda 37, 420.

2443. Zu dem erdichteten eigennamen vgl. Sprenger Nd. jahrb. 10, 109.

2583. Vgl. Sprenger Germ. 33, 220.

2615 lies Alle.

2695. Vgl. Enling Germ. 35, 397.

S. 102, 18. „Omnes, quotquot venerunt, fures sunt et latrones" Joh. 10, 8.

2781. Der sinn dieser sprichwörtlichen wendung ist noch nicht erklärt: vgl. darüber Loersch Zeitschr. d. aachener gesch. 2, 117; Sprenger Nd. korresp. 6, 31; Sandvoss ebenda 13, 47; Pick ebenda 13, 72; Sprenger Lit. f. germ. u. rom. phil. 1889 s, 47.

2786. Zu dem bild von der wächsernen nase vgl. Zarncke zu Brants narrensch. 71, 10.

S. 105, 5. „Attendite a falsis prophetis, qui veniunt ad vos in vestimentis ovium, intrinsecus autem sunt lupi rapaces; a fructibus eorum cognoscetis eos" Matth. 7, 15.

S. 105, 13. Vgl. oben zu s. 37, 4.

2982. Zur satzverbindung vgl. Damköhler Germ. 33, 380.

3145. Zur satzverbindung vgl. Sprenger ebenda 33, 220.

3154. 3156. Vgl. Sprenger Nd. jahrb. 10, 109.

3247—74. Diese verse haben im mnl. original nichts entsprechendes. Die dazu gehörenden holzschnitte, zu deren heranziehung wohl der wunsch nach reicherer illustration des buches veranlassung gab, sind verkleinerte nachschnitte nach denen, die G. Leeu in seinem „Dialogus creaturarum optime moralisatus, iucundis fabulis plenus" (Gouda 1480; wiederholt bei Grässe, Die beid. ält. lat. fabelb. d. mitt. s. 125) verwandte.

3255. 56 lauten in B, das keine holzschnitte hat:

> Wente wy alle vnde vnfe kynder
> Hebben fyner gehath groten hynder.

3259 lautet in B: Wy wyllen vns malkander boen baften byftant.

3463. Vgl. Sprenger Germ. 33, 221.

3586. Vgl. Sprenger Nd. jahrb. 10, 109; Lit. f. germ u. rom. phil. 1889 s. 47.

3635. Vgl. Nd. jahrb. 43, 62.

3777. Vgl. Sprenger Nd. jahrb. 10, 110; Zeitschr. f. d. phil. 28, 32.

3825 Vgl. Damköhler Germ. 33, 380.

3854. Vgl. Damköhler ebenda 37, 421.

3895. Zur satzverbindung vgl. Damköhler Nd. jahrb. 21, 124.

S. 142, 7. Vor betelent ist wohl ḥe einzusetzen.

3940. Vgl. Sprenger Germ. 33, 220; Damköhler ebenda 33, 381.

4037. Vgl. Sprenger Lit. f. germ. u. rom. phil. 1889 s. 47.

S. 147, 10. Vgl. oben zu s. 63, 13.

S. 147, 18. „Peccatori autem dixit deus: quare tu enarras justitias meas et assumis testamentum meum per os tuum? tu vero odisti disciplinam et projecisti sermones meos retrorsum" psalm 49, 16.

S. 147, 35. Ebenda 21, 5.

4156. Zu dem namen vgl. Zarncke zu Brants narrensch. 76, 72.

4170. Zur satzverbindung vgl. Damköhler Nd. jahrb. 21, 124.

4211. Es ist Denariuß zu lesen: vgl. ebenda 43, 62.

4425. Vgl. Baethcke Germ. 19, 111.

S. 158 3 beme — 4 mob fehlt B.

4476. Vgl. Damköhler Zeitschr. f. d. phil. 24, 487.

4579. Quelle dieser fabel ist Romulus 89 (Hervieux, Les fabulistes latins 2, 625).

4673. Zur satzverbindung vgl. Damköhler Nd. jahrb. 21, 124.

4679. Zu dem ersten namen vgl. ebenda 43, 62 (mir ist entgangen, daß schon Sprenger Nd. korresp. 24, 38 die richtige erklärung gegeben hatte).

4737. Zur satzverbindung vgl. Damköhler Germ. 37, 421.

4763. Über troppe vgl. Sprenger Germ. 33, 222; Damköhler ebenda 33, 382; Sprenger Nd. korresp. 22, 89; Damköhler Nd. jahrb. 33, 140.

4845. Vgl. Damköhler Zeitschr. f. d. phil. 24, 488.

4879. Vgl. Sprenger Germ. 33, 223.

4880. Pötrau, lauenburgisches dorf, wenige meilen von Lüneburg entfernt.

5061. Anspielung auf den afrz. roman Cleomadés von Adenet le roi, „wo das durch die luft fliegende hölzerne zauberpferd sozusagen das vehikel der handlung bildet" (Veretzsch, Einf. in d. stud. d. afrz. lit.[3] s. 437).

5072. Vgl. Sprenger Germ. 33, 223; Damköhler ebenda 33, 382.

5073. Quelle dieser fabel ist Romulus 105 (Hervieux 2, 632).

5097. Vgl. Damköhler Zeitschr. f. d. phil. 24, 488.

5102. Quelle dieser fabel ist Romulus 16 (Hervieux 2, 576).

5131. Über bat vgl. Damköhler Zeitschr. f. d. phil. 24, 489.

5144. Vgl. Hofmeister Nd. korresp. 13, 32; Sprenger Lit. f. germ. u. rom. phil. 1889 s. 47.

5146. Vgl. Damköhler Zeitschr. f. d. phil. 24, 489.

5163. Quelle dieser fabel ist Romulus 129 (Hervieux 2, 644).

5216. Quelle dieser fabel ist Romulus 9 (Hervieux 2, 569).

5244. Vgl. Sprenger Nd. jahrb. 10, 110.

5526. Zur satzverbindung vgl. Damköhler Germ. 33, 383.

5554. Zur satzverbindung vgl. Damköhler Nd. jahrb. 21, 125.

5618. Statt ſprelen dürfte tugen zu lesen sein: vgl. ebenda 43, 62.

S. 195, 1. B kürzt die glosse folgendermaßen: 195, 1 Dat erſte . . . rychter na Flaghe vnde antworden richten vnde vmberochtigete tuge hören vnd tolaten ſchal; 5 Dat anber. dat eyn richter valen vmme weß dar van to Frygen eynen mißbeder vngeſtraffet varen leth; 196, 8 Dat drubbe iß. ſo wenner eyn mißbeder myt ſyner logene vnde lyſt eyns loeß wert. vnde meynet denne gantz fry to weſen. Dat he denne erſt eynen anderen wech to plaſſe Fumpt. ſo hir renfen geſchach, don he noch vmme ſyn lijff Fempen moſte.

S. 195, 7. Über bult bottere vgl. Sprenger Germ. 33, 223. 36, 193.

S. 197, 23. Vgl. oben zu s. 63, 13.

5637. Über ane betten vgl. Walther Nd. jahrb. 1, 95.

5640, 41. Vgl. Sprenger Lit. f. germ. u. rom. phil. 1889 s. 47; Germ. 33, 223.

5716. Zur satzverbindung vgl. Damköhler Germ. 33, 383.

5723. Zur satzverbindung vgl. Damköhler Zeitschr. f. d. phil. 24, 489.

5864. Hier ist ein alter fehler der überlieferung bisher unbemerkt geblieben, es ist iſ were zu lesen: vgl. meine erörterungen Nd. jahrb. 43, 62.

5868. Vgl. Sprenger ebenda 10, 111.

5901. Vgl. Damköhler Zeitschr. f. d. phil. 24, 489.

6031. Vgl. Sprenger Nd. korresp. 15, 52 (wörtlich wiederholt ebenda 16, 40).

6036 erklärt Damköhler Zeitschr. f. d. phil. 24, 490.

6168. Schlutup östlich von Lübeck an der unteren Trave, wo aber niemals ein kloster gewesen ist.

6225. Einen recht problematischen versuch, diese rätselhaften worte zu deuten, hat Hofmeister Nd. korresp. 13, 32 gemacht.

6238. Der name heißt im mnl. original Hoelrebroec; B hat Honteborch.

6286 erklärt Damköhler Zeitschr. f. d. phil. 24, 491.

6357. Zur satzverbindung vgl. Damköhler Germ. 37, 421.

6366. Vgl. Damköhler Nd. jahrb. 21, 125.

6375. Über ſcherent vgl. Sprenger Germ. 33, 224.

6426. 6444. Vgl. Sprenger Nd. jahrb. 10, 111.

6455. Die bedeutung von leiben ist oft besprochen worden: vgl. ausser Lübbens anmerkung Baethcke Germ. 19, 111;

Sprenger Nd. jahrb. 10, 111; Lit. f. germ. u. rom. phil. 1889 s. 47; Damköhler Germ. 33, 383.

6493. Über mṅ als nominativ (vgl. engl. *it is me*) vgl. Lübben Zeitschr. f. d. phil. 5, 64.

6514. Über ſiſ begeven vgl. meine bemerkungen Nd. jahrb. 43, 63.

S. 228, 14. „Sapientia enim hujus mundi stultitia est apud deum" Kor. 1, 3, 19.

6712. Krummesse, dorf südwestlich von Lübeck: vgl. darüber Leverkus Zeitschr. f. d. alt. 11, 374.

6723—26 kürzt B:

> Dat he ſo ſmelhken was vorboruen
> Vnde ſchande vnde ſpot vorworuen.

GLOSSAR.

aɥt(e) stf. *aufmerksamkeit, sorgfalt; achtung, ansehen.*

aɥter adj. adv. *hinter, zurück.*

aɥterhobe f. *nachhut.*

aɥterholt n. *hinterhalt.*

aɥterklapperhe f. *verleumdung.*

abebar stm. *storch.*

al, alle adj. adv. *all, jeder, ganz; ganz, durchaus, sehr, bereits.*

al conj. *obgleich, wenn auch.*

alber, gen. pl. von al, *aller*, besonders vor superlativen.

allehns adv. *ganz einerlei.*

allent, neutr. zu al, *alles.*

allentelen adv. *alleinzeln, allmählich.*

almhsse f. *almosen.*

alrebe adv. *bereits, schon.*

als adv. (aus alles) *durchaus, ganz und gar.*

als, alse conj. *zur Zeit wo, als, wenn; als, wie; als, nämlich.*

alsoban adj. *solch.*

altes adv. *durchaus.*

ambeleren swv. *emaillieren.*

amberɥ stm. *anhöhe.*

amhe swf. *geliebte.*

ammer stm. *eimer.*

amptlube m. *(zünftige) Handwerker.*

an(e) praep. c. acc. *ohne, außer.*

anbringer stm. *verleumder.*

anb f. *ente.*

anbaɥt stf. *gedanke, absicht.*

anber num. *der andere; zur bezeichnung des ebenbildes bei vergleichungen.*

anebetten stv. = anebiten.

anken swv. *stöhnen.*

anname adj. *angenehm, lieb.*

annemen stv. *annehmen, ergreifen;* refl. c. gen. *sich kümmern um, sich unterfangen.*

anspreken stv. *anreden, anklagen, herausfordern.*

anstan stv. *anfangen, anbrechen.*

antheen stv. refl. *auf sich nehmen.*

antlat stn. *antlitz.*

arfete *erbsen.*

arste swm. *arzt.*

arhebhen swv. *arzneikunst üben.*

auca mlat. *gans.*

aff adv. *von, ab.*

affhllen swv. *schinden.*

affleggen swv. *von sich schieben, entschuldigen.*

affschatten swv. *durch steuer nehmen, entreissen.*

affseggen swv. *das endurteil fällen, entscheiden.*

affslan stv. *abschlagen; schwächer werden, herunter gehen; missraten.*

affspreken = affseggen.

afftheen stv. *wegnehmen.*

auent stm., van auenbe *heute abend.*

barbe f. *breites beil.*

bare swm. *bär.*

baffune f. *posaune.*

bate stswf. *vorteil, nutzen.*

baten swv. *helfen, nützen;* an eineme b. *vorteil über einen erringen.*

bebe stf. *bitte.*

beben stv. *bieten, gebieten.*

beboen stv. refl. *sich beschmutzen.*

bebragen stv. *fälschlich anklagen.*

bebreghen stv. *betrügen.*
bebryff stn. *verkehr, tun, treiben.*
begheuen stv. refl. *abstehen von etwas, aufgeben, ins kloster gehen, die besinnung verlieren.*
beghyne swf. *laienschwester.*
behaluen adv. *mit ausnahme.*
behenbe adj. adv. *geschickt, listig.*
behoren swv. *gebühren.*
behoff stf. *behuf, dienst.*
behouen swv. *nötig haben.*
beyhe — vnbe *sowohl — als auch.*
beyhben swv. *warten.*
beyhach n. *erwerb.*
belappeben, be *mönche.*
belhuen swv. *für etwas streiten.*
bellyuen swv. *kleben.*
beloren swv. *in versuchung führen.*
belagen swv. *nachstellen, auflauern.*
beleggen swv. *belagern, verlegen.*
beleuen swv. *lieb haben, lieb sein.*
bemigen stv. *bepissen.*
benebben praep. *unter.*
benebghyhnge stf. *segen.*
benemen stv. *verhindern.*
beorlouen swv. *erlauben.*
beraet stmn. *rat, arglist, betrug.*
beren swv. *sich gebärden, tun als ob.*
bereyt, bereet n. *barett.*
bernen swv. *brennen.*
berochten, berochtyhgen swv. *in bösen ruf bringen.*
beroem m. *ruhm, prahlerei.*
beropen stv. *in schlechten ruf bringen.*
berumhnge f. *reue.*
beschalten swv. *betrügen.*
beschatten swv. *mit schatzung belegen, besteuern.*
bescheeb mn. *bescheid, kenntnis;* mit b. *mit klugheit, verständig.*
bescheyhben adj. *klug, verständig.*
bescheen stv. *geschehen, zu teil werden.*
bescheren stv. *scheren, berauben.*
beseggen swv. *beschuldigen, verleumden.*

besitten stv. *besitzen.* part. beseten *ansässig, hoch geehrt.*
beslabbern swv. refl. *sich beim essen und trinken besudeln.*
beslechtyhget, groet *mit ausgebreiteter verwandtschaft.*
bestaen v. anom. *unternehmen;* c. dat. *angehören.*
bestellen swv. *anordnen, verabreden.*
besuchten swv. *beseufzen.*
beswhmen swv. *ohnmächtig werden.*
bet comp. *besser;* to b. *desto besser.*
betemen swv. laten *zufrieden lassen, gewähren lassen.*
betengen swv. *beginnen.*
bethen stv. *bezichtigen.*
betten stm. *bissen.*
bebulen swv. refl. *sich beschmutzen.*
bewaren swv. *bewachen, beaufsichtigen;* refl. *sich erhalten.*
bewegen stv. *rühren.*
bewenben swv. *anwenden.* part. bewent, bewant *beschaffen, von bedeutung.*
beze swf. *binse.*
by praep. c. dat. *bei, an;* kausal: *durch, mittels;* c. acc. *zu, in die nähe;* in adv. wendungen z. b. b. groter truwe *treuherzig.*
byhant adv. *ungefähr.*
byhbichlyhk adv. *billigerweise.*
byhsetten swv. *zum pfande setzen.*
byhsprote stm. *beispiel, sprichwort, fabel.*
byhster adj. *verwildert, verstört, grimmig.*
byhten stv. *beissen.*
byhvallen stv. *beifall geben, es mit jemand halten.*
blesen swv. *blöken.*
blyhbe adj. *fröhlich.*
blyhden swv. *sichtbar sein, sich zeigen.*
blyhtschop f. *fröhlichkeit, lustbarkeit.*
blyhuen stv. *bleiben.* by b. *auf jemandes seite treten, sich für ihn erklären; sich jemandes urteil unterwerfen.*

blhgem m. *blitz.*
bloben swv. *bluten.*
borbe swf. *bürde, last.*
bore swf. *bahre.*
boren swv. *heben, erheben.*
borge swm. *bürge.*
borst stf. *brust.*
both stn. *gebot, vorladung.*
boten swv. *büssen, befriedigen.*
bouen praep. *über,* adv. *oben,* bar b. *ausserdem.*
braschen swv. *lärmen, heulen.*
brassen n. *lärm.*
breten stv. *brechen; erde aufwühlen, scharren;* abs. *ein verbrechen begehen;* refl. *sich durch brechen loszumachen suchen.*
breff m. *jedes schriftstück, urkunde, brief.*
brhl m. *beryll, ein edelstein.*
bringen, ouer *jemand schuld geben,* bp *jemand überführen.*
brobere pl. *hoden.*
brote stf. *bruch, spalt;* stm. *verbrechen.*
bruten swv. *gebrauchen,* bat sulue b. *dasselbe zu tun pflegen,* b. van synen olden bhngen *nach alter gewohnheit verfahren.*
bughen stv. *sich beugen.*
bunge swf. *trommel.*
busse f. *büchse.*
buten praep. adv. *ausserhalb, draussen; gegen, wider.*
butte stf. *fass, wanne.*

complexie swf. *leibesbeschaffenheit.*
crebencien swv. *umstände machen.*

bach stm. *tag, gerichtstag, kampftag;* in b. staen *vertagt sein.*
bagen swv. *tagen, gerichtstag halten, vor gericht laden.*
bale adv. *nieder.*
bant stm. *dank, gedanke;* an mhnen b. *wider willen;* sunder b. *ohne lohn;* synes b. *absichtlich, mit willen.*

bar(e) adv. *da, dort, dorthin; da wo;* zur verstärkung des relativs.
bas swm. *dachs.*
bat, batte artikel, pron. dem. und rel., letzteres oft nach anderen rel. wiederholt; conj. *was das anbetrifft;* b. erste b. *sobald als.*
be vor komparativen *desto.*
bebe *der da.*
bebingen swv. *befreien durch verhandlung.*
begen adv. to b. *tüchtig, gehörig.*
begger, verstärkt alber b. *gänzlich, völlig.*
beten m. *dekan.*
beel, ehn b. *ein gut teil, recht sehr.*
benten swv. impers. c. dat. *erinnerlich sein.*
bern stf. *mädchen.*
beert stn. *tier.*
bes pron. dem. *es;* gen. von bat: *darum, deshalb, daher;* anreihend: *so, nun, ferner.*
beffte f. *dieberei.*
bhen stv. *gedeihen.*
bint stn., van synen b. *etwas für ihn;* vhssche van mhnen b. *die mir munden.*
bogen v. anom. *taugen.*
boen v. anom. *tun;* mht blhb b. *etwas fleissig betreiben;* werd b. *in not bringen;* werbicheht b. *ehrerbietung erweisen;* wytlht b. *zu wissen tun.*
bop stn. *eierschale.*
bor v. anom. *sich getrauen, wagen.*
borch praep. *um — willen.*
borchwhten swv. *mit metalldraht durchflechten.*
borbe adj. *töricht.*
borfen v. anom. *brauchen, nötig haben.*
brabe(n) adv. *schnell.*
bragen, bregen stv. *tragen;* vrhrecht b. *das recht ergehen lassen, wie ein freier mann es verlangen kann;* ouer ehn b. *einstimmig beschliessen;* schhn b. *scheinen.*

bregen stv. *trügen;* b. vp refl. *sich
verlassen auf.*

brŷe adv. *dreimal.*

briuen stv. *treiben;* ere b. *ehren-
haftes benehmen zeigen.*

broch m. *betrüger.*

brouich adj. *betrübt.*

brofflŷd adj. *betrübt.*

buī adj. *dumm.*

buīt f. *festgeschenk.*

bundelgub adj. *der sich gut dünkt,
selbstzufrieden.*

burbar adj. *kostbar.*

buwen swv. *drücken.*

bwalen swstv. *irren.*

bwas stm. *querkopf, tor.*

bwenge f. *zwang.*

bwer adj. *zwerch, quer.*

ee f. *recht, gesetz, testament.*

echt stn. *ehe.*

echt(e) adj. *ehelich, gesetzmässig.*

echt(e) adv. *abermals, wiederum.*

echter adv. *ferner.*

eder swn.? *eichel.*

ebber adv. *oder.*

ebnŷch pron. *irgendein.*

ebns adv. *einst, einmal.*

ebslīī adj. *hässlich.*

eleren, elerlen n. *eichhörnchen.*

elende adj. *in der fremde lebend.*

em, om pron. pers. *ihm, ihn.*

en negationspartikel, vor dem prä-
dikat, oft in verbindung mit
andern negationen.

en(e), one acc. sg. von ŷe und dat.
plur. von ŷe, ŷe.

endet, =ebe adj. adv. *genau.*

ennoch adv. *genug.*

entholben stv. refl. *sich halten.*

entleggen swv. refl. *sich entledigen,
rechtfertigen.*

entiŷī adv. *schnell.*

entlopen stv. *im laufen übertreffen.*

entseen stv. *fürchten.*

entsengen swv. *anzünden.*

entfermen swv. *erbarmen.*

entwar adv. *werben* o. gen. *gewahr
werden.*

entwech adv. *fort.*

eer praep. *vor;* adv. *früher;* konj.
bevor.

eergŷsteren adv. *vorgestern.*

erst superl. e. vnbe left *von anfang
bis zu ende,* =en *zuerst, vorher.*

eertŷb stf. *frühere zeit.*

erwerbŷghen swv. *verherrlichen.*

eschen swv. *heischen, fordern.*

eft(e) adv. *oder, ob, wenn; als wenn,
wenndoch!* e. − e. *entweder −
oder,* wer − e. *weder − noch.*

euen, effen adv. *genau, just, recht.*

euenminsche swm. *mitmensch.*

euentur(e) n. *ereignis, geschichte,
glück;* ŷb is e. *es kann gut und
schlecht ablaufen;* vp. e. *auf gut
glück, für den fall daß.*

euenturen swv. *gelingen, riskieren.*

exe f. *axt.*

gaber adv. *zusammen;* verstärkt alle
g. *allesammt; schlechterdings.*

galline swf. *henne, scherzhaft als
fisch genannt.*

gaen v. anom. *gehen;* vtŷ beme spele
g. o. dat. pers. *es wird ernst;* vor
fŷd g. *vorwärts;* vorberweges g. mŷt
begleiten.

garbian m. *vorsteher bei den franzis-
kanern.*

gat stn. pl. sw. *loch.*

ghebrach n. *bedarf;* g. ŷebben *nötig
haben, bedürfen.*

ghebrech n. *gebrechen, sünde, krank-
heit; nachteil.*

ghebur m. *bauer.*

ghebŷnge stn. *gericht.*

ghetŷstlichetŷt f. *geistliche handlung.*

ghetŷstlilen adv. *im moralischen sinne.*

ghech adj. *unklug, töricht.*

ghelaet stn. *aussehen, gebahren,
miene.*

gþeliſ, liſ adj. *gleich;* =e(n) adv. *auf gleiche weise, ebenso;* to l. *zugleich, auf einmal;* subst. *der gleiche, gleichnis.*

gþelyſe stf. *gleichheit, gerechtigkeit, recht.*

gþelyſenen swv. bþ *mit etwas vergleichen.*

gelt stn. *entgelt, geld.*

gþeluth stn. *geschrei.*

gþemaċ stn. *ruhe, bequemlichkeit; zimmer.*

gþeme(h)ne adj. *gemeinsam.*

gþemoet stn. *begegnung.*

gþeneſen stv. c. gen. *(mit dem leben) davon kommen, gesunden.*

gþeneet n. *nutzen, vorteil, gewinn.*

gþenne pron. *jener.*

gþenoeċliſ adv. *angenehm.*

gþenöċhte stf. *lust, vergnügen.*

gþeriċht f., in be g. *auf einem richtwege.*

gþerynge adv. *schnell.*

gþeroċhte stn. *rufen, geschrei.*

gþeroren swv. *berühren.*

geſette stn. *abschnitt, kapitel.*

gþeſtehnte stn. *stein.*

getaċht part. adj. *gestaltet.*

gþeval stn. *glück.*

gþevallen stv. *zuteil werden.*

gþevoċh stn. *bedarf.*

gþewabe stn. *eingeweide, gemechte.*

geuen stv. refl. *sich ergeben, für besiegt erklären;* to voren g. *vorteil (ehre und ansehen) einräumen.*

gewert adj. *wert.*

gþeweten *erfahren.*

gþlen swv. *betteln.*

gynbert adv. *dort.*

gynt pron. *jener.*

gyſſen swv. *vermuten.*

gyſte stf. *gabe.*

gnagen stv. *nagen.*

goeſ f. *gans.*

grael m. *spiel und tanz, lustbarkeit.*

gram adj. *grimmig zornig.*

grane swf. =len n. *barthaar.*

gremen subst. inf. *zorn, grimm.*

greſelyſen adv. *grässlich.*

greue swm. *graf.*

greuinſ stm. *dachs.*

grymmen swv. *wüten.*

grypen stv. *greifen.*

gröten swv. *grüssen.*

grutte swf. *grütze.*

gubbundelheyt f. *heuchelei.*

guberteren adj. *gutartig, gütig, angenehm.*

gunnen anom. v. *gönnen, gnädig, wohlwollend sein.*

hage stf. *hecke.*

hagen swv. *behagen.*

haluen, van h. *wegen von seiten.*

hanbelen swv. ver-, *behandeln.*

hanenbalſe swm. *querbalken des dachsparrwerks.*

hangen stv. hn ber wage h. *auf dem spiel stehen.*

hant stf. *hand; art;* na ber h. *nachher;* ouer be h. *überlegen;* to h. *sofort, alsbald;* van b. h. *abhanden.*

hantgyſt f. *handgeld (zur versicherung eines vergleichs).*

hantſċhe swm. *handschuh.*

haer stn. *haar; härenes gewand.*

haſt stf. *eile;* mht ber h. *hastig, eilig.*

hat stm. *hass;* adj. *feindlich.*

hateſċh adj. *voll hass.*

haffen swv. *zum besten haben, äffen.*

hebben v. anom. *haben;* in ſtraff h. *bestrafen dürfen;* to vnreċhte h. *mit unrecht;* to voren h. *voraus haben, im vorteil sein;* vulle werſ h. *genug mit etwas zu schaffen haben.*

hegger stm. *häher.*

heel adj. *ganz; gesund.*

help *ausruf der verwunderung;* adv. h. *recht,* h. ſrum *auf alle weise, mag es recht oder unrecht sein.*

hengen stv. tr. hn be wage h. *aufs spiel setzen.*

hennevart stf. *hinfahrt, tod.*
herbe swm. *hirte.*
hermel, =ten. n. *hermelin.*
herſchopphe swf. *herrschaft.*
herte stn. *hirsch.*
heten stv. *heissen, nennen, befehlen.*
heteſcheht f. *gehässigkeit.*
hhllich adj. *heilig;* be hhlgen *reliquien.*
hhnder stm. *hindernis, nachteil.*
hobe stf. *hut.*
hoben swv. refl. *sich hüten.*
holben, be guben h. *die guten geister.*
holden stv. *halten;* in vnwerbicheht
h. *verachten;* in quabeme wane h. *bei
jemand hintergedanken vermuten.*
hope stswm. *haufen;* to h. *zusammen;*
bh h. *haufenweise.*
hornſcheht f. *bosheit.*
horſt stf. *knick, erdwall mit darauf
befindlichem gebüsch.*
hoveſch adj. *höflich.*
höuet stn. *haupt, kopf.*
höuetwumpel stm. *kopfputz der
frauen.*
hungern swv. tr. *hungern nach.*

hcht pron. *irgend etwas, irgendwie.*
hchteſwat, =weſ pron. *irgend etwas.*
hb pron. *es* und neutraler artikel
= *dat.*
hlſe stm. *iltis.*
indrhuen stv. *eintränken.*
hngheſegel stn. *insiegel.*
int = in *dat* und in *to.*
inwerken stv. *hineinarbeiten.*
hpocrhſerhe f. *heuchelei.*
hſeren n. *eisen, hufeisen.*
hſlhl pron. *jeder.*
iſſeſ = iſ hb; i. *dat wenn.*

har stn. *jahr;* to h. *im vorigen jahr,
früher;* böȝe h! als fluch: *zum
henker!*
hennich pron. *irgend einer.*
ho adv. *ja, je, immer;* h. — h., ſo
je — desto; immerhin, freilich.

hoboch adv. *jedenfalls, sicher doch.*
höget stf. *jugend.*
hummer(ȝ) adv. *immer, je, immerhin.*
huwe(r) pron. *euer.*

kameralke (Alke = Adelheid)swf. *kam-
merzofe.*
kanȝe f. *gute gelegenheit.*
kappe swf. *mantel mit kopfbedeckung.*
karine f. *vierzigtägiges fasten, schwere
busse.*
karock f. *krähe.*
kaſthen swv. *kasteien, züchtigen.*
kaff n. *spreu.*
kaffporthe swf. *spreutor.*
kerkenere stm. *kerker.*
kerleman m. *roher kerl.*
kermen swv. *jammern.*
kerſebere swf. *kirsche.*
kethff stswm. *schelm, schurke.*
khuen stv. *zanken, streiten.*
klacht stf. *gerichtliche klage.*
klaffer m. *boshafter kläger.*
klauwen swv. *kratzen;* vp ber mouwen
kl. *betrügen.*
klawe swf. *klaue.*
klehen swv. *kratzen.*
klerk m. *geistlicher, schreiber.*
klockreep stm. *glockenstrang.*
klouen swv. *spalten.*
knipen stv. *kneifen.*
koggel f. *kapuze.*
komen stv., (konstr. mit hebben) zur
umschreibung des passivs; to k.
geschehen; to voren k. *zum vor-
schein kommen;* to mate k. *zu platz
kommen.*
kopen swv. *kaufen, büssen, vergelten.*
kore, kör stm. *wahl.*
kortes adv. *vor kurzem, bald.*
koſtel adj. *köstlich.*
krage swm. *schlund.*
krank adj. *schwach, gering, krank.*
kraſchen, kraſſen swv. *kratzen.*
krehe, krehinne swf. *krähe.*
kreht stm. *kampfplatz.*

kreytwarber stm. *aufseher über den kampfplatz.*

krenken swv. *schwächen, verderben.*

krepen = krupen.

krygen stv. *erhalten;* quab l. *es schlecht haben.*

krimpen stv. *zusammenschrumpfen.*

kron stm. *kranich.*

krop stm. *kropf.*

krumme stf. *krümmung, wendung.*

krupen stv. *kriechen.*

kulbe f. *kälte.*

kule stswf. *loch.*

kurtesan m. *höfling.*

lage stf. *lage, nachstellung, lauer.*

lamentacie swf. *wehklage.*

lapen swv. *lecken.*

laster stm. *schimpf, schande.*

lasur stn. *lapis lazuli, lasurfarbe.*

laten stv. *lassen, unter-, zurück-, ver-; aussehen.* achter blyuen, ftan l. *übergehen.*

lateſt adv. superl. *letzthin, zuletzt.*

lauwe swm. *löwe.*

lecht stn. *licht.*

lederlyten adv. *genusssüchtig, wollüstig.*

lebber stswf. *leiter.*

lebe adv. em waſ l. *vor* er war besorgt wegen.

lebematen n. *gliedmassen.*

legen stv. *lügen.*

leggen swv. *legen.*

leyben swv. *leiten, verleiten; beleidigen, kränken.*

leybeſman stn. *führer.*

lenk komp. *länger.*

leppel stm. *löffel.*

leſemeſter stm. *lektor.*

leſt adv. superl. *zuletzt,* n. *letztes stündlein.*

leetlyt adj. *hässlich, widerwärtig.*

leffghetal adj. *wohlgelitten, beliebt.*

leue stf. *liebe, freude;* en wart l. *sie wurden froh.*

licencieren swv. *zum lizentiaten machen.*

licham stm. *leib.*

lichtiht adj. *leicht;* l. wesen *erleichterung sein.*

lichtlyken adv. *leichtsinnig; mit leichter mühe.*

lychtſynnicheyt f. *leichter, froher sinn.*

lyden swv. *lecken.*

lybe stf. *weg.*

lyden stv. *leiden, leiden mögen, womit zufrieden sein.*

liggen stv. *liegen.*

lyk = ghelik.

lykenen s. ghelykenen.

lyth stn. pl. lebe glied.

lyſſſake stf. *halsgerichtssache.*

lochter adj. *link.*

lobber m. *taugenichts.*

logge(n) swf. *lüge.*

loye stf. *recht, gesetz.*

lopen stv. (konstr. mit hebben) *laufen.*

loſ stm. *luchs.*

loſ adj. *los; durchtrieben, verschlagen.*

loſheyt stf. *schelmerei, büberei.*

lotgeter m. *bleigiesser, betrüger.*

lofte stn. *versprechen, gelübde.*

louen swv. *glauben; für wahr, für tauglich halten; loben, geloben.*

lübben swv. *kastrieren.*

lucht stf. *luft.*

lude stn. *glück.*

luden swv. *läuten.*

luparbuſ m. *leopard.*

luſten swv. *gelüsten.*

luetbar adj. *lautbar, öffentlich.*

luttyk adj. adv. *klein, wenig.*

mage(n) pl. stswm. *verwandte.*

maken swv. brymodich m. *mut einflößen;* broet m. eynem c. gen. *belehren,* in schlimmem sinne: *jemand etwas aufbinden.*

mall pron. *männiglich, jeder;* m. eyn *einander.*

malkander pron. *einander.*

maen m. *mond.*

manen swv. *anspruch machen.*

mandt praep. c. dat. u. acc. *zwischen, unter.*

mannere [swf. stn. *manier,* by m. *manierlich.*

manntgerhande adj. *mancherlei.*

maent m. *monat.*

marmelsteyn stm. *marmor.*

marte swf. *marder.*

mate stswf. *mass,* bouen m. *übermässig,* in alle der m. *ganz in der art,* to m. *zu pass.*

mebber swf. *mutterschwester, muhme.*

mebe adv. *mit, zugleich, dazu, zusammen mit andern;* m. wesen *behülflich sein, gefallen.*

mebelydynge f. *mitleid.*

mebelumpan m. *genosse.*

mey(g)ersche swf. *haushälterin.*

men adv. *aber, sondern; als; nur;* bei imp. *doch.*

men pron. indef. *man, häufig an verba angehängt.*

mene adj. *gemein.*

me(y)nen swv. *meinen, beabsichtigen, gesinnt sein gegen;* abs. *lieben.*

meenheyt stf. *gemeinde, grosser haufe.*

mere stf. *märe, nachricht.*

merye f. *stute.*

merken swv. *merken, aufpassen, zuhören;* m. ouer *auf etwas merken.*

merklyk adj. *beachtenswert.*

mybbele, dorch m. *vermittelst.*

mybbeltyb f. *zwischenzeit.*

mybbewefen dach *mittwoch.*

myge swf. *urin.*

mylbe adj. *freigebig.*

myn adj. *klein, gering.*

myn komp. *minder, weniger, geringer, kleiner* (adj.); nicht to m., doch nicht m. *nichtsdestoweniger.*

mynscheyt stf. *zustand als mensch.*

myßbabich adj. *übeltäter.*

myßghan v. anom. *schlecht gehen.*

myßghebeer n. *ungeberdigkeit.*

myßghelaet n. *betrübtes aussehen.*

myßkomen stv. my m. *mir passiert ein unglück.*

myßlyk adj. *zweifelhaft.*

myssen swv. *entbehren, verlieren.*

myfferaken swv. *fehl schlagen.*

mit praep. adv. m. eyn *gänzlich,* m. des *unterdessen.*

mogen anom. v. *können, dürfen, müssen,* elliptisch: *essen mögen,* ib m. lychte *es kann leicht sein,* m. ouer eynen *überlegen sein.*

moye f. *muhme.*

moyen swv. refl. *sich mühen, quälen.*

mole swf. *mühle.*

molenman stm. *müller.*

morbenere stm. *mörder.*

morfel stn. *stück.*

moet stm. *gemütszustand, stimmung, mut;* eynes m. *einmütig.*

möte stf. *begegnung,* to m. komen *begegnen.*

moten anom. v. *müssen, dürfen, vergönnt sein.*

möthen swv. *begegnen.*

mouwe swf. *ärmel.*

mul stn. *staub, erde.*

mul swm. *maultier.*

mußhunt stm. *katze.*

na praep. adv. (konj.) *nach, nahe;* nach dem *da nun einmal;* dar n. wesen *darauf ausgehen.*

nablyuen stv. *unterbleiben.*

nach = noch *noch.*

na ghan v. anom. myt tügen *gegen jemand zeugen aufstellen.*

nalaten stv. *zurück-, unterlassen.*

namen, by, mit namen, *namentlich.*

naturlyk adj. n. meyfters. *naturforscher.*

nauwe adj. adv. *genau, schlau; kaum.*

ne, nŋ, nû adv. *nie.*

nebben adv. *unten.*

nebber adj. *nieder, hinunter.*

nebber leggen swv. ben lamp *aufgeben.*

neger komp. zu na *näher,* superl. negeſt *nächst.*

neen, neŋn pron. *keiner.*

nergen adv. *nirgends, nirgend wohin;* n—ß vor *aus keinem grunde.*

neſegat stn. *nasenloch.*

newerlbe, nŋ=, nû= adv. *niemals.*

nicht pron. *nichts* c. gen., umme n. *umsonst, vergeblich.*

nŋb stm. *hass, zorn.*

nŋe adj. *neu.*

nŋgen stv. *sich neigen, verbeugen.*

noch adv. *genug.*

noch adv. *noch.* n.—n., wer — noch *weder — noch; dennoch.*

nochaftŋg adj. *genügend, geeignet.*

nöchlił = ghen=.

nochtan, =ß, =t adv. *dennoch, trotzdem.*

nobe adv. *wider willen, ungern, kaum;* bul n. *höchst ungern,* nicht b. u. *durchaus nicht.*

nöghe stf. *genügsamkeit.*

nogen swv. *genügen,* ſŋł n. laten *sich begnügen.*

noet stf. *not,* tor n. *zur zeit der not.* ib waß noth, bat *nur mit genauer not.*

nöthe stf. *nuss.*

och interj. *der freude, des schmerzes.*

oge stn. *hühnerauge.*

ögheler stm. *augendiener, schmeichler.*

oł, och adv. *auch; aber.*

olbŋngeß adv. *vor alters, früher.*

oliſprołen wort *sprichwort.*

öme, öne = eme, ene.

orbel stn. *urteil.*

orben stm. *mönchsorden; stellung, lage.*

orbinancie f. *ordnung.*

ör = er.

orlich, orłoch stn. *kampf*

orłoff, orłef stn. *erlaubnis, erlaubnis zu gehen,* o. nemen *sich verabschieden.*

orrunen swv. *in die ohren raunen, verleumden.*

othmob m. *demut.*

offern swv. *darbringen.*

öuer stn. *ufer.*

ouer praep. cum dat. und acc. *über;* o. tafelen *bei tisch;* o. eŋner mŋlen *innerhalb.*

ouerbaet stf. *gewalttat.*

ouergaen v. anom. *machen, unternehmen.*

ouergeuen stv. *preisgeben, aufgeben.*

ouerłomen stv. *begegnen;* c. gen. *übereinkommen.*

ouerłaſt stf. *übergrosse last,* o. boen *überlasten, bedrücken.*

ouerłeſen stv. *über jemanden lesen, vorlesen.*

ouerłut adv. *laut.*

ouerman m. *oberhaupt, herr.*

ouermogen v. anom. *die oberhand haben.*

ouerſeggen swv. *schuld geben.*

ouerſpŋł stn. *ehebruch.*

ouertügen swv. *mit zeugen beweisen.*

owach interj. *o weh!*

paghment stn. *bezahlung.*

pallas stn. *burgsaal.*

par stn. bŋ =en *paarweise.*

paß stn. *mass,* bp bat p. *zu der zeit, damals.*

paſſen swv., p. bp *rücksicht nehmen auf.*

pauca *scherzhaft als fisch genannt.*

pełe m. *pike.*

pelegrŋmache stf. *wallfahrt.*

penitencie stswf. *busse.*

perł stm. *eingehegter platz, kampfplatz.*

perłement n. *gerichtsversammlung;* łomen in p. *in gerichtshändel geraten.*

phnſen swv. *auf etwas sinnen, denken.*
phpen stv. *pfeifen.*
plaß. to p. brhngen *zu fall, in unannehmlichkeiten bringen;* to p. lomen bös *anlaufen.*
plegen stv. *pflegen (zu tun).*
pliteren swv. *prozessieren.*
plugge swm. *klotz.*
pogge mf. *frosch.*
pollexe f. *streitaxt.*
poppelſhe stf. *schlagfluss.*
practiſen pl. *(juristische) kniffe.*
practiſenſchrift stf. *abfassen von juristischen schriften, meistens zu betrügerischen zwecken.*
prhſen, swv. ſil p. an *sich etwas zur ehre anrechnen.*
prhſen swv. *nehmen.*
prohe f. *brut, pack.*
prouen swv. *prüfen, untersuchen.*
prouen(e) stf. *pfründe.*
pruſten swv. *niesen.*
pur adv. *rein, ganz.*
put(te) stmf. *brunnen.*

quab adj. *böse, schlecht, nachteilig;* subst. *schaden.*
quaberteren adj. *böswillig.*
queſtie swf. *frage.*
quhteren subst. inf. *erlösung.*

rab stm. *rat, abhülfe, hilfe; guter rat, list, ratsversammlung;* bat iß r. das ist rätlich.
raben stv. *raten, herrschen;* r. ouer *über etwas verfügen.*
raſe stf. *rechen, harke?* oder *Flachsbreche?*
raſen swv. *treffen, erreichen; scharren.*
ram, rambol stm. *schafbock.*
ramen swv. *zielen, ins auge fassen, einrichten,* auch c. gen.
ramp stm. *unglück, schwere not.*
raren swv. *schreien.*
rebbe swm. *rippe.*

recht stn. *recht, richterliche entscheidung, gericht;* to 'r. *dem recht gemäss, zurecht, vor gericht;* bat r. mede holben *beisitzer des gerichts sein.*
recht adj. *recht, richtig, wahr.*
recht(e) adv. *recht, genau; just, eben, gerade.*
rechticheht f. *gebühr.*
rechtferbich adj. *gerecht.*
rebe adj. *bereit;* r. malen *sich fertig machen;* adv. *bereits.*
rebe stf. *rede, erzählung; rechenschaft.*
rehſen swv. *reizen.*
reep stm. *seil, tau.*
reſponſen pl. *kirchliche gesänge.*
reuenter n. *speisesaal im kloster*
reuer stn. *fluß.*
rhchten swv. *als richter nach dem gesetz entscheiden.*
richtich (adj.) blhuen *recht behalten.*
rhbberſchop f. *streit, kampf.*
riben stv. *reiten.*
rhm m. *reim, gerede, schnickschnack.*
rhſen stv. *steigen.*
titen stv. *reissen.*
rhue adv. *reichlich, stark, sehr.*
rochte stn. *geschrei, ruf.*
robe stswf. *rute.*
roghen swv. refl. *sich rühren.*
röſe stm. *geruch.*
röſen swv. mit vp oder gen. *sich kümmern um.*
ropen stv. *rufen.*
roren swv. *berühren.*
roten stv. *faulen.*
rowen swv. *ruhen.*
ruchen swv. *rücken; zausen, zerren.*
rugge stm. *rücken;* to, ouer r. *zurück, rückwärts.*
ruſen stv. *riechen.*
ruwe adj. *rauh.*
ruwe stf. *reue; betrübnis, trauer.*
ruwen swv. *betrüben;* imp. c. dat. *reuen.*

ſachte adv. *sanft; leicht.* adj. kompar. *besser.*

ſaben, ſabÿgen swv. *sättigen.*

ſaſe stf. *sache, ding; rechtssache; angelegenheit; ursache, grund zur anklage,* were ib ſ., bat *geschähe es, dass.*

ſaſen swv. refl. *hervorgehen, entstehen.*

ſalm swm. *psalm.*

ſchamel adj. *verschämt, bescheiden.*

ſchampelun m. *schablone, popanz.*

ſche(ÿ)ben swv. *als schiedsrichter nach eigenem ermessen entscheiden; weggehen,* refl. *sich trennen.*

ſchelÿnge stf. *zwist.*

ſchemede f. *scham.*

ſcheen stv. *geschehen.*

ſchepeler n. *skapulier.*

ſcher(e) adv. *bald, alsbald; fast.*

ſchermen swv. *parieren (beim fechten).*

ſcheue stf. *abfall des flachses, splitter.*

ſchicken swv. *ordnen, gestalten.*

ſſchÿltknecht stm. *schildknappe.*

chÿn stm. *wesen,* werden *sich zeigen, offenbaren.*

ſchÿnbar adj. *offenkundig, handgreiflich.*

ſcholen v. anom. *sollen* zur bezeichnung des futurs und des konditionalis.

ſchoren swv. intr. *zerreissen.*

ſchouen swv. *betrügen.*

ſchrauen swv. *scharren, kratzen.*

ſchreue stm. *linie, strich;* bouen ben ſ. *über die massen.*

ſchriftur stn. *schrift.*

ſchuchterÿnge stf. *einschüchterung.*

ſchulen swv. *verborgen liegen, lauern.*

ſchufut stm. *uhu.*

ſchuuen stv. *schieben.*

ſebe stf. *sitte.*

ſebich adj. *sittsam.*

ſeghen swv. *segnen.*

ſegenÿnge stf. *segen.*

ſeg(g)el stn. *siegel.*

ſeggen swv. *sagen.* ſ. ouer, bÿ *gegen jemand.*

ſeſerheÿt stf. *gelöbnis (des im kampf überwundenen), alles zu leisten, was der sieger fordert.*

ſeen, ſeÿn stv. *sehen, aussehen, zusehen;* ſ. to achten auf; refl. mit laten *sich zeigen.*

ſeer stn. *schmerz.*

ſethÿm *ägyptischer schotendorn, dessen holz, wenn es alt wird, schwarz und sehr hart ist.*

ſetten swv. *setzen, verfertigen, bestimmen;* ſ. an *aufnehmen;* ſ. bÿ dagegen *setzen, wetten;* ÿb ſ. bÿ sein heil versuchen in; ſ. to wage *wagen.*

ſÿbelghat stn. *seitenloch.*

ſÿmpel adj. *einfältig.*

ſÿn v. anom. (konstr. mit hebben) *sein.* ouer be hant ſ. *überlegen sein.*

ſÿn stm. *sinn, verstand, herz, meinung, gedanke.*

ſÿnamom *zimmt.*

ſÿnt adv. *seit, seitdem, später.*

ſlachten swv. *nacharten* mit dat. oder na.

ſlan stv. *schlagen;* ſ. na bem enbe *zum ende eilen,* to hope ſ. *zusammenraffen,* tor ſtupen ſ. *jemand ausstäupen lassen.*

ſlanben inf. = ſlan.

ſlÿcht adj. *schlicht, eben; gerade, gerecht; einfach.*

ſlÿk stm. *schlamm.*

ſlÿnger swf. *schleuder, dreschflegel?*

ſlump adj. *nachlässig.*

ſlumpen swv. *glücken.*

ſluten stv. *schliessen, zu-, ein-, beschliessen.* be raet ſ. an mÿ der rat *richtet sich in seinen beschlüssen nach mir.*

ſmachte stm. *(?) grosser hunger.*

ſmaken swv. *schmecken.*

ſmeſen swv. *schmeicheln.*

ſmette stf. *fleck.*

ſmiten stv. *werfen.*

ſnauwen swv. *schnappen.*
ſnehbhg adj. *listig, schlau, verschlagen.*
ſo adv. demonstr. *so;* vor pron. verallgemeinernd: *immer,* ſ. wat *was auch immer;* adversativ: *dagegen auch;* in schwurformeln; als konj. wann, wenn.
ſoban, =en adj. *mancher.*
ſobber konj., praep. und adv. *seitdem dass, seit, seitdem.*
ſöge swf. *sau.*
ſolbhe f. *sold.*
ſonen swv. *sühnen;* c. dat. *sich mit jemand versöhnen.*
ſorchlhſ adj. *gefährlich.*
ſoet stm. *ziehbrunnen.*
ſot adj. *töricht, dumm,* subst. *narr.*
ſote adj. adv. *süss.*
ſpan n. *spange.*
ſparen swv. *sparen, verschonen; säumen, erhalten.* be warhett ſ. *verschweigen.* ſhn whff ſ. mht ehner anberen *vernachlässigen um — willen.*
ſpehe adj. *höhnisch.*
ſpeien swv. Rapiamuß *rauben,* her Nhterbeß ſpele ſ. (personifikation des neides und hasses) *seinen zorn an jemand auslassen.*
ſpliten stv. *spalten, reissen.*
ſpöſ m. *spuk, gespenst.*
ſprale stf. *sprache, verantwortung;* tor ſ. ſomen *zur rechtlichen besprechung vor gericht kommen.*
ſpreſen stv. vp *gegen jemand sprechen.*
ſprole stf. *erzählung.*
ſpruten stv. *spriessen.*
ſtab stm. *stand, zustand, ehre und ansehen.*
ſta(e)ben swv. *gestatten,* to worben ſt. *die verantwortung gestatten.*
ſtaen v. anom. *stehen; anstehen;* ſt. an *beruhen auf;* euentur ſt. *riskieren, in gefahr sein.*
ſtart, ſtert stm. *schwanz.*
ſteben swv. = ſtaben.

ſtenen swv. *stöhnen.*
ſtoppelmeter stm. *stoppelmesser, spöttisch für zehntensammler (?).*
ſtorm stm. *ungestüm.*
ſtoten swv. *stossen.*
ſtof stn. *staub.*
ſtofferen swv. *ausschmücken, den schein des echten geben, fälschen.*
ſtrhſen stv. ſt. ghan *davonlaufen.*
ſtrhpe *ein gestreiftes tier (streifhase, maus?).*
ſtrohſen swv. *abstreifen, abziehen.*
ſtrumpeſen swv. *straucheln.*
ſtunt stswf. *stunde, zeit,* tor ſ. *sogleich.*
ſtutteſlhnde swf. *klinke zum stützen der fenster.*
ſtuuen stv. *stieben.*
ſubthſ adj. *fein, klug, listig.*
ſumthbeß adv. *bisweilen.*
ſunber praep. c. acc. *sonder, ohne; ausser, ausgenommen.*
ſunbergen adv. *besonders.*
ſunt, ſunthett stf. *gesundheit.*
ſunte adj. *heilig.*
ſuß adv. *so, sonst.*
ſuſter stf. *schwester.*
ſwagern swv. *schwager nennen.*
ſwarbe stf. *haut.*
ſwarhett stf. *mühe.*
ſwarteſunſthger stm. *schwarzkünstler.*
ſwerbbref stm. *schwertsegen, den man als amulet trug.*
ſwhnbe adv. *stark, sehr.*

tan pl. tene, tanbe *zahn.*
tauent = auent *heut abend,* sonst: *vorigen abend* vgl. to har.
tegen praep. *gegen.*
tehn numer. *zehn.*
teſen stn. *zeichen; stelle, wo man gezeichnet ist.*
teſen swv. *zeugen.*
temelhſ adj. *geziemend.*
theen stv. *ziehen;* refl. *sich bemühen;* ehn vel t. *zausen.*
ten = to ben.

teue swf. *hündin.*

tyb stf. *zeit.* be t. *zu dieser zeit, da-*
mals, pl. *die bestimmten gebet-*
stunden, horen.

tyben swv. *sich auf jemand ver-*
lassen.

tybynge f. *zeitung, nachricht.*

tyen stv. *zeihen, schuld geben.*

to adv. = barto *dazu;* = beß to desto;
in verbalen compositis betont =
zu, unbetont = zer.

tóbeben stv. *sagen lassen, entbieten.*

toch stm. *zug, schelmenstreich.*

tóbreghen stv. *zutragen, eingeben.*

tógaen v. anom. *vorhanden sein, sich*
ereignen, sich dran machen.

tóghen swv. *zeigen.*

tohopesetter stm. *verfasser.*

tóferen swv. *zuwenden, wieder geben.*

tófomen stv. *zukommen, angehören;*
sich ereignen.

tóleggen stv. *schuld geben; versperren*
Placht t. *gerichtliche Klage erheben.*

to lyfe adv. *zugleich.*

tólopen stv. *zugehen, sich schließen.*

tólouen swv. *zutrauen.*

tom, tome = to bem, to beme.

top stm. *zopf, schopf.*

tor = to ber.

tóramen swv. *das ziel erreichen, fer-*
tig werden.

tóreden swv. *ausreichen.*

torn stm. *turm.*

tóschoten swv. *zerbrechen.*

tóſeggen swv. *zuflüstern, eingeben.*

tóſprake stf. *rechtlicher Anspruch.*

tóſtofen v. *anschüren, anstiften.*

tótefenen swv. *zuschreiben, beilegen.*

töuen swv. *warten; festhalten.*

touern swv. *zaubern.*

trach adj. *träge, matt.*

treden stv. *ziehen.*

troften swv. *auf etwas bauen, rechnen;*
trösten.

trowen interj. *traun!*

trumpe f. *trompete.*

tuchtlerer m. *erzieher.*

tügen swv. *ouer, vp wider jemand*
zeugen.

tun stm. *garten.*

tunenstafe stm. *zaunpfahl.*

tüſchen swv. *betrügen.*

twar adv. *wahrlich.*

twhe adv. *zweimal.*

twhfelen swv., t. mob *zweifelmut,*
verzagtheit.

twhfelen swv., t. in *zweifeln an.*

vmbequem adj. *unfähig, untüchtig.*

vmberaden adj. *unversorgt.*

vmberochtet, vmberochthget adj. *unbe-*
scholten.

vmbeſecht adj. *nicht angeklagt.*

vmbeſlhpet adj. *ungeschliffen.*

vmmacht stf. *ohnmacht.*

vmme praep. *um, wegen, um — willen.*
v. ben willen *deshalb.* adv. *um,*
herum, ringsum.

vmmebrhuen stv. *umdrehen, wenden;*
hintertreiben.

vmmegaen v. anom. *herumgehen;*
umgehen, vermeiden.

vmmefopen swv. *bestechen, durch*
bestechen anders wenden.

vmmentrent adv. *ringsherum, un-*
gefähr.

vmmeſetten swv. *übersetzen.*

vmmeflach stm. *andere wendung;*
handel.

vmmeſlan stv. *andere wendung*
nehmen.

vmmeſtanbichvht stf. *umständlichkeit,*
genauigkeit.

vmmhlbe adj. *grausam.*

vmplhcht f. *wozu man nicht ver-*
pflichtet ist. widerwillen.

vnband stm. ſhneß v. *wider seinen*
willen.

vnbancknamichvht stf. *undankbarkeit.*

vnber praep. v. vnß *mit einander.*

vnbergaen stv. be porten *die tür ver-*
sperren, den rückweg abschneiden.

vnberholben stv. *besiegen.*
vnberſate swm. *untertan.*
vnberſcheben stv. *richtig beurteilen.*
vnbult ſtf. *unmut.*
vnechte ſtn. *unrechtmässige ehe.*
vnechte adv. *unehelich.*
vnebbelheyt f. *schlechtigkeit.*
vngnabe ſtf. *unglück, böses.*
vngunſt(e) ſtf. *ungnade, missgunst, hass.*
vnlympig adj. *der sich unangemessen beträgt.*
vnnochſam adj. *gierig.*
vnnoſel adj. *unschuldig.*
vnrichtig adj. weſen *nicht recht haben, falsche anklage erheben.*
vnſchicht ſtf. *zufall.*
vnſchult ſtf. *beschuldigung.*
vntemelyt adj. *ungeziemend, unrecht.*
vntucht f. *ungezogenheit, roheit.*
vnvorvert adj. *unerschrocken.*
vnvorwanbeſ adv. *sogleich.*
vnvorwaryngeſ adv. *unversehens.*
vnvrot adj. *unklug.*
vpholben stv. *beherbergen, unterhalten, emporhalten* (erg. die Hand) = *schwören.*
vpleſen stv. *wegnehmen, aufessen.*
vpnemen stv. bach *termin festsetzen;* ſamp v. *aufheben, beenden.*
vpperman stm. *oberhaupt.*
vpſate ſtf. *vorsatz.*
vpſcheten stv. *in die Höhe fahren.*
vpſetten swv. *seinen sinn auf etwas setzen, sich entschliessen.*
vpvragen swv. *erfragen.*
vth praep. v. bem bwange *infolge des zwanges.*
vthheben stv. *anbieten.*
vthboren swv. *herausheben, -ziehen.*
vthbreken stv. intr. *sich erheben.*
vthboen v. anom. *herausnehmen.*
vthoren swv. *ausforschen.*
vthtreyeren swv. *ausrufen.*
vthluren swv. *abwarten.*

vtſchemen swv. refl. *die scham verlieren.*
vthvlyen swv. refl. *sich herausputzen.*
vthvorleſen stv. *auswählen; lieben.*

vabbern swv. *gevatter nennen.*
vaken adv. *oft.*
fallacie swf. pl. *ränke.*
vallen stv. *sich ereignen;* refl. mit öuel *einen üblen ausgang nehmen.*
van praep. v. auenbe *heute abend.*
var(e) ſtf. *furcht, angst.*
varen stv. *fahren, gehen, reisen; ankommen; ergeben.*
vart ſtf. *reise, gang; gelegenheit.*
vaſte adj. adv. *sicher, gewiss; sehr; eilig, sofort.*
fennyn ſtn. *gift.*
ver, verne adv. *fern, weit.*
verſch adj. *frisch.*
verwe ſtf. *farbe.*
vigilie ſtf. *totenmesse.*
vil na adv. *beinahe.*
vyllen swv. *das fell abziehen.*
vyngerlyn ſtn. *ring.*
fynſen swv. *heucheln;* refl. *sich stellen.*
viſeren swv. *überlegen, ersinnen; schreiben.*
viſevaſe ſtf. *wischiwaschi, gewäsch.*
fyſtel swf. *geschwür.*
vleten stv. *fliessen.*
vlyen swv. *legen, in ordnung bringen.*
vlyten swv. refl. *sich befleissigen.*
vlytich adv. *fleissig; sorgfältig.*
vloyen swv. *fliessen, in fülle vorhanden sein.*
foden swv. *foppen.*
voben swv. refl. *sich nähren.*
vöbbnge ſtf. *nahrung.*
vögen swv. *anstehen, passen;* benſtlyd gheböghet to *jemand dienstbereit sein.*
völen swv. *fühlen.*
vor(e) adv. *voran, vorn, vorher;* to v — n *zuvor, im voraus, von vornherein;* t. an *voran.*

vorbeben stv. *verbieten; verhüten.*

vorbetzben swv. *erwarten.*

vorbtzten stv. *totbeissen.*

vorboben swv. *durch boten vorladen.*

vorbolgen adj. *böse, erzürnt.*

vorboren swv. *verwirken.*

vorbunt stn. *bündnis.*

vórbach stm. *der vorige tag.*

vorbacht partic. adj. *bedacht*

vorbagen swv. *vorladen.*

vorban, vortan adv. *weiter.*

vorbebtzngen swv. *verteidigen.*

vorber adv. *weiter, ferner; früher?*

vorber adj. *recht.*

vorböuen swv. *betäuben; betäubt sein.*

vorbrach stn. *vertrag, ausgleich.*

vorbragen stv. *ertragen;* refl. *sich begnügen.*

vorbreet stn. *verdruss, kummer, not, ane alle v. sehr gern.*

vorbrtzsten swv. refl. *mut fassen.*

vorbruden swv. *unterdrücken; durchbringen.*

vorerret partic. adj. *aus zorn von sinnen sein.*

vorgaen v. anom. *vergehen; vorangehen.*

vórganben inf. = vórgaen *vorangehen.*

vorgenger stm. *führer.*

vorgeuen stv. *vergeben; hingeben; vorlegen.*

vorgbft stn. *gift.*

vorgrelt part. adj. *wütend.*

vorgbunnen v. anom. *missgönnen; verdenken, übel nehmen.*

vorhalen swv. refl. *sich erholen.*

vorhaften swv. *durch übereilung verderben.*

vorhaten swv. *hassen.*

vorhech stn. *schutz.*

vorhen adv. *voraus.*

vorheuen stv., part. *erhaben (vom relief); erhoben, hochgestellt;* fhf v. *sich überheben.*

vorhögen swv. *erhöhen; erhöht werden, steigen.*

vórholben stv. *bevorstehen.*

vorhopen swv. refl. *hoffen.*

forfe stf. *mist-, heugabel.*

vorferen swv. *umkehren, verdrehen, verderben; übel deuten;* part. adj. vorferet *verdreht, verrückt; verderbt.*

vórflage stf. *das reden vor der anklage.*

vorfrtzgen stv. *bekommen.*

vorlaten stv. *verlassen;* refl. to *sich auf etwas verlassen.*

vórleggen swv. *vorlegen, vorhalten.*

vorlenen swv. *verleihen.*

vorlees stn. *verlust.*

vorlefen stv. *verlieren; aufgeben, verloren geben.*

vorlefbnge f. *verlust.*

vorlichten swv. *erleichtern.*

vórlopenbe part. adj. *voreilig.*

vorlöuen swv. *durch ein gelöbnis entsagen, abschwören.*

vormalen swv. *an-, bemalen.*

vormanen swv. *ermahnen; erinnern an.*

vormelben swv. *melden, sagen; verraten.*

vormeren swv. *berühmt machen.*

vormoben swv. refl. *vermuten, erwarten;* quat vormobent *argwohn, misstrauen.*

vornebbern swv. *sinken.*

vorttbchten swv. *verurteilen.*

vorfafen swv. *ableugnen.*

vorfchemen swv. *beschämen.*

vorfchroben swv. *versengen.*

vórfeggen swv. *vorsprechen; vorher nennen.*

vorfeen stv. *übersehen, versäumen, ein versehen machen;* refl. *einen fehler begehen.*

vorflbnben stv. *verschlingen.*

vorfmaben swv. *verschmähen.*

vorfpblben swv. *vergeuden, verschwenden.*

vorſprehen stv. *schmähen, lästern.*

vorſumhnge f. *versäumnis.*

vort adv. *sofort* (verstärkt durch alſo, rechte); *weiter.*

vortbrhngen swv. *grossziehen; vorbringen.*

vörtellen swv. *vorzählen, herrechnen.*

vortellen swv. *erzählen.*

vortien stv. c. gen. *verzichten auf.*

vortkomen stv. *es zu etwas bringen; hervortreten.*

vortmer adv. *fortan.*

vortſetten swv. *ins werk setzen.*

vortſprehen stv. *heraussprechen.*

vorvaren adj. *erfahren.*

vorveren swv. *in furcht setzen, erschrecken.*

vorvreſen stv. *erfrieren.*

vorvrouwen swv. *erfreuen.*

vorwaren swv. *verwahren, aufheben; schützen.*

vorwelbigen swv. *notzüchtigen.*

vorwerfen swv. *verwirken, zu grunde richten.*

vorweruen stv. *erwerben, erreichen.*

vorwhf stn. *vorwurf.*

vorwhlben swv. *unkenntlich machen.*

vorwhnnen stv. *überwinden.*

vorwiten stv. *vorwerfen.*

vorworen part. adj. *verwirrt;* v. ſhn *zu tun haben, beschäftigt sein.*

vraß stm. *gefrässigkeit.*

vraet stm. *fresser.*

vraßich adj. *gefrässig.*

vreſen stv. *frieren.*

vrh adj. *frei, sorglos;* v. man ein *freier;* adv. in aufforderungen: *ungeniert.*

vrhreht stn. *recht, das einem freien gebührt.*

vrob adj. *klug.*

vroben swv. *einsehen, zur einsicht kommen.*

vrombe adj. *fremd, seltsam.*

vrome swm. *nutzen, vorteil.*

vromen swv. *helfen, nützen; verschaffen.*

vrouwe swf. *herrin, frau.*

vruhte swf. *furcht.*

vruhten swv. *fürchten, besorgt sein.*

vulvorben swv. *zustimmen.*

vulvoen v. anom. *genüge tun;* v. vor be vrouene *seines amtes warten.*

vulherbich adj. *treu, beständig.*

vunt stm. *fund, erfindung, list.*

vuſte adv. *frischweg, ohne zaudern, sogleich.*

wach interj. *des schmerzes.*

wachten swv. *hüten, bewachen; warten, abwarten.*

wan adv. *wann, wenn; wenn doch; nach kompar. als.*

waen stm. *ansicht; verdacht; hoffnung.*

wanbelhnge swf. *lebenswandel.*

waenhöpenhnge stf. *falsche hoffnung.*

wanken swv. *gehen, wandern.*

wanne interj. *ei! o!*

wantruwe stf. *verdacht, misstrauen.*

war(e) stf. *aufmerksamkeit.* w. nemen c. gen. *acht auf etwas haben.*

warbe stf. *wahrheit.*

warben swv. vp *acht geben auf.*

wark, werk stn. *werk, arbeit, gerätschaft.*

wart, wert adv. *hin — zu, -wärts.*

waſſen adj. *wächsern.*

wattan interj. *was denn weiter?*

we pron. interr. *wer?* rel. w. — ot *wer auch immer.*

webaghe pl. *schmerzen.*

webber, wer — noch, ebber, eſte *weder — noch.*

webberinval stm. *rückfall.*

webbermob stm. *unglück.*

webberpart(e) stn. swm. (?) *gegenpartei, gegner.*

webberſate swm. *widersacher.*

weber stm. *widder.*

wege swf. *wiege.*

wegen adv. etlŷḥer w. *an einigen orten;* eŷn anber w. *ein anderes mal, anderswo.*

weḥen swv. *wehen.*

weke swf. *woche.*

welichheŷt stf. *wohlbehagen, ausgelassenheit.*

wellen v. anom. *wollen;* ausdruck des futurs, des praeteritum als konditionalis.

wennen swv. *gewöhnen.*

wente konj. *denn, weil;* erklärend: *nämlich; bis;* adversativ: *aber.*

wer = webber.

werbe stf. *wert.*

werben stv., praet. c. part. praes. (mit u. ohne =be) zur bezeichnung eines inkohativverhältnisses z. B. w. flapenbe *schlief ein,* aber auch einfach erzählend z. B. w. anbenden *dachte an.*

weret = were it.

werken swv. *tun, machen.*

wermen swv. bat water w. *das bad heizen.*

wertlŷt adj. *weltlich.*

wert = wart.

werf stn. *geschäft.*

werf, werue n. *mal.*

weruen stv. *tätig sein, betreiben; erreichen; erwerben.*

weß pron. *etwas.* w. ġhelŷt *ziemlich gleich.*

wefellen n. *wiesel.*

wefen v. anom. *sein;* wor fe wolbe w. *wo sie hinaus wollte.*

weten, wetten v. anom. *wissen.*

wŷḋen swv. *wahrsagen, zaubern.*

wŷḥen stv. *weichen.*

wŷle stf. *zeit;* be w. *unterdessen, während.*

wille swm. *wille, absicht;* bmme ben w. bat *deshalb, weil.*

wŷllen swv. c. dat. *willfahren.*

wŷḥm stm. *stangengerüst im rauchfang, um fleisch zu räuchern.*

wŷnnen stv. *gewinnen, erwerben, mieten.*

wŷfen swv. im juristischen sinn: *zu-, aberkennen, verurteilen.*

wŷfpeln swv. *wedeln.*

wŷffenḥeŷt stf. *sicherheit, versicherung.*

wŷtlŷt boen *zu wissen tun.*

wo adv. *wie;* w. boch, w. wol *obwohl; wenn; als ob.*

wode swm. *spinnrocken.*

wol, wal adv. *wohl, gut;* verstärkend: *sehr; obgleich.*

wolben swv. *walten, herrschaft haben.*

wolġhemeŷt adj. *fröhlich, heiter.*

wor adv. *wo, wohin.*

wrake stf. *rache.*

wreb adj. *grausam.*

wreken stv. *rächen.*

wrefelŷḋ adv. *kühn.*

wriuen stv. *reiben.*

wrogen swv. *anklagen.*

wumpelule swf. *schleiereule.*

Anhang.

Die Culemannschen Reinaert-Bruchstücke.
(Antwerpen 1487?)

Aus Paul und Braunes Beiträgen zur Geschichte der deutschen
Sprache und Literatur VIII, 10 ff.

[Bl. 1ᵃ] . . . .

        . . . .

        . . . .

        . . . .

wert alhier den ghierighen houelinck gheleert dat
hij foe vele niet rapen en fal dat hi mids dien niet
en come in foebanighen gate daer hij niet weder
wt comen en kan twelck alhier oeck byden wolf
betekent wert want hij finen buhck foe vol ghe
gheten habbe dat hij niet weder wt den gate ghe
comen en konde albaer hij in ghecropen was. Hier
wert oeck ghethoent dat die fchalcken bedrieghen
heeren ende vrouwen.

(R. II, 1513—1588)   ie coninck en' is mij niet ontgaen
(R. V. 1413—1492)   Jc hebbe hem dicke fcande ghedaen
                  Ende fine wiue der coninghinnen
                  Dat fi fpade fal verwinnen
     5   Sij fijn ghefcandalizeert by mij
                  Noch hebbe ic daer fegghic bi
                  Yfengrine meer bedroghen
                  Dan ic foude fegghen moghen
                  Dat icken oom hiet was beraet
    10   Yfengrine die mi niet beftaet
                  Jc maecten monick ter elmaren
                  Daer wij beyde begheuen waren
                  Dat hem zeere wort te pinen
                  Jc deden in die clockinghen
    15   Binden beyde fine voete
                  Dat luden dochte hem fijn foe foete

|Bl. 1ᵇ] . . . .
. . . .
. . . .

      Diet hoorben worben baer by in bare
      Enbe waenben battet bie buuel ware
      Sij liepen baer fij tluben hoorben
20 Enbe eer hi confte in corten woerben
      Ghefegghen ic wil mij begheuen
      Was hem wel na ghenomen tleuen
      Jc bebe hem of barnen thaer
      Soe na ben bel bat wel naer
25 Die zwaerbe hem inben liue cramp
      Sint leerbe icken bat was fijn ramp
      Biffchen banghen op eenen bach
      Daer hi ontfinck menighen flach
      Dec lehbe icken tot Spapen ban blohs
30 Jn al bat lant ban bermenbohs
      En woenbe gheen pape rijcker
      Defe pape hab een fpijcker
      Daer menich goet bet baeck in lach
      Daer hi ontfinck menighen flach
35 Anben fpijcker hab hi een gat
      Ghemaect enbe in bat
      Debe ic hfegrine crupen
      Daer hi runtblehfch bant in cupen
      Enbe better baken alfoe bele
40 Dies liet hi gaen boer fijnkele
      Soe groten hoop bouen maten
      Dat hi wten feluen gaten
[Bl. 2ᵃ] 42ᵇ Niet wt en mochte baar hi inq . . .
      Dat hem finen grooten buhck benam
      Doe moefte hi claghen fulck ghewin
45 Want bäer hi hongherich quam in
      En mocht hi fat niet comen wt
      Jc ghinck enbe maecte groot gheluut
      Jn bat dorp enbe groot gherochte
      Nu hoert hoe ict baer toe brochte
50 Jc liep baer bie pape fat
      Duer tafel enbe at
      Enbe boer hem ftont een capoen
      Dat was een bat befte hoen
      Datmen wifte in eenich lant
55 Dat hoen ic mitter baert pranc
      Enbe liep hene baer ic mochte
      Doe maecte bie pape groot gherochte
      Enbe riep lube banc enbe flach
      Jc waen nhe man bat wonber en fach
60 Dat mij een bos rooft mijn hoenre

In mijn huys wie sach hecoenre
Dief ende daer ic sie toe
Sijn tafelmes greep hi doe
Ende warp na mij mer ic ontvoer
65 Dat mes bleef steken inden vloer
Hij stack die tafel batse vloech
Ende volchde mij mit stemmen hoech
Roepende slach ende va
Ic vaste voren ende hi na
70 En mit hemluyden een groot ghetal
Die mijn quaetste meenden al   hiij

[Bl. 2b] Holzschnitt, die ganze Seite einnehmend; Faksimile desselben bei Hoffmann.

[Bl. 3a]   .   .   .   .

         .   .   .   .

         .   .   .   .

         .   .   .   .

(R. II, 1637—1654) Doen sprack reynaert wij sijn verm . . . .
(R. V. 1556—1576) Of this hoerte b . . ghi mij vertelt
Want wat ic soecke ic en vinde niet
75 Ic sprack oom wats v gheschiet
Cruypt een luttel noch bat in
Men moet wel pinen om ghewin
Ic hebse wech diere voren saten
Dus croop hi in bouen maten
80 Dat hi die hoenren te verre sochte
Ic sach bat icken honen mochte
Ende stacken bat hi ouer voer
Ende quam gheuallen opten vloer
Want die haenbalcke was smal
85 Ende gaf eenen groten val
Dat si ontspronghen alle bder sliep . . .
Die baer byden viere laghen si riep . .
Datter boer bat valbore gat
Gheuallen ware si en wisten wat

¶ Hoe bat reynaert sijn biecht is   .   .   .   .
genbe ende slutende: ende hoe hij baer   .   .
baert te houe weert ghinck ende .   .   .   .
inben weghe ghebuerbe Da   .   .   .   .   .

[Bl. 3b] Ein die ganze Seite einnehmender Holzschnitt: Vor einem Kloster, welches im Hintergrunde sichtbar ist, steht links vom Zuschauer das Wirtschaftsgebäude, in dessen Nähe sich Hühner und Gänse aufhalten; rechts schreitet Reinke mit nach den Hühnern zurückgekehrtem Kopfe, während Grimbart sich mit aufgehobener Vorderpfote Reinke zuwendet. Vgl. das beigegebene Faksimile.

[Bl. 4a] Der Holzschnitt von Bl. 3b wiederholt.

[Bl. 4ᵇ] . . . .
 . . . .
 . . . .
 . . . .

(R. II, 1751—1770)   rimbaert ſach wel bit ghelaet
(R. V. 1665—1684)   Ende ſeybe buyle onreyne bract
                Hoe laetth uwe ooghen omme gaen
                Reynaert ſprack neue batß miſbaen
                Dat ghi mit uwe berlopende woort
95   Mij wt mijn ghebebe buß ſtoort
                Laet mij boch leſen een Pater noſter
                Der hoenre zielen banden clooſter
                Ende ben ganſen te ghenaben
                Die ic bicke hebbe berraben
100   Doe icſe beſe heylighe nonnen
                Mit mijnre liſt heb of ghewonnen
                Grimbaert balch hem mer reynaert
                Hab ymmer thooft ten hoenre waert
                Tot ſi quamen ter rechter ſtraten
105   Die ſi te boren habben ghelaten
                Daer keerben ſi te houe waert
                Och hoe ſeere beuebe reynaert
                Doe hij ben houe began te naken
                Daer hi ſeer in meenbe miſraken

¶ Hoe reynaert coemt in preſencie van ben coninc bie welke hi obebientelick toeniget enbe binbet baer elkerlijck ouer hem claghenbe Dat. rrij. capittel

[Bl. 5ª]   Nochtanß bebe hi alß bie onuerbaerbe
(R. II, 1778—1806)   Ende liet hem bat ban hem waß
(R. V. 1692—1722)   Hi ghinck mit ſinen neue ben baß
                Cierliken boer bie hoochſte ſtrate
                Alſoe moebich van ghelate
115   Alß of hi sconincß ſone waer
                Ende hi oec van enen haer
                Jeghen nyemant en habbe miſbaen
                Boer nobel ben coninck ghinck hi ſtaen
                Midben inben heeren rinck
120   Ende ſeyde gob bie alle binck
                Gheboot bie gheue v coninck heer
                Langhe blijſcap enbe groot eer
                Jc gruet v heer ic hebbe recht
                Ten habbe nye coninck enen knecht
125   Soe ghetrouwe ieghen hem
                Alß ic v ye waß enbe noch ben
                Dat ic oeck bicke bin werben anſchijn
                Nochtan ſulcke bie hier ſijn
                Souben mij gheerne v hulbe rouen
130   Mit loghen woubijß hem ghelouen

Mer neen ghi niet god moets v lonen
Het en betaemt niet der cronen
Dat ghi den schalcken ende den fellen
Te licht ghelouet van dat si tellen
135 Nochtan wil icz gode claghen
Daer isser te vele in onsen daghen
Die mitter loosheyt die sij konnen
Die vorderhant nv hebben ghewonnen
[Bl. 5^b] Ouer al in heren houen
140 Dat sij soe verre comen bouen
Die schalke sijn in dien gheboren
Dat sij den goeden beraden toren
Dat wreke god an haer leuen
Ende moet hem sulc loongheuen
145 Als sij van rechte wel sijn waert

Die coninck sprac an reynaert
Onreyne vuyle lose bruut
Hoe wel coendy uwen saluut
Maer ten baet v niet een kaf
150 Coemt uwes smeckens af
Jc en worde by smecken niet v orient
Dat ghi mij dicke wel hebt ghedient
Dat wort v nv te rechte ghegouden
Ghi hebt oec wel den vrede ghehouden
155 Dien ic gheboot ende hebbe ghesworen
Dwij wat heb ic al verloren
Sprac cantecleer aldaer hij stont
Die coninck sprac hout uwen mont
Her cantecleer ende laet mij spreken
160 Jc moet antwoerden sine treken

¶ Hoe dat die coninc reynaert zeere confu
selijc ende wredelijc toe spreect om der groo
ter quade felle daden daer hij of beclaecht is
ende hoe dat hem reynaert weder verantwoert
soe hi best kan. Dat. xxiij. capittel.

[Bl. 6^a] Ein die ganze Seite einnehmender Holzschnitt:
Im Hintergrunde links auf einer Anhöhe kniet Reinke demütig
vor dem Dachs. Im Vordergrunde links der Wolf, der Hahn
und der Kater liegend; rechts sieht man noch den Kopf des
Bären und den Schwanz des Löwen. Vgl. R. V. 1, 19.

[Bl. 6^b] . . . .
. . . .
. . . .
. . . .
. . . . e nichte vanden claghers voerder be
. . . . wijl gheuanghen.

(R. II, 1829—1852) . . . . . ef fpracf hi fel reynaert
(R. V. 1723—1790) . . . . . i mij lief hebt enbe waert
          . . . . . ben lachter mijn
          . . . . . n ghebaen aenfchijn
     165 . . . . . bert enbe brune
          . . . . . loebich is fijn crune
          . . . . . et vele fchelben
          . . . . . e v fele falt ontghelben
          . . . . . al op eene wijfe
     170 . . . . . er xprifte fifle
          . . . . . naert here enbe of brune
          . . . . . ebich heeft bie crune
          . . . . . wat befcaet mij bat
          . . . . . yts honich at
     175 . . . . . bie borper tachter bebe
          . . . . . brune foe ftarcfe lebe
          . . . . . ghen of verfprofen
          . . . . . et hi habt ghewrofen
          . . . . . in bat water
     180 . . . . . e tybaert bie fater
          . . . . . chbe enbe wel ontfincf
          . . . . . ftelen ghincf
          . . . . . huhs fonber minen raet
          . . . . . bie pape bebe quaet
[Bl. 7ᵃ] Bylobe foube ic bes ontghelben
          Soe mofticf mijn gheluc wel fchelben
          Niet baer by her conincf lyon
          Wat ghi wilt bat moechby boen
          Enbe ghebieben ouer mij
     190 Hoe goet hoeclaer mijn fafe fij
          Ghi moecht mij bromen enbe fcaben
          Wilby mij fieben afte braben
          Ofte hanghen ofte blenben
          Ic en mach v niet ontwenben
     195 Wij fijn alle in uwen bebwancf
          Ghi fijt ftarcf enbe ic bin crancf
          Mijn hulp is cleyn bie uwe is groot
          Voerwaer al floechbi mij boot
          Dat waer v eene crancfe wrafe
     200 Recht in befer feluer fprafe
          Sprancf op bellijn ben ram
          Enbe fijn moeye bie mit hem quam
          Dat was bame olewij
          Bellijn fpracf nv toe gaen wij
     205 Alle voert mit onfer claghen
          Brune fprancf op mit finen maghen
          Enbe tybert fijn ghefelle
          Enbe yfegrim bie fnelle
          Die haze enbe bat euerzwijn

210 Elck wilde in die claghe sijn
    Panthel die kemel ende bruneel
    Die gans dat wezel ende tlampreel
    Boudwjn den ezel borreel den ftier
[Bl. 7ᵇ] Dat hermel die wefel waren oeck hier
215 Cantecler ende fijn kinder
    Claechden feer haren hinder
    Ende maecten groot wederflach
    Dat troefeel eencleen beiach
    Liep oeck mede in defer fcare
220 Alle defe ghinghen openbare
    Voer haren heere den coninck ftaen
    Ende beden den vos reynaert vaen

¶ Hoe die coninck te recht fittet ende gheeft
die fentencie datmen reynaert vanghen fou
de ende byder kelen hanghen   Dat. xxiiij. capittel